KB145082

자율주행차량의
비전과 행동

자율주행차량의
비전과 행동

김은도 · 신지호 · 박희웅 · 이승열 · 박세진 옮김

루카 벤투리 · 크리쉬토프 코르다 지음

i!i
에이콘

에이콘출판의 기틀을 마련하신 故 정완재 선생님 (1935-2004)

사랑하는 아내에게

인내와 끊임없는 지원에 감사합니다. 나와 결혼하면 어머니와 과학자가 되는 것이 어렵다는 것을 알고 있었습니다. 우리 아들이 당신 같은 여자를 만날 수 있는 행운이 있기를 바랄 뿐입니다.

공동 저자에게

이 모험에 나와 함께해 줘서 정말 고맙습니다. 이 책은 당신이 가장 어려운 부분을 담당해 준 덕분에 세상에 나올 수 있었습니다. 당신이 진짜 행동가(doer)인 줄 알았지만 그것을 다시 한 번 증명해 줬습니다. 당신의 경험에서 나온 내용들이 차곡차곡 쌓이는 것을 보면서 매우 즐거웠습니다. 독자들이 당신의 경험들을 즐겁게 읽으리라 확신합니다.

– 루카 벤투리(Luca Venturi)

사랑하는 아내에게

이 책을 쓰는 동안 많은 도움을 줘서 고마웠어요.
당신의 보살핌, 관심, 성원은 모두 매우 소중했어요. 내 모든 것이 의심스러울 때 나를 믿어 주고, 어두운 생각이 들 때 내게 동기부여를 해줬어요. 내가 먹는 것도 잊고 집필할 때 당신은 내게 3성급 미슐랭 요리사가 돼 줬고, 에너지를 채울 수 있는 과일과 차를 갖다줬어요. 이 책을 쓸 수 있던 유일한 이유는 바로 당신이에요. 당신은 나에게 태양, 물, 공기이며, 영원한 동반자예요. 이 책은 당신에게 바치는 책이에요.
사랑해요!

공동 저자에게

이 책을 함께 쓰자고 내게 손을 내밀어 준 것에 대해 정말 감사합니다. 당신의 도움과 배려가 없었다면 이런 일을 할 수 없었을 것입니다. 이 책에 내 이름을 남길 수 있게 해줘서 정말 감사합니다. 당신의 노고와 헌신에 깊은 인상을 받았고, 이를 앞으로의 노력에 대한 영감으로 삼을 것입니다. 내가 실제로 작가가 될 거라고는 생각도 못 했지만, 당신 덕분에 작가가 됐습니다.

– 크리쉬토프 코르다(Krishtof Korda)

| 옮긴이 소개 |

김은도(maniada2@gmail.com)

한양대학교 ERICA에서 응용물리학과를 졸업한 뒤, 과학기술연합대학원대학교^{UST}를 통해 한국전자통신연구원^{ETRI} 표준연구본부에 근무하며, 정보통신네트워크공학 전공으로 박사 학위를 취득했다. 현재는 KT 융합기술원 인프라DX연구소에 책임연구원으로 재직 중이며, 주 연구 분야는 네트워크 AI 기술 및 데이터 사이언스다. ICT-DIY 활동에 관심이 많아 대학원생 시절 ICT-DIY 커뮤니티의 리더를 역임하기도 했으며, AI, IoT, 빅데이터, 블록체인 등의 다양한 대회 수상 경력이 있다.

신지호(shinesam01@gmail.com)

울산대학교에서 전기전자공학부를 졸업한 뒤 과학기술연합대학원대학교^{UST}-ETRI의 클라우드컴퓨팅연구그룹에서 마이크로서버 및 슈퍼컴퓨터 개발, 비동기식 디지털회로 설계로 석사 학위를 취득했다. 현재는 ETRI 부설연구소에서 선임연구원으로 재직 중이며 하드웨어를 좋아하는 하드웨어 연구자다.

박희웅(qyan@naver.com)

한양대학교 전자통신공학과를 졸업한 뒤, 과학기술연합대학원대학교^{UST} 한국전자통신연구원^{ETRI} 스쿨에서 ICT 전공으로 박사 학위를 취득했다. 현재는 한국항공우주연구원^{KARI} 미래혁신연구센터 소속 선임연구원으로 재직 중이며, 행성 간 인터넷을 실현하기 위한 차세대 심우주통신 기술을 연구하고 있다.

이승열 (runtiming2@gmail.com)

부산대학교 IT응용공학과를 졸업하고 과학기술연합대학원대학교^{UST}에서 석사학위를 취득했다. 현재 UST에서 박사 학위 과정 중에 있으며, 한국전자통신연구원^{ETRI} 지능정보표준 연구실에서 학생연구원으로 재직 중이다. 주 연구 분야는 5G/6G 이동통신 및 네트워크 AI 기술이다. AI, 블록체인 해커톤 등 ICT 분야의 다양한 대회에서 수상 경력이 있다.

박세진 (parksj@radarnspace.kr)

호주국립대 국제관계학과를 졸업하고 과학기술연합대학원대학교^{UST}에서 과학기술경영정책 석사 학위를 취득했다. 현재는 ㈜레이다앤스페이스에 재직 중이며 레이다와 우주 분야 마케팅 업무를 수행 중이다.

| 옮긴이의 말 |

인공지능 기술의 눈부신 발전과 더불어 모든 자동차 제조사가 자율주행 기술 개발에 열을 올리고 있다. 덕분에 자율주행 기술은 현재도 매우 빠른 속도로 성장하고 있으며, 기술적 완성도와 안정성 역시 하루가 다르게 개선되고 있는 추세다.

이 책에서는 자율주행차의 완성을 위한 기술을 구현 관점에서 상세히 다루고 있다. 간단한 개념 설명에서부터 실제 파이썬 및 각종 라이브러리를 활용한 코딩에 이르기까지 현업 개발자를 목표로 공부하고자 하는 사람들에게 입문서와 같은 책이 될 것이다. 이책을 통해 자율주행 기술 분야에 입문한 수많은 공학도가 미래 대한민국의 자율주행 산업을 선도할 수 있기를 희망한다.

김은도

이 책은 컴퓨터 비전과 딥러닝이 자율주행차에 어떻게 적용되는지에 대한 심도 있는 탐구 내용을 담고 있다. 체계적이고 자세한 설명, 직접 시도해 볼 수 있는 실제 코드를 통해 자율주행차를 개발하는 과정을 경험할 수 있다. 차량에 장착된 카메라의 비디오 스트림을 분석하고자 OpenCV, TensorFlow, Keras를 사용하는 법을 배우고, 라이다로 장애물과 위치를 식별하는 방법을 습득한다. 나아가 차선 감지, 보행자 인식, 세그멘테이션 등 자율주행차량의 핵심 도전 과제를 다루게 된다. 이 책은 이론적인 배경뿐만 아니라 실질적인 경험을 제공해 자율주행차 개발에 필요한 역량을 기르는 데 도움을 줄 것이다.

박희웅

새롭게 출시되는 자동차에서는 자율주행 기술이 빠진 모델을 찾아보기 힘들다. 즉 자율주행차 관련 기술은 우리 삶의 일부가 되고 있음을 의미한다. 이 책은 영상 처리와 신호 처리 기법, 네트워크 프로토콜 등 기본적인 기술 소개부터 최근 화두가 되고 있는 딥러닝을 통한 성능 향상 기법까지 자율주행차를 구성하는 다양한 기술 전반을 실습 예제와 함께 다루고 있다. 자율주행차에 이제 막 관심을 갖기 시작한 학생과 현업에 종사하는 모든 독자들에게 하나의 안내서가 될 이 책을 통해 자율주행 기술이 더 안전한 방향으로 발전하길 희망한다.

신지호

현대 자율주행차의 발전에는 컴퓨터 비전과 인공지능 기술이 깊이 관여하고 있다. 이러한 기술을 이해하고 응용하는 것은 자율주행 산업에 입문하는 이들에게는 매우 중요한 역량이다. 이 책은 그러한 역량을 키우기 위한 실용 가이드로서, 시각 인식 기술을 기반으로 자율주행차의 성능을 향상시키는 방법을 소개하고 있다. 독자들은 이 책을 통해 자율주행차의 시각 인식 및 제어 기술에 대한 깊이 있는 이해를 얻을 수 있으며, 오픈소스를 활용해 실제 문제를 해결하는 능력을 키울 수 있다. 이 책이 자율주행 산업에 종사하는 모든 이들에게 유용한 지식과 통찰력을 제공하길 바란다.

이승열

레이다는 자율주행차의 핵심 센서 중 하나로 ㈜레이다앤스페이스의 자율주행차에 대한 관심은 2015년부터 시작됐다. 비록 이 책에서는 영상 중심으로 서술돼 있지만 이는 인공지능의 적용 분야로서 영상이 가장 적합한 이유이며, 이 책을 통해 자율주행차 산업이 앞으로도 더욱 활성화되기를 다른 옮긴이들과 함께 한마음 한뜻으로 바란다.

마지막으로 이 책의 출판을 전면 지원한 에이콘출판사와 번역에 최선을 다한 동료들 그리고 이 책을 손에 쥘 모든 독자분께 진심으로 감사를 표하고 싶다.

박세진

| 지은이 소개 |

루카 벤투리 Luca Venturi

페라리Ferrari와 오페라 소프트웨어Opera Software를 포함한 세계적인 기업들과 함께 프로그래머로서 일한 폭넓은 경험이 있다. 액티브엔터테인먼트Activetainment(세계 최초 스마트 바이크 제작사), 퓨처홈Futurehome(스마트홈 솔루션 제공 업체), 컴퍼니북CompanyBook(판매에 인공지능을 적용한 제품) 등 일부 스타트업에서도 근무했으며 Tapad(Telenor Group)의 데이터 플랫폼 팀에서 일하면서 페타바이트 단위의 데이터를 회사의 여러 부서에서 액세스할 수 있도록 조치했다. 현재는 피아노 소프트웨어Piano Software에서 분석 데이터베이스의 수석 엔지니어로 활동하고 있다.

크리쉬토프 코르다 Krishtof Korda

매년 리노 항공 경주대회Reno Air Races가 열리는 동안 미국 해군의 곡예비행팀 블루 엔젤스Blue Angels가 비행한 산중턱의 집에서 자랐다. 서던캘리포니아대학University of Southern California과 미국 해병대 장교후보학교를 졸업했으며, 해병대 장애물 코스에서 51초의 기록을 세웠다. 항공에 대한 애정을 미국 공군에서도 유지했으며, 5년 동안 비행시험 엔지니어로 C-5M 슈퍼 갤럭시Super Galaxy 대형수송기에 탑승해 4년 동안 미국 공군 시험비행학교USAF Test Pilot School의 공중 실험을 설계했다. 이후 리프트 레벨 5Lyft Level 5에서 자율주행차 센서 통합 설계로 전공을 전환했다. 현재는 로봇, AV, 드론, 마이닝 분야에서 라이다LIDAR 센서를 통합하며 아우스터Ouster의 응용 프로그램 엔지니어로 일하고 있으며 엔듀로Enduro 산악 자전거 경주를 즐기고 있다.

| 기술 감수자 소개 |

추 윌슨^{Choo Wilson}

말레이시아 출신의 데이터 과학자다. 고객을 위한 프로젝트에 컴퓨터 비전, 딥러닝, 로봇 기술을 적용하는 일을 했다. 또한 다양한 딥러닝 프레임워크에서 사용자 정의 딥러닝 모델을 구축하고 미세 조정해 다른 시스템에 배포하는 일을 했고, 최신 딥러닝 모델에 대한 연구를 수행하고 에지 장치^{edge device}, 로컬 및 클라우드 서버에서 모델 이전^{migration}, 최적화, 배포를 수행했다. 또한 딥러닝 코스를 통해 산업 분야의 엔지니어들을 학습시키는 일도 담당했다. 현재 젯슨 나노^{Jetson Nano}가 구동하는 로봇을 이용해 로봇 공학과 자율성을 기반으로 유튜브 채널을 만들고 있다.

| 차례 |

옮긴이 소개 006

옮긴이의 말 008

지은이 소개 010

기술 감수자 소개 011

들어가며 023

1부 ─ OpenCV와 센서, 신호

1장   OpenCV 기초와 카메라 보정   033

기술 요구 사항 034

OpenCV와 넘파이 소개 034

    OpenCV와 넘파이 035

    이미지 크기 035

    회색조 이미지 036

    RGB 이미지 038

이미지 파일 다루기 039

비디오 파일 다루기 041

    웹캠 다루기 043

이미지 파일 작업하기 043

    이미지 뒤집기 043

    이미지 블러 044

    이미지 명암, 밝기, 감마 값 바꾸기 047

    사각형 그리기와 텍스트 입력하기 049

HOG를 이용한 보행자 감지 050

　　슬라이딩 윈도우 051

　　OpenCV와 함께 HOG 사용하기 051

　　카메라 소개 053

　　카메라 용어 054

　　카메라 구성 요소 062

　　카메라 선택을 위한 고려 사항 063

　　카메라의 장점 및 단점 065

OpenCV를 통한 카메라 보정 067

　　왜곡 탐지 068

　　보정 069

요약 070

질문 072

2장　신호에 대한 이해와 작업 　　　　　　　　　073

기술 요구 사항 074

신호 유형 이해하기 074

아날로그 VS 디지털 075

직렬 VS 병렬 077

　　범용 비동기 수신 및 전송 방식 079

　　차동 vs 단일 종단 084

　　I2C 087

　　SPI 092

프레임 기반 직렬 프로토콜 096

　　CAN 통신 이해하기 096

　　이더넷과 인터넷 프로토콜 102

　　UDP 이해하기 104

　　TCP 이해하기 107

요약 111

질문 112

더 읽어 보기 112

　　오픈소스 프로토콜 도구 113

3장 차로 인식 115

기술 요구 사항 116
임계치 다루기 117
   각기 다른 색상 공간에서의 임계치 다루기 118
   RGB/BGR 119
   HLS 121
   HSV 122
   LAB 123
   YCbCr 123
   우리의 선택 124
원근 수정 124
경계 인식 128
   임곗값 보간법 130
   임곗값 결합 131
히스토그램을 활용한 차로 찾기 133
슬라이딩 윈도우 알고리듬 135
   초기화 136
   슬라이딩 윈도우의 좌표 136
   다항식을 이용한 피팅 기법 138
비디오를 활용한 차로 인식 성능 향상 140
   부분 히스토그램 141
   롤링 평균 141
요약 142
질문 143

2부 ― 자율주행차가 딥러닝과 신경망으로 작동하는 방식 개선하기

4장 신경망을 통한 딥러닝 147

기술 요구 사항 148
머신러닝과 신경망 이해하기 149

신경망 150

뉴런 151

파라미터 153

딥러닝의 성공 153

컨볼루션 신경망에 대해 알아보기 154

컨볼루션 155

컨볼루션은 왜 대단한 것일까? 157

케라스와 텐서플로 시작하기 158

요구 사항 158

MNIST 손글씨 숫자 탐지하기 159

방금 불러온 데이터는 무엇일까? 160

학습 샘플 및 레이블 160

원 핫 인코딩 162

학습 및 테스트 데이터셋 163

신경망 모델 정의하기 164

LeNet 164

코드 165

아키텍처 167

신경망 학습하기 169

CIFAR-10 173

요약 179

질문 179

더 읽어 보기 180

5장   딥러닝 워크플로 181

기술 요구 사항 182

데이터셋 수집하기 183

케라스 모듈의 데이터셋 183

기존 데이터셋 184

커스텀 데이터셋 186

세 가지 데이터셋 이해하기 187

데이터셋 분할하기 188

분류기 이해하기 190
    실제 데이터셋 생성하기 190
    데이터 증강 191
모델 194
    컨볼루션 층 조정하기 196
    맥스 풀링 층 조정하기 199
    밀집 층 조정하기 200
    신경망 학습하기 202
    신경망 학습 방법 202
    무작위 초기화 204
    오버피팅과 언더피팅 205
액티베이션을 시각화하기 207
추론 212
재학습 213
요약 214
질문 214

6장   신경망 개선하기   217

기술 요구 사항 218
더 큰 모델 219
    시작점 219
    속도 개선하기 221
    깊이 증가시키기 222
보다 효율적인 신경망 225
배치 정규화를 통해 더욱 똑똑한 신경망 구축하기 230
    올바른 배치 크기 선택하기 234
조기 종료 235
데이터 증강을 통해 데이터셋 개선하기 236
드롭아웃을 통해 검증 정확도 개선하기 239
    모델을 MNIST에 적용하기 245
    이제 당신의 차례! 247
요약 247
질문 248

7장   보행자 및 신호등 감지   249

기술 요구 사항 250
SSD를 이용한 보행자, 차량, 신호등 감지 251
Carla로 약간의 이미지 수집하기 251
SSD의 이해 257
zoo 텐서플로 감지 모델 알아보기 258
SSD 다운로드 및 불러오기 260
SSD 실행하기 260
이미지에 주석 달기 264
신호등의 색상 감지 265
신호등 데이터셋 만들기 266
전이 학습 이해하기 268
ImageNet 알아가기 269
AlexNet 파헤치기 272
이미지 분류에 Inception 사용하기 276
전이 학습에 Inception 사용하기 277
Inception에 데이터셋 투입하기 280
전이 학습을 통한 성능 281
전이 학습 개선 282
신호등과 그 색상을 인식하기 285
요약 288
질문 289
더 읽어 보기 289

8장   행동 복제   291

기술적 요구 사항 292
행동 복제를 통해 신경망에게 운전법을 가르치기 293
DAVE-2 소개 294
manual_control.py 알아보기 295
비디오 스트림 1개 녹화하기 298
신경망 모델링하기 309

회귀 수행용 신경망 학습 310

돌출맵 시각화 313

신경망을 Carla와 통합하기 320

GPU를 작동시키기 325

자율주행! 326

제너레이터를 활용한 더 큰 데이터셋 학습 327

어려운 방식으로 데이터 증강하기 330

요약 330

질문 331

더 읽어 보기 331

9장 시맨틱 분할   333

기술 요구 사항 334

시맨틱 분할 소개 334

목표 정의하기 337

데이터 수집하기 337

synchronous_mode.py 수정하기 339

분류를 위한 DenseNet 이해 341

조감도에서 본 DenseNet 341

밀집 블록 이해하기 342

CNN으로 이미지 분할 347

시맨틱 분할을 위한 DenseNet 조정 348

FC-DenseNet 블록 코딩 349

모든 요소들 결합하기 352

네트워크에 입력 공급하기 354

신경망 실행하기 359

잘못된 시맨틱 분할 개선하기 362

요약 363

질문 364

더 읽어 보기 364

10장 조향, 스로틀, 브레이크 제어   367

기술 요구 사항 368

제어가 필요한 이유 369

    컨트롤러는 무엇인가? 369

컨트롤러의 종류 370

    PID 371

    MPC 376

CARLA에서 PID 적용하기 381

    CARLA 설치하기 381

    Packt-Town04-PID.py 스크립트 파일 복사하기 383

    Packt-Town04-PID.py 제어 스크립트 살펴보기 383

    PIDLongitudinalController 387

    PIDLateralController 389

    스크립트 실행하기 393

C++의 예제 MPC 394

요약 398

질문 399

더 읽어 보기 399

11장 주변 환경 매핑하기   401

기술 요구 사항 402

지도 작성과 로컬라이제이션이 필요한 이유 403

    지도 작성 403

    로컬라이제이션 403

지도 작성 및 로컬라이제이션 유형 405

    동시 위치 추정 및 지도 작성 406

오픈소스 지도 작성 도구 411

아우스터 라이다와 구글 카르토그래퍼가 있는 SLAM 411

아우스터 센서 412

repo 412

cartographer_ros 시작하기 412

Cartographer_ros 구성 413

도커 이미지 421

요약 429

질문 430

더 읽어 보기 430

평가 433

찾아보기 441

들어가며

자율주행차는 곧 우리 주변에 등장할 것이다. 이 분야에서 볼 수 있는 발전은 정말 대단하다. 자율주행차를 처음 접한 곳은 2010년, 도쿄에 있는 도요타^Toyota 전시장이었다. 그 당시 자율주행차를 한 번 타는 가격은 1달러 정도였다. 차는 매우 느렸고, 도로에 내장된 센서에 의존했다. 그리고 몇 년 후 컴퓨터 비전의 발전, 딥러닝, 라이다^lidar는 당시의 기술이 원시적이고 불필요하게 강박적이며 비싸게 보이 만드는 효과를 보여 줬다.

이 책에서는 보행자 감지 및 차로 감지를 포함한 다양한 작업에 OpenCV를 사용할 것이다. 또한 가장 영향력 있는 신경망을 연구해 딥러닝으로 이미지 분류, 물체 감지, 의미 분할에 활용하는 방법을 배우고 보행자, 자동차, 도로, 인도, 신호등을 식별하는 방법을 학습할 것이다. 그리고 행동 복제 및 PID 컨트롤러를 사용해 자동차를 제어하는 데 사용되는 CARLA 시뮬레이터를 사용할 것이며, 네트워크 프로토콜, 센서, 카메라, 라이다로 주변 세계를 매핑하고 위치를 찾는 방법을 배울 수 있다.

하지만 이 놀라운 기술들을 탐구하기 전에 잠시 20년 후의 미래를 상상해 보자. 그 차들은 스스로 운전할 수 있을 것이다. 하지만 날 수도 있을까? 아직도 건널목 신호등이 있을까? 얼마나 빠르고 무겁고 비쌀까? 어떻게 사용될 것이며, 얼마나 자주 사용하게 될 것인가? 자율주행 버스와 트럭은 어떨까?

미래는 알 수 없지만 자율주행차, 그리고 일반적으로 자율주행하는 것들이 우리의 일상과 도시를 새롭고 흥미진진한 방식으로 형성하는 풍경은 자연스럽게 상상해 볼 수 있다.

이 미래를 만들어 나가는 데 적극적인 역할을 하고 싶은가? 만약 그렇다면 계속 읽어 주길 바란다. 이 책은 당신의 여행의 첫 번째 발걸음이 될 수 있다.

⫶ 이 책은 누구를 위한 책인가?

이 책은 자율주행차를 만드는 데 필요한 몇 가지 측면을 다루고 있으며, 프로그래밍 언어에 대한 기본 지식(가급적이면 파이썬)을 갖춘 프로그래머를 대상으로 한다. 딥러닝 경험이 필요하지 않지만, 책의 앞부분을 완전히 이해하려면 제안된 판독값 중 일부를 살펴보는 것이 좋다. 11장 '환경 매핑'과 관련된 소스코드는 C++에 있다.

⫶ 이 책의 내용

1장, OpenCV 기초와 카메라 보정   OpenCV 및 넘파이^{NumPy}에 대해 소개한다. OpenCV를 사용해 영상과 비디오를 조작하는 방법과 보행자를 감지하는 방법을 설명한다. 또한 카메라의 작동 방식과 이를 보정하는 데 OpenCV를 사용하는 방법도 설명한다.

2장, 신호에 대한 이해와 작업   직렬, 병렬, 디지털, 아날로그, 싱글 엔드 및 차동 등 다양한 유형의 신호를 설명한다. 또한 매우 중요한 프로토콜인 CAN, 이더넷, TCP, UDP도 설명한다.

3장, 차로 인식   OpenCV를 사용해 도로의 차선을 감지하는 데 필요한 모든 사항을 설명한다. 여기에는 색상 공간, 투시 보정, 가장자리 감지, 히스토그램, 슬라이딩 윈도우 기술, 최적의 검출을 위해 필요한 필터링이 포함된다.

4장, 신경망을 통한 딥러닝   네트워크 신경망에 대한 실용적인 소개로, 신경망을 쓰는 방법을 빠르게 가르치고자 고안됐다. 신경망을 전반적으로 그리고 특히 컨벡션 신경망을 묘사한다. 이 모듈에는 딥러닝 모듈인 케라스^{Keras}가 소개돼 있으며, 이 모듈을 사용해 손으로 쓴 숫자를 감지하고 일부 이미지를 분류하는 방법을 보여 준다.

5장, 딥러닝 워크플로   4장 '신경망을 통한 딥러닝'의 이론을 보완한다.

데이터셋을 확보하거나 생성하고, 교육, 검증, 테스트 세트로 분할하고, 데이터 증강, 분류기에 사용되는 주요 계층 그리고 학습, 추론, 재학습 방법을 포함한 일반적인 워크플로의 단계를 보여 줄 것이다. 또한 언더피팅^{underfitting} 및 오버피팅^{overfitting}을 다루고 컨볼부션^{convolution} 레이어의 활성화를 시각화하는 방법을 설명한다.

6장, 신경망 개선하기   배치 정규화, 조기 중지, 데이터 확대, 드롭아웃^{dropout}을 사용해 중립 네트워크를 최적화하고 파라미터를 줄이는 방법과 정확성을 높이는 방법에 대해 설명한다.

7장, 보행자 및 신호등 감지   교통 신호등의 데이터셋을 만드는 데 사용할 자율주행 자동차 시뮬레이터인 CARLA를 소개한다. SSD라는 사전 학습된 신경망으로 보행자, 자동차, 신호등을 탐지하고, 전이 학습이라는 강력한 기술을 활용해 신호등을 색깔에 따라 분류하는 신경망을 학습할 예정이다.

8장, 행동 복제   CARLA를 구동하는 신경망을 학습시키는 방법을 설명한다. 또한 동작 복제, CARLA를 사용해 구동 데이터셋을 구축하는 방법, 이 작업에 적합한 네트워크를 생성하는 방법 및 학습 방법을 설명한다. saliency 맵을 사용해 네트워크가 무엇을 학습하는지 파악하고, 이를 CARLA와 통합해 자체 주행에 도움을 줄 것이다.

9장, 시맨틱 분할   딥러닝에 대한 최종적이고 가장 선구적인 장으로, 시맨틱 분할이 무엇인지 설명한다. DenseNet이라고 불리는 매우 흥미로운 아키텍처를 설명하고, 그것을 시맨틱 분할에 어떻게 적응시키는지 보여 줄 것이다.

10장, 조향, 스로틀, 브레이크 제어   자율주행차를 제어하는 것에 대해 설명한다. PID 컨트롤러에 초점을 맞추고 MPC 컨트롤러의 기본 사항을 다루는 컨트롤러가 무엇인지 설명한다. 마지막으로, CARLA에서 PID 컨트롤러를 구현할 것이다.

11장, 주변 환경 매핑   지도에 대해 논하고 로컬라이제이션, 라이다 등 오픈소스 매핑 도구를 설명한다. 동시 로컬라이제이션 및 매핑^{SLAM, Simultaneous Localization And Mapping}이 무엇인지, 아우스터 라이다^{Ouster lidar} 및 구글 카르토그래퍼^{Google Cartographer}를 사용해 SLAM을 구현하는 방법을 배운다.

⁝⋗ 이 책을 최대한 활용하려면

이 책을 잘 소화하려면 파이썬^{Python}에 대한 기본 지식이 있고 운영체제의 셸에 익숙해야 한다. 파이썬을 설치하고 가상 환경을 사용해 책에 사용된 소프트웨어 버전과 일치시킬 수 있다. GPU가 없다면 학습이 매우 까다로울 수 있으므로 GPU를 사용하는 것이 좋다. 도커^{Docker}는 11장, '주변 환경 매핑'에 도움이 될 것이다.

이 책에 사용된 소프트웨어는 다음 표를 참조해 보자.

이 책에서 다루는 소프트웨어/하드웨어	필수 OS 조건
Python 3.7	모두 가능
TensorFlow 2.2	모두 가능
Keras 2.3	모두 가능
CARLA 0.9.9.2	모두 가능

이 책의 디지털 버전을 사용하는 경우 직접 코드를 입력하거나 깃허브^{GitHub} 저장소(다음 절에서 사용 가능한 링크)를 통해 코드를 액세스하는 것이 좋다. 이렇게 하면 코드 복사 및 붙여넣기와 관련된 잠재적인 오류를 방지할 수 있다.

⁝⋗ 예제 코드 다운로드

이 책의 예제 코드는 에이콘출판사의 도서정보 페이지 http://www.acornpub.co.kr/book/self-driving-cars에서 다운로드할 수 있다. 또한 깃허브 https://github.com/PacktPublishing/Hands-On-Vision-and-Behavior-for-Self-Driving-Cars에서도 동일한 코드를 다운로드할 수 있다. 코드의 업데이트가 필요한 경우가 생기면 깃허브 저장소에 업데이트된다.

⫸ 실습 동영상

다음 주소에서 실습 동영상을 볼 수 있다. https://bit.ly/2FeZ5dQ

⫸ 컬러 이미지 다운로드

이 책에서 사용된 스크린샷/도면의 컬러 이미지를 PDF 파일로 제공한다. 파일은 에이콘출판사의 도서정보 페이지 http://www.acornpub.co.kr/book/self-driving-cars 에서 다운로드할 수 있다.

⫸ 사용된 규칙

이 책에서는 독자의 이해를 돕고자 다루는 정보에 따라 글꼴 스타일을 다르게 적용했다. 이러한 스타일의 예제와 의미는 다음과 같다.

텍스트에서 코드 단어와 데이터베이스 테이블 이름, 폴더 이름, 파일 이름, 파일 확장자, 경로, 더미 URL, 사용자 입력, 트위터 핸들은 다음과 같이 표시한다.

> "케라스는 확률, 예측 및 레이블인 expect_classes()를 가져오는 방법을 모델에서 제공한다."

코드 블록은 다음과 같이 표시한다.

```
img_threshold = np.zeros_like(channel)
img_threshold [(channel >= 180)] = 255
```

코드 블록에서 좀 더 유심히 봐야 하는 줄이나 항목에는 굵은 서체를 사용한다.

```
[default]
exten => s,1,Dial(Zap/1|30)
exten => s,2,Voicemail(u100)
exten => s,102,Voicemail(b100)
exten => i,1,Voicemail(s0)
```

명령줄 입력 또는 출력은 다음과 같이 표시한다.

```
/opt/carla-simulator/
```

고딕체: 새로운 용어나 중요한 키워드는 고딕체로 표시한다. 예를 들어 메뉴 또는 대화 상자의 단어는 다음과 같이 텍스트에 나타난다. 다음은 그 예다.

"**기준 궤적**은 차선 내 차량의 횡방향 위치 등 제어된 변수의 원하는 궤적이다."

팁이나 중요한 참고 사항은 이 박스로 표시한다.

> NOTE
>
> 경고와 중요한 노트는 이와 같이 나타낸다.

⠿ 문의

독자의 의견은 언제나 환영이다.

일반적인 의견: 이 책의 제목을 메일 제목에 넣어 feedback@packtpub.com으로 이메일을 보내면 된다. 이 책의 내용에 대한 질문이 있다면 questions@packtpub.com으로 이메일을 보내면 된다.

한국어판에 관한 질문은 이 책의 옮긴이나 에이콘출판사 편집팀(editor@acornpub.co.kr)으로 문의해 주길 바란다.

오탈자: 정확한 내용을 전달하고자 모든 노력을 기울였지만 실수가 있을 수 있다. 책에서 발견한 오류를 알려 준다면 감사하겠다. www.packtpub.com/submit-errata에 방문해서 이 책을 선택한 후 Errata Submission Form 링크를 클릭하고 자세한 내용을 넣어 주길 바란다.

한국어판의 정오표는 에이콘출판사의 도서정보 페이지 http://www.acornpub.co.kr/book/self-driving-cars에서 찾아볼 수 있다.

저작권 침해: 인터넷에서 어떤 형태로든 팩트 책의 불법 복제본을 발견한다면 주소나 웹사이트 이름을 알려 주면 감사하겠다. 불법 복제본의 링크를 copyright@packtpub.com으로 보내 주길 바란다.

저자 신청: 독자가 전문 지식을 가진 분야의 책을 쓰거나 기여하는 데 관심이 있다면 authors.packtpub.com을 방문하길 바란다.

1부

OpenCV와 센서, 신호

1부에서는 OpenCV를 통해 무엇을 얻을 수 있는지, 그리고 자율주행차와 관련해 어떤 부분을 활용할 수 있는지에 집중할 것이다.

1부는 다음의 장으로 이뤄져 있다.

- 1장, OpenCV 기초와 카메라 보정
- 2장, 신호에 대한 이해와 작업
- 3장, 차로 인식

01

OpenCV 기초와 카메라 보정

1장에서는 OpenCV에 대한 소개와 함께 자율주행차량에 활용되는 기초적인 비디오의 수집 방법을 다룬다. 또한 자율주행차량에 사용되는 카메라의 특성과 수집된 비디오의 품질을 향상시키는 방법을 알아보고 자율주행차량을 개발함에 있어 보행자 감지를 위해 사용되는 OpenCV의 물체 인식 기능을 활용한 비디오 데이터 처리 기법을 알아본다.

1장을 통해 자율주행차량 개발에 유용하게 사용되는 OpenCV와 넘파이^{NumPy}활용 방법에 대한 기초를 탄탄하게 다질 수 있다.

1장에서 다루는 내용은 다음과 같다.

- OpenCV와 넘파이 기초
- 이미지 데이터 읽기, 처리하기, 저장하기
- 비디오 데이터 읽기, 처리하기, 저장하기
- 이미지 처리 방법

- HOG를 활용한 보행자 감지 기법
- 카메라 특성
- 카메라 보정 방법

기술 요구 사항

1장에서 다루는 코드를 실행하기 위한 요구 사항은 다음과 같다.

- 파이썬 3.7
- OpenCV-파이썬 모듈
- 넘파이 모듈

1장에서 사용한 코드는 다음 사이트에서 확인할 수 있다.

https://github.com/PacktPublishing/Hands-On-Vision-and-Behavior-for-Self-Driving-Cars/tree/master/Chapter1

1장의 실행 영상에 대한 코드는 다음 사이트에서 확인할 수 있다.

https://bit.ly/2TdfsL7

OpenCV와 넘파이 소개

OpenCV는 20여 년 전 개발된 라이브러리로서 일부 API에 오류가 있음에도 컴퓨터 비전과 머신러닝을 위한 유용한 기능을 제공하고, 다양한 알고리듬을 간단하게 구현할 수 있다는 장점으로 인해 여러 분야에서 사용되고 있다.

OpenCV는 처음 소개될 당시 C++로 구현돼 제공됐으나 현재는 파이썬, 자바, 안드로이드 등과 같이 다양한 언어를 위한 플러그인이 제공되고 있다.

이 책에서는 다음 코드를 통해 설치할 수 있는 파이썬을 위한 OpenCV 4.2 버전을 중심으로 다룬다.

```
pip install opencv-python
```

OpenCV를 활용한 시스템은 OpenCV가 제공하는 일반적인 하드웨어 가속 기능을 사용할 수 있어 많은 장점을 취할 수 있다. 하지만 개발자가 원하는 최상의 성능을 갖추려면 OpenCV가 제공하는 소스코드부터 분석해 기본값을 그대로 사용하는 것이 아닌 개발하고 있는 하드웨어를 타기팅^{targeting}한 수정과 최적화가 필요하다.

OpenCV와 넘파이

다른 다양한 라이브러리와 비교했을 때 파이썬에 넘파이 라이브러리를 조합해 활용하는 것은 다른 라이브러리와의 연동 호환성과 같은 이점이 있다. 예를 들어 OpenCV가 다루는 이미지의 경우 넘파이에서는 배열로 처리되기 때문에 넘파이의 일반적인 배열 연산과 처리를 통해 이미지 정보를 손쉽게 얻을 수 있다. 따라서 넘파이를 잘 이해하고 활용함으로써 독자는 구현 프로그램의 성능 향상과 코드 길이를 줄일 수 있다.

이미지 크기

이미지 크기는 shape 속성을 사용해 확인할 수 있다.

```
print("Image size: ", image.shape)
```

예를 들어, 50x50 크기를 갖는 회색조 이미지^{grayscale image}를 `image.shape()` 코드를 통해 확인하면 튜플 (50, 50)을 결과로 반환하고, RGB 이미지의 경우 (50, 50, 3)을 반환한다.

> NOTE
>
> 넘파이에서 크기(size) 속성은 해당 배열의 바이트 값이다. 예를 들어 50x50 크기의 회색조 이미지는 2,500 크기를 갖게 되고 같은 이미지의 RGB는 7,500을 갖게 된다. 반면, shap 속성은 이미지 크기를 포함하고 있기 때문에 회색조 이미지의 경우 (50, 50)을, RGB 이미지의 경우 (50, 50, 3)을 갖는다.

회색조 이미지

회색조 이미지는 넘파이를 통해 2차원 배열로 표현된다. 첫 번째 인덱스는 배열의 '행'(y 좌표, row)을 의미하고 두 번째 인덱스는 '열'(x 좌표, column)을 의미하며 해당 값을 조정해 각 속성에 영향을 줄 수 있다.

이때 y 좌표의 기준점은 이미지의 상단 모서리에 있고, x 좌표의 기준점은 이미지의 왼쪽 모서리에 있다.

아울러 모든 픽셀을 '0'으로 초기화할 수 있는 넘파이 함수인 np.zeros()를 사용하면 검정 이미지를 생성할 수 있다.

```
black = np.zeros([100,100],dtype=np.uint8) # 검정 이미지 생성
```

위 코드는 10,000개의 부호 없는unsigned 바이트(dtype = np.unit8)로 이뤄진 회색조 이미지를 100x100 크기로 생성한다.

또한 0이 아닌 값을 갖는 이미지를 생성하려면 넘파이의 full() 함수를 활용해 생성할 수 있다.

```
white = np.full([50, 50], 255, dtype=np.uint8)
```

[:] 표기를 사용하면 한 번에 이미지의 모든 픽셀 색상을 바꿀 수 있다.

```
img[:] = 64          # 회색조 이미지 변환
```

해당 효과를 일부 행에 적용하려면 함수 인덱스에 효과를 적용하고자 하는 행의 범위를 첫 번째 인덱스에 입력해 주면 된다.

```
img[10:20] = 192     # 밝은 회색으로 10개의 행 변환
```

앞의 코드는 10~20행의 색상을 바꾸는 식으로 20번째 행을 제외하고 10번째 행의 색상만 변경한다. 동일한 원리로 두 번째 인덱스에 색상을 바꾸고자 하는 이미지의 열 범위를 입력하면 열의 색상이 변경된다.

넘파이 전체 배열의 인덱스를 지정하려면 앞서 다룬 [:] 표기를 활용한다.

```
img[:, 10:20] = 64        # 10개의 열을 어두운 회색으로 변경
```

행과 열에 대한 코드를 조합해 사용하면 직사각형 영역을 선택해 여러 작업을 수행하는 것 또한 가능하다.

```
img[90:100, 90:100] = 0     # 10x10 영역을 검정색으로 변경
```

일반 배열에서와 같이 단일 픽셀에 대한 작업도 가능하다.

```
img[50, 50] = 0        # 하나의 픽셀을 검정색으로 변경
```

넘파이를 사용해 이미지의 일정 영역을 선택하는 것 역시 가능한데 이를 '관심 영역ROI, Region Of Interest'이라 한다. 예를 들어 다음 코드는 10x10 ROI 영역을 이미지의 (80, 80)부터 (90, 90)까지 위치에 설정해 복사한다.

```
roi = img[90:100, 90:100]
img[80:90, 80:90] = roi
```

그림 1.1은 앞서 수행한 코드의 결과다.

그림 1.1 넘파이 슬라이싱 기능을 사용한 이미지 처리

작업한 이미지를 복사하려면 copy() 코드를 사용하면 된다.

```
image2 = image.copy()
```

RGB 이미지

RGB 이미지는 회색조 이미지와는 달리 세 번째 채널값을 표시하기 위한 인덱스가 존재해 3차원 배열로 표현된다. OpenCV의 경우 RGB 이미지를 저장할 때 빨강(R), 초록(G), 파랑(B) 순서가 아닌 파랑(B), 초록(G), 빨강(R) 형식으로 저장돼 채널 0번은 파란색, 채널 1번은 초록색, 마지막 채널 2번은 빨간색을 표현한다.

> **NOTE**
>
> OpenCV가 이미지를 저장할 때는 RGB 포맷이 아닌 BGR 포맷으로 저장한다. 따라서 이 책에서 다루는 RGB 이미지라 함은 일반적인 24비트의 컬러 이미지를 의미하며 OpenCV 내부에서는 BGR 형태임을 기억하자.

RGB 포맷의 이미지 파일을 만들려면 세 가지 크기를 지정해야 한다.

```
rgb = np.zeros([100, 100, 3],dtype=np.uint8)
```

만약 앞서 '회색조 이미지 편집 및 생성'에 활용한 동일 코드를 RGB 이미지 생성에 활용하는 경우(이때 세 번째 인덱스 값을 입력하지 않아야 한다) 넘파이가 3개의 모든 채널에 동일한 값을 적용하게 돼 위 코드에서 수행한 회색조 이미지 생성과 동일한 결과를 얻게 된다. 따라서 색상을 지정하려면 세 번째 인덱스에 지정하고자 하는 색상의 값을 입력해 줘야 한다.

```
rgb[:, :, 2] = 255        # 이미지 색상을 빨간색으로 변경
```

넘파이에서는 연속되지 않은 행, 열 또는 채널을 선택할 수 있는데 이는 선택하고자 하는 인덱스의 값을 튜플 형태로 작성하면 된다. 예를 들어 이미지의 색상을 마젠타로 변경하고자 할 때 파랑과 빨강을 표현하는 채널의 값을 다음과 같이 255로 설정하면 된다.

```
rgb[:, :, (0, 2)] = 255  # 이미지 색상을 마젠타로 변경
```

또한 필요에 따라 RGB이미지를 cvtColor() 코드(convert color)를 사용해 회색조 이미지로 변경할 수 있다.

```
gray = cv2.cvtColor(original, cv2.COLOR_BGR2GRAY)
```

⠿ 이미지 파일 다루기

OpenCV가 제공하는 imread() 코드를 사용하면 이미지 로딩을 손쉽게 할 수 있다.

```
import cv2
image = cv2.imread('test.jpg')
```

이미지를 화면에 출력하려면 두 가지 파라미터를 입력받는 imshow() 코드를 사용한다.

- 이미지에 표시하려는 캡션

- 출력하려는 이미지

반면 waitKey() 코드를 imshow() 코드 뒤에 사용하는 경우에는 이미지를 바로 출력하지 않는다.

```
cv2.imshow("Image", image)
cv2.waitKey(0)
```

위와 같이 imshow() 이후 waitKey()를 사용하면 다음과 같은 두 가지 효과를 갖게 된다.

- OpenCV를 통해 출력하고자 하는 이미지는 imshow() 코드에 이미 전달돼 출력할 준비가 돼 있다.

- 이때 출력하고자 하는 이미지 파일은 일정 시간이 흐를 때까지 출력이 지연되거나 지연시키고자 하는 값이 0 밀리초(ms) 이하일 경우에는 사용자로부터 키 입력이 있을 때까지 출력이 지연된다.

또한 OpenCV를 통해 읽어 들이고 작업 중인 이미지 파일을 imwrite() 코드를 통해 저장 장치에 저장할 수 있으며 해당 코드는 세 가지 설정값(파라미터)을 입력받는다.

- 저장하고자 하는 파일의 이름

- 저장하고자 하는 이미지

- 저장하고자 하는 이미지 포맷에 따른 옵션

```
cv2.imwrite("out.jpg", image)
```

이 기능은 한 번에 여러 이미지를 함께 저장할 수 있어 이 책에서도 이미지를 비교하는 예제에서 해당 기능을 유용하게 사용한다.

OpenCV는 위 기능을 위해 hconcat()와 vconcat() 두 가지 함수를 제공하고 hconcat()는 이미지를 수평으로 병합하는 기능을 제공하고 vconcat()는 수직으로 이미지를 병합해 준다. 아울러 두 함수 모두 다음 예제 코드와 같이 병합하고자 하는 이미지를 리스로 입력받는다.

```
black = np.zeros([50, 50], dtype=np.uint8)
white = np.full([50, 50], 255, dtype=np.uint8)
cv2.imwrite("horizontal.jpg", cv2.hconcat([white, black]))
cv2.imwrite("vertical.jpg", cv2.vconcat([white, black]))
```

위의 코드를 수행한 결과는 그림 1.2와 같다.

그림 1.2 hconcat() 함수를 사용한 이미지의 수평 병합 및 vconcat() 함수를 활용한 이미지의 수직 병합

이 두 가지 방법을 통해 다음과 같은 체커보드^{chequerboard} 패턴을 생성할 수 있다.

```
row1 = cv2.hconcat([white, black])
row2 = cv2.hconcat([black, white])
cv2.imwrite("chess.jpg", cv2.vconcat([row1, row2]))
```

위 코드의 수행 결과는 그림 1.3과 같다.

그림 1.3 hconcat()함수와 vconcat() 함수를 활용한 체커보드 이미지 생성

지금까지 이미지를 다루는 방법에 대해 알아봤다. 이제 OpenCV와 넘파이를 활용해 영상 정보를 다루는 방법에 대해 알아보자.

⁞⁞⁞ 비디오 파일 다루기

OpenCV에서 비디오 파일을 다룬다는 것은 앞서 접해 본 이미지가 각 프레임별로 존재하는 것과 개념적으로 동일하기 때문에 매우 간단하다.

비디오 파일을 OpenCV를 통해 열려면 VideoCapture() 객체를 생성해 사용해야 한다.

```
cap = cv2.VideoCapture("video.mp4")
```

이후 싱글 프레임에 대한 이미지를 얻고자 일반적으로 루프 안에서 read() 함수를 호출하고 해당 함수는 2개의 값을 갖는 튜플을 반환한다.

- 비디오의 종료 여부를 표현하는 불리언^{Boolean} 값, 비디오 종료 시 거짓^{false} 반환

- 다음 프레임

```
ret, frame = cap.read()
```

비디오 파일을 저장하는 방법으로는 VideoWriter 객체를 생성해야 하고, 해당 객체는 네 가지 파라미터를 입력받는다.

- 저장하고자 하는 비디오 파일 이름

- 비디오의 FOURCC 코드(4자리 코드)

- 초당 프레임 수

- 비디오의 해상도

VideoWriter 사용 예는 다음과 같다.

```
mp4 = cv2.VideoWriter_fourcc(*'MP4V')
writer = cv2.VideoWriter('video-out.mp4', mp4, 15, (640, 480))
```

VideoWriter 객체가 생성된 이후 write() 함수를 사용해 해당 비디오 파일에 프레임을 추가할 수 있다.

```
writer.write(image)
```

이후 VideoCapture와 VideoWriter를 통한 비디오 파일 읽기와 쓰기가 종료된 이후에는 릴리스release 코드를 통해 해당 객체를 메모리에서부터 풀어 줘야 한다.

```
cap.release()
writer.release()
```

웹캠 다루기

웹캡webcam을 다룰 때는 비디오 파일을 다룰 때와 유사하게 OpenCV의 VideoCapture 객체에 웹캠임을 인식할 수 있도록 0 기반 인덱스를 입력해 주면 된다.

```
cap = cv2.VideoCapture(0)
```

위 코드를 통해 첫 웹캠을 열어 볼 수 있으나 예제와 다른 웹캠을 사용할 경우 위와 다른 인덱스를 입력해 줘야 한다.

이제 이미지 파일을 다루고 작업하는 방법에 대해 알아보도록 하자.

이미지 파일 작업하기

자율주행차량을 개발하는 관점에서 컴퓨터 비전은 인공지능의 적용 유무를 떠나 필수적으로 필요한 개발 요소로 비디오 스트림 파일을 전처리preprocessing해 자율주행을 위한 알고리듬 적용 시 더 나은 결과를 얻을 수 있도록 한다.

이번 절은 비디오 스트림 파일을 처리하기 위한 기초 지식을 쌓을 수 있도록 견고한 기반을 제공한다.

이미지 뒤집기

OpenCV는 flip() 함수를 통해 이미지 뒤집기flip를 할 수 있는 기능을 제공하고, 해당 함수는 두 가지 파라미터를 입력받는다.

- 뒤집고자 하는 이미지

- 뒤집고자 하는 방향에 대한 숫자 입력(1: 수평 방향으로 뒤집기, 0: 수직 방향으로 뒤집기, -1: 수평, 수직 방향으로 뒤집기)

예제 코드는 다음과 같다.

```
flipH = cv2.flip(img, 1)
flipV = cv2.flip(img, 0)
flip = cv2.flip(img, -1)
```

위 코드를 실행하면 다음과 같은 결과를 얻을 수 있다.

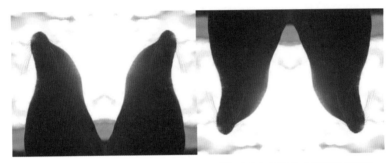

그림 1.4 원본 이미지, 수평 방향 뒤집기, 수직 방향 뒤집기, 수평 및 수직 방향 뒤집기

첫 번째 이미지는 뒤집기를 하지 않은 원본 이미지이고, 그다음은 수직, 수평, 수평, 수직 방향 모두 뒤집은 이미지를 보여 준다.

이미지 블러

때때로 이미지 파일을 작업하다 보면 일부 작업에서 많은 노이즈가 추가되는 경우가 있다. 이런 경우를 위해 OpenCV는 노이즈가 추가된 이미지를 부드럽게, 흐리게 만드는 몇 가지 방법을 제공한다. 이미지에 블러^{blur}를 사용함에 있어 중요한 점은 원본 이미지를 훼손하지 않는 선에서 좋은 품질로 블러링하는 것뿐만 아닌 해당 작업을 수행하는 속도를 함께 고려해야 한다.

가장 쉽게 사용할 수 있는 블러로는 blur() 함수가 있으며, 이미지를 저역 통과 필터^{low-pass filter}를 활용해 통과시키는 것으로 blur() 함수는 2개의 파라미터를 입력받는다.

- 블러 처리할 이미지 파일

- 커널 사이즈(크기가 큰 커널일수록 이미지의 블러 정도를 높인다)

```
blurred = cv2.blur(image, (15, 15))
```

앞서 다룬 blur() 함수 외에 더 섬세한 조작이 가능한 GaussianBlur() 함수를 사용할 수 있다. GaussianBlur()는 세 가지 파라미터를 입력받는다.

- 블러 처리할 이미지 파일

- 커널 사이즈

- X값의 표준 편차를 의미하는 sigmaX

Y값의 표준 편차를 의미하는 sigmaY를 네 번째 파라미터로, sigmaX와 sigmaY를 모두 입력해 사용하는 것을 추천한다.

```
gaussian = cv2.GaussianBlur(image, (15, 15), sigmaX=15, sigmaY=15)
```

앞서 다룬 두 가지 방법과 다른 방법으로 동작하는 방식이 흥미로운 medianBlur()라는 함수가 있다. medianBlur() 함수는 이미지의 평균값을 계산하기 때문에 블러 처리할 이미지의 색상이 있는 픽셀만 출력하는 특성이 있다(앞서 다룬 blur() 함수와 GaussianBlur()는 경우에 따라 이 현상이 발생하지 않을 수 있다). 따라서 희끗희끗한 노이즈가 있는 이미지는 medianBlur()를 사용하면 효과적이다. medianBlur()는 두 가지 파라미터를 입력받는다.

- 블러 처리할 이미지 파일

- 커널 사이즈(1보다 큰 홀수)

```
median = cv2.medianBlur(image, 15)
```

또 다른 블러로 조금은 복잡한 동작 구조를 갖는 bilateralFilter()가 있다. bilateral Filter는 앞서 다룬 다른 필터들보다 처리 속도가 상대적으로 느리고, 네 가지의 파라미터를 입력받아야 한다는 복잡성을 갖지만, 이미지의 가장자리를 선명하게 유지하면서 노이즈를 제거하는 데 효과적인 필터다. 다음은 bilateralFilter 동작을 위해 입력받아야 하는 네 가지 파라미터다.

- 블러 처리할 이미지 파일

- 블러 처리할 픽셀 주변의 직경

- sigmaColor: 블러 처리하는 이미지의 색상에 영향을 미치는 인자로, 블러 처리하는 픽셀 주변의 서로 다른 색상이 이웃한 서로 다른 색상의 혼합 정도를 결정한다.

- sigmaSpace: 블러 처리하는 이미지 좌표에 작용하는 값으로, sigmaColor에서 설정한 색상의 혼합 정도보다 이웃한 픽셀의 거리가 가까울 때 블러 처리하는 픽셀과 픽셀 간 거리를 지정할 수 있다.

```
bilateral = cv2.bilateralFilter(image, 15, 50, 50)
```

사용하고자 하는 최상의 필터를 결정하려면 여러 실험이 필요할 수 있으며, 필터링을 적용함에 있어서 필터링을 수행하는 속도 또한 고려해야 한다. 다음은 각 필터의 수행 속도를 정리한 값이다. 실제 해당 필터를 적용한 시스템을 개발할 때에는 각 필터에 입력되는 파라미터 등을 한 번 더 고민해 적절한 필터를 선정해야 한다.

- blur()는 가장 빠른 블러 필터다.

- GaussianBlur()는 blur()와 유사한 속도를 보이지만 blur()보다 약 2배 느리다.

- medianBlur()는 blur()를 통해 이미지에 블러를 처리하는 속도보다 약 20배 느리다.

- BilateralFilter()는 가장 느린 필터로 가장 빠른 blur()보다 약 45배 느리다.

다음은 각각의 필터를 적용해 블러를 수행한 결과다.

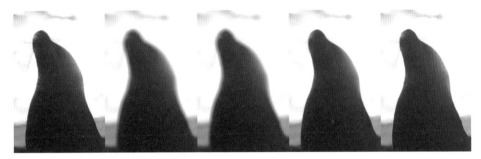

그림 1.5 원본 이미지, 코드 샘플의 파라미터를 사용한 각 blur(), GaussianBlur(),
medianBlur(), BilateralFilter()를 사용한 이미지

이미지 명암, 밝기, 감마 값 바꾸기

convertScaleAbs() 함수는 OpenCV를 통한 이미지 작업 시 이미지 배열에 존재하는 모
든 값에 여러 작업을 한 번에 수행할 수 있어 매우 유용하게 쓰인다.

- 이미지의 스케일링 파라미터인 알파alpha값을 곱해 준다.
- 이미지의 델타delta 파라미터인 베타beta값을 더해 준다.
- 함수의 수행 결과 값이 255 이상일 경우 결과 값을 255로 맞춰 준다.
- 함수의 수행 결과는 부호가 없는unsigned 8비트 정수integer로 변환된다.

convertScaleAbs() 함수는 4개의 파라미터를 입력받을 수 있다.

- 원본 이미지
- 작업 후 이미지 파일(옵션)
- 이미지 스케일링을 위한 알파 값
- 이미지의 델타 파라미터인 베타 값

따라서 convertScaleAbs() 함수는 이미지의 명암 값 변경에 유용하게 쓰일 수 있다. 예를 들어 이미지 픽셀과 픽셀 간 색상의 차이를 극대화하고자 할 때는 이미지 스케일링을 위한 알파 값을 1 이상으로 증가시키는 작업을 취하면 되고, 1 이하의 값으로 알파 스케일링 수치를 낮춰 주면 이미지의 픽셀과 픽셀 간 색상 차이가 줄어 든다.

```
cv2.convertScaleAbs(image, more_contrast, 2, 0)
cv2.convertScaleAbs(image, less_contrast, 0.5, 0)
```

앞에서는 converScaleAbs() 함수의 알파 값 변경을 통한 이미지 명암 수정을 수행하는 예시라면, convertScaleAbs()의 베타 값 수정을 통한 이미지의 델타 파라미터를 변경해 이미지 밝기 또한 수정할 수 있다. 앞의 예제 코드와 유사하게 베타 값을 증가시키면 해당 이미지는 밝아지고, 베타 값을 감소시키면 이미지는 어둡게 된다.

```
cv2.convertScaleAbs(image, more_brightness, 1, 64)
cv2.convertScaleAbs(image, less_brightness, 1, -64)
```

위 예제 코드의 수행 결과는 다음과 같다.

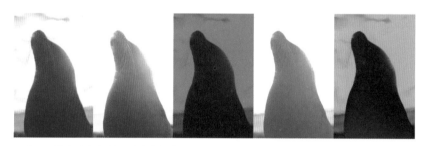

그림 1.6 원본 이미지, 원본 이미지의 대비 값 2배 증가시킨 이미지, 원본 이미지의 대비 0.5배(절반) 감소시킨 이미지, 원본 이미지보다 64만큼 밝은 이미지, 원본 이미지보다 64만큼 어두운 이미지

앞서 다룬 방법이 손쉽게 이미지 밝기를 조정하는 방법이라면, 조금 더 정교한 방법으로 이미지의 감마 값을 조정해 이미지 밝기에 대한 작업이 가능하다. 이미지의 감마 값을 바꿔 주는 방법은 넘파이를 이용한 간단한 계산식을 수행하면 되고 감마 값으로 1 이상의 값을 입력하면 해당 이미지는 밝아지고, 1 이하의 값을 입력하면 반대로 어두워진다.

```
Gamma = 1.5
g_1_5 = np.array(255 * (image / 255) ** (1 / Gamma),
dtype='uint8')
Gamma = 0.7
g_0_7 = np.array(255 * (image / 255) ** (1 / Gamma),
dtype='uint8')
```

위 예제 코드를 수행한 결과는 다음과 같다.

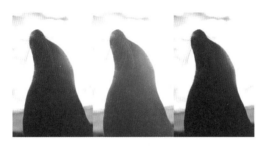

그림 1.7 원본 이미지, 1 이상의 값을 입력해 준 결과 (1.5), 1 이하의 값을 입력해 준 결과 (0.7)

감마 값 조정을 통한 변화를 위 그림의 가운데와 오른쪽 결과를 통해 확인할 수 있다.

사각형 그리기와 텍스트 입력하기

OpenCV를 사용한 물체 인식 작업을 진행할 때, 인식한 물체를 강조하거나 표시해야 하는 경우가 종종 있다.

이 경우 다음의 파라미터를 입력받는 rectangle() 함수를 활용할 수 있다.

- rectangle() 함수를 사용할 이미지 파일

- 사각형으로 강조할 부분의 왼쪽 상단 시작점

- 사각형으로 강조할 부분의 오른쪽 하단 끝점

- 사각형의 색상

- (옵션) 사각형을 그리는 선의 두께

```
cv2.rectangle(image, (x, y), (x + w, y + h), (255, 255, 255), 2)
```

작업 중인 이미지에 텍스트를 입력할 수 있는 방법으로는 putText() 함수가 있고 이 함수는 다음의 6개 파라미터를 입력받아 동작한다.

- putText() 함수를 사용할 이미지 파일
- 이미지에 표기하고자 하는 텍스트
- 텍스트를 위치하고자 하는 이미지의 왼쪽 하단 좌표
- 텍스트의 글씨체
- 입력한 텍스트의 글씨 크기에 대한 스케일 값
- 입력한 텍스트의 글씨 색상

HOG를 이용한 보행자 감지

HOG$^{Histogram\ of\ Oriented\ Gradient}$는 OpenCV에서 구현한 물체 인식 기법이다. 예를 들어 HOG를 사용해 이미지 내부에 특정 물체가 있는지, 있다면 해당 물체는 어디에 있으며, 또 어느 정도의 크기를 갖고 있는지 등에 손쉽게 사용할 수 있다.

OpenCV는 보행자 인식을 위해 학습이 완료된 감지 기법을 제공하고, 우리는 OpenCV가 제공하는 감지 기법을 사용할 예정이다. 하지만 자율주행차량을 개발하고 적용하는 실제 환경에서는 기본적으로 제공된 보행자 인식 기법의 성능이 다소 부족할 수 있으나 보행자 감지 기법을 어떻게 사용하고, 어떻게 구현됐는지 알아보는 데 많은 도움을 준다. 또한 이번 절을 통해 습득한 내용을 기반으로 더 많은 보행자 인식 학습 이미지를 보행자 인식 학습에 사용해 OpenCV의 기본 제공 라이브러리와 성능 차이를 비교할 수 있다. 이 책의 뒷부분에서는 딥러닝을 활용해 보행자 인식은 물론 차량, 신호등을 인식하는 기법 또한 함께 알아본다.

슬라이딩 윈도우

OpenCV의 HOG를 사용한 보행자 인식 기법은 48×96 픽셀 크기의 모델을 학습시킨 결과로 만약 감지하고자 하는 보행자의 크기가 48×96 픽셀보다 작은 경우는 인식할 수 없다(만약 인식되더라도 OpenCV HOG를 통해 처리된 보행자 인식을 표시하는 박스의 크기는 48×96 픽셀보다 작은 보행자라도 48×96 박스를 통해 표현된다).

HOG 내부에는 48×96 크기의 이미지가 보행자인지 아닌지를 판단할 수 있는 메커니즘이 존재한다. 나아가 해당 기능을 더 유용하게 활용하기 위해 OpenCV는 슬라이딩 윈도우^{Sliding window}라는 메커니즘을 함께 구현했는데 이는 물체 인식과 감지를 위한 HOG 감지기의 '이미지 윈도우'가 위치를 조금씩 바꿔 가며 여러 번 실행되는 원리로 동작한다. 먼저 전체 이미지에 대한 분석이 끝나면 '이미지 윈도우'의 크기를 키워(스케일링한다) 처음 분석한 것보다 더 큰 물체를 인식할 수 있도록 HOG 감지기를 동작시킨다. 따라서 HOG를 사용한 물체 인식 과정은 각 이미지에 대해 수백, 수천 번 위와 같은 동작이 수반돼 처리 속도가 다소 느릴 수 있다.

OpenCV와 함께 HOG 사용하기

먼저 HOG 감지기 초기화를 진행하고 HOG 감지기를 보행자 인식에 사용할 수 있도록 설정해야 한다.

```
hog = cv2.HOGDescriptor()
det = cv2.HOGDescriptor_getDefaultPeopleDetector()
hog.setSVMDetector(det)
```

위 코드를 통한 초기화와 설정이 종료된 이후에는 detectMultiScale() 함수를 사용하면 된다.

```
(boxes, weights) = hog.detectMultiScale(image, winStride=(1,
1), padding=(0, 0), scale=1.05)
```

detectMultiScale() 함수에 사용된 파라미터는 다음과 같다.

- 함수를 사용하고자 하는 이미지

- 이미지 내 보행자 인식을 위한 윈도우의 이미지 내 이동 크기인 winStride

- 이미지 가장자리에 추가할 수 있는 패딩padding(패딩 값은 이미지 가장자리에 위치한 보행자를 감지하는 데 유용하게 사용할 수 있다.)

- 이미지 내 보행자 인식을 위한 윈도우의 크기를 조정할 수 있는 스케일(scale)

detectMultiSacle() 함수를 사용함에 있어 보행자 인식을 위한 이미지 내 윈도우의 크기를 작게 하는 경우 이미지 내 여러 위치에서 보행자 인식을 위한 계산을 수행할 수 있어 정확도는 올라가지만 인식 속도와 같은 성능에는 지대한 영향을 미칠 수 있다. 예를 들어, 윈도우의 이동 크기를 (4, 4)로 입력한 경우 (1, 1)로 입력한 것 대비 16배 빠르지만 인식 측면에서는 (1, 1)이 (4, 4) 보다 10배 더 좋은 성능을 보인다.

따라서 일반적인 경우 보행자 인식을 위한 **스케일을 줄이면** 정확도가 향상되고 인식 속도는 저하되지만 그 영향은 크지 않다.

여기서 인식의 정확도를 높인다는 것은 더 많은 보행자를 감지할 수 있다는 것을 의미하는 반면, 오탐지율을 높일 수 있다는 사실 또한 기억해야 한다. 이러한 점을 보완하고자 detectMultiScale() 함수는 몇 가지 추가 파라미터를 어드밴스드 옵션으로 제공한다.

- **서포트 벡터 머신**SVM, Support Vector Machine 평면에 필요한 거리를 수정할 수 있는 hit Threshold. 높은 임곗값일수록 인식한 물체에 대한 결과가 정확함을 의미한다.

- 동일 영역 내 인식한 물체의 수와 관련된 finalThreshold

위 두 파라미터를 사용함에 있어 최적의 값을 시스템에 적용하려면 실험이 필요하지만 일반적으로 높은 hitThreshold 값(0~1.0의 범위)을 사용하게 되면 오탐지율을 줄일 수 있게 된다.

또한 높은 값의 finalThreshold 값(예, 10)을 사용하는 경우 역시 오탐지율을 줄일 수 있다.

Carla[1]가 생성한 보행자가 있는 이미지에서 detectMultiScale() 함수를 사용한 결과는 다음과 같다.

그림 1.8 HOG를 사용한 물제 인식, winStride=(1, 2), scale=1.05, padding=(0, 0)
Left: hitThreshold = 0, finalThreshold = 1; Center: hitThreshold = 0,
finalThreshold = 3; Right: hitThreshold = 0.2, finalThreshold = 1

위 결과에서 확인할 수 있듯이 낮은 hitThreshold와 낮은 finalThreshold를 사용한 왼쪽 그림의 경우 오탐지된 결과가 다수 출력됐다. 따라서 오탐지율은 줄이면서 보행자 인식률을 높일 수 있는 균형적인 최적의 값을 찾을 수 있어야 한다.

카메라 소개

카메라는 현대 사회에서 가장 많이 활용되는 센서 중 하나로 휴대전화, 노트북, CCTV, 사진 촬영 등 다양한 분야에서 매일매일 사용된다. 카메라는 공간, 색상, 시간 정보를 포함해 카메라가 보여 주는 환경에 대해 광범위한 정보를 포함한 고해상도 이미지를 제공한다.

따라서 카메라가 자율주행 자동차 기술에 다양하게 사용되는 것은 당연한 사실이다. 카메라가 다양한 분야에서 활용되는 이유 중 하나는 사람의 '눈'이 하는 역할을 반영해 주기 때문이다. 이 이유로 인해 카메라의 기능, 장점, 단점에 대해 쉽게 깊이 있는 이해가 가능하다.

이번 절에서는 다음의 내용에 대해 다룬다.

- 카메라 용어

---

1 Carla는 오픈소스 기반 자율주행 자동차 연구를 위한 시뮬레이터다. - 옮긴이

- 카메라 구성 요소

- 장점 및 단점

- 자율주행 자동차를 위한 카메라 선택

카메라 용어

카메라의 구성 요소와 장단점에 대해 알아보기 전에 카메라에 대한 몇 가지 기본적인 용어를 알아본다. 이번 절에서 다루는 카메라 기본 용어는 자율주행 자동차 개발을 위한 카메라 성능에 대한 평가와 선택 시 중요한 결정 요소가 된다.

시야

카메라의 센서를 통해 볼 수 있는 환경(장면)의 수직 및 수평 각도 부분을 의미한다. 자율주행 자동차의 경우 일반적으로 적은 수의 카메라를 통해 가능한 많은 환경을 볼 수 있도록 넓은 시야$^{\text{FoV, Field of View}}$와 카메라 해상도의 균형을 맞추고자 한다. 이때 FoV는 서로 대립되는 요소가 존재하는데, 큰 FoV를 갖는 카메라의 경우 일반적으로 더 많은 렌즈 왜곡을 갖게 돼 해당 카메라를 통해 수집된 정보는 카메라 보정 과정을 통해야 한다 (카메라 보정 절 참조).

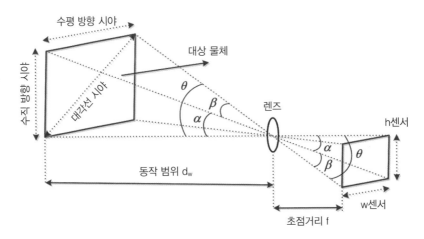

그림 1.9 시야(FoV), 출처: https://www.researchgate.net/figure /Illustration-of-camera-lenss-field-of-view-FOV_fig4_335011596

해상도

해상도는 카메라 센서의 수평 수직 방향으로 위치한 픽셀 수를 의미한다. 해상도는 **메가픽셀**^{MP, MegaPixel}이라는 단위를 주로 사용해 표현된다. 예를 들어, FLIR의 Blackfly와 같은 5MP 카메라는 5,013,504 픽셀에 해당하는 2448×2048 픽셀의 센서가 있다.

높은 해상도를 갖는 센서는 넓은 FoV 사양을 갖는 렌즈를 선택할 수 있다. 따라서 컴퓨터 비전 알고리듬에 따라 다를 수 있지만 해당 카메라와 렌즈를 통해 실행하는 높은 해상도와 넓은 FoV 렌즈 선택은 적은 카메라를 사용해 넓은 환경을 적은 금액으로 처리할 수 있음을 의미한다.

Blackfly 카메라는 여러 다양한 분야에서 사용되고 있는 카메라로 자율주행 자동차에서도 적은 비용과 작은 크기, 신뢰성, 견고성, 좋은 호환성 덕에 자주 사용된다.

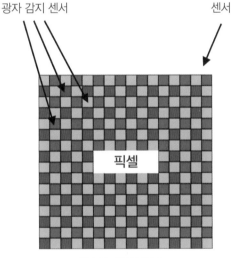

그림 1.10 픽셀 해상도

초점 거리

초점 거리는 렌즈의 광학 중심에서부터 센서까지의 거리를 의미한다. 초점 거리는 카메라의 줌 기능을 통해 쉽게 설명할 수 있다. 예를 들어, 초점 거리가 길수록 주변 물체를 더 가깝게, 더 크게 확대할 수 있다. 자율주행 자동차를 개발함에 있어서는 카메라를 통해 확인해야 하는 주변 환경이 어떤 것이냐에 따라 각각의 카메라에 대해 다른 초점 거리를 선택할 수 있다. 예를 들어 분류 알고리듬을 통해 차량이 신호등을 원활하게 감지하고 부드럽게 정지하는 등의 동작을 위해서는 비교적 긴 초점 거리인 100mm를 선택해 충분한 해상도를 보장할 수 있다.

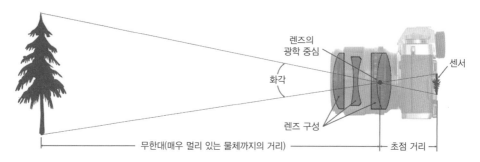

그림 1.11 초점 거리, 출처: https://photographylife.com/what-is-focallength-in-photograp

조리개 및 밝기

조리개 및 밝기는 빛이 센서를 비추고자 통과하는 구멍을 의미한다. 일반적으로 개구부의 크기를 설명하는 데 사용되는 단위는 조리개 크기에 대한 초점 거리의 비율을 나타내는 f- 스톱f-stop이다. 예를 들어 초점 거리가 50mm이고 조리개 직경이 35mm인 렌즈는 f/1.4의 f- 스톱과 같다. 다음 그림은 50mm 초점 거리 렌즈의 다양한 조리개 직경과 f- 스톱 값을 보여 준다. 조리개 크기는 **피사계 심도**DoF, Depth of Field와 직접적으로 관련되기 때문에 자율주행 자동차에서 매우 중요한 요소로 작용한다. 또한 조리개가 크면 카메라가 렌즈에 있을 수 있는 모호한 요소[예: 벌레]를 견딜 수 있으며, 조리개가 크면 빛이 벌레 주변을 통과하면서 센서로 전달된다.

그림 1.12 조리개, 출처: https://en.wikipedia.org/wiki/Aperture#/
media/File:Lenses_with_different_apertures.jpg

피사계 심도

피사계 심도(또는 심도)^{DoF}는 초점을 맞출 환경의 거리 범위를 의미해 조리개 크기와 직접적으로 관련이 있다. 일반적으로 자율주행 자동차에서는 FoV 내 모든 물체에 컴퓨터 비전 알고리듬이 초점을 맞춰 깊은 DoF가 필요하다. 이는 작은 조리개를 갖는 카메라를 사용하는 데 깊은 DoF를 요구하는 경우 카메라의 센서에 영향을 주는 빛이 적다는 것을 의미하게 된다.[2] 따라서 카메라를 사용하는 환경에서 필요한 모든 것을 볼 수 있도록 DoF, 다이내믹 레인지 및 ISO가 적절한 균형을 갖을 수 있도록 해야 한다.

다음 그림은 DoF와 조리개의 관계를 표현한다.

조리개

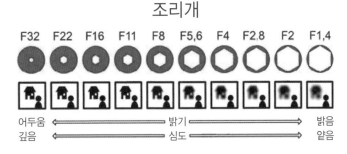

그림 1.13 DoF와 조리개, 출처: https://thumbs.dreamstime.com/z/aperture-infographic-
explaining-depth-field-correspondingvalues-their-effect-blur-light-75823732.jpg

---

2   조리개 크기가 작아 카메라 센서로 유입되는 빛의 양이 적은데, DoF 요구가 큰 프로그램을 구동하게 되면 물체 탐지율이 저하될 수 있고, 해당 카메라를 통해 수집된 이미지와 영상의 품질이 떨어질 수 있다. – 옮긴이

다이내믹 레인지

다이내믹 레인지는 명암비 또는 처리할 수 있는 가장 어두운 피사체에 대한 가장 밝은 비율을 나타내는 센서의 속성으로 dB 단위(예: 78 dB) 또는 명암비(예: 2,000,000 / 1)를 사용해 표현된다.

자율주행 자동차의 경우 낮과 밤 모두 동작해야 한다. 자율주행 자동차를 위해 사용되는 센서들은 낮과 같이 밝은 환경에서는 과도한 민감도로 인한 불필요한 정보를 제공하지 않아야 하고 밤과 같이 어두운 환경에서는 자율주행에 필요한 충분한 정보를 민감하게 수집해 제공해야 하기 때문이다. **높은 다이내믹 레인지**HDR, High Dynamic Range가 필요한 또 다른 이유로 해질녘 태양이 지평선에 위치한 환경에서 주행하는 상황에 대응하기 위해서다. 이 경우는 이른 아침 출근을 위해 운전할 때 종종 경험할 수 있는 것으로 태양이 바로 눈앞에 있는 경우 눈이 받아들일 수 있는 빛의 양이 이미 포화된 상태가 돼 눈앞의 환경을 거의 볼 수 없게 된다. HDR은 위 경우와 같이 센서가 직사광선 아래 있을 때에도 주변 환경을 식별할 수 있음을 의미한다. 그림 1.14는 이러한 조건에서 HDR 동작을 보여 준다.

그림 1.14 HDR 예, 출처: https://petapixel.com/2011/05/02/
use-isonumbers-that-are-multiples-of-160-when-shooting-dslr-video/

> **이상적인 다이내믹 레인지**
>
> 만약 사용하는 센서에 원하는 다이내믹 레인지를 가질 수 있다면 무엇일까?

국제표준화기구 민감도

국제표준화기구(ISO, International Organization for Standardization) 민감도는 센서를 통해 들어오는 광자에 대한 픽셀의 민감도를 의미한다.

여기서 잠깐, 여러분이 이미 알고 있던 약어와 다른 뜻인가? 그렇게 보이지만 국제 표준화기구는 모든 언어에서 다르기 때문에 약어를 모두 ISO로 표준화하기로 결정했다.

표준화된 ISO 값의 범위는 100에서 10,000까지이며, 낮은 ISO는 센서 민감도가 낮음을 의미한다. 이때 '가장 높은 감도를 원하지 않는 이유는 무엇인가?'라는 질문이 있을 수 있다. 그 이유는 높은 민감도를 위해서는 노이즈라는 비용이 들기 때문이다. 즉 ISO가 높을수록 수집한 이미지에 더 많은 노이즈가 나타나게 된다. 높은 ISO로 인해 추가된 노이즈는 물체를 분류할 때 컴퓨터 비전 알고리듬에 문제를 일으킬 수 있다. 다음 그림은 더 높은 ISO 값이 이미지의 노이즈에 미치는 영향을 보여 준다. 이 이미지는 모두 렌즈 캡을 씌운 상태에서(완전히 어두운 환경) 촬영한 것으로 ISO 값을 높이면 랜덤 노이즈가 들어오기 시작함을 확인할 수 있다.

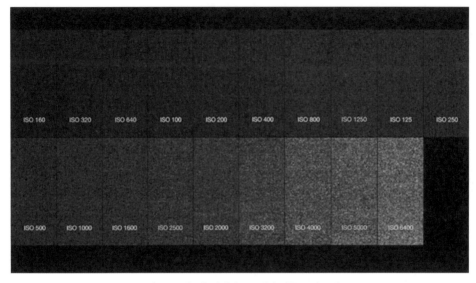

그림 1.15 어두운 방에서 ISO 값에 따른 노이즈 예

초당 프레임 수

초당 프레임 수^{FPS, Frames Per Second}는 센서가 연속 이미지를 얻을 수 있는 속도로 일반적으로 Hz 또는 FPS로 표현된다. 일반적으로 빠른 프레임 수를 갖는 카메라를 사용해 빠르게 움직이는 물체가 장면에서 흐려지지 않길 원하게 된다. 이때 주된 고려 사항은 지연 시간인데, 지연 시간은 실제 이벤트가 발생하고 이 이벤트를 컴퓨터 알고리듬이 감지할 때까지 걸린 시간을 의미한다. 따라서 초당 프레임 수가 많은 이미지일수록 해당 이미지를 처리하는 데 걸리는 시간이 길기 때문에 높은 지연 시간을 보이게 된다. 그림 1.16에서 모션 블러에 대한 프레임 속도의 효과를 볼 수 있다.

하지만 자율주행차량을 개발함에 있어 카메라가 수집한 이미지를 흐리게 하는 모션 블러 처리를 위해 프레임 속도를 선택해야 하는 유일한 이유는 아니다. 초당 프레임 속도가 너무 느린 경우 자율주행차량이 무언가를 감지하고 반응하기에 늦을 수 있다. 따라서 차량의 속도에 따라 물체가 카메라의 FoV에 갑자기 나타날 경우 차량이 반응할 수 있는 프레임 속도가 필요하게 된다.

그림 1.16 120Hz 초당 프레임 수와 60Hz 초당 프레임 수.
출처: https://gadgetstouse.com/ blog/2020/03/18/difference-between-60hz-90hz-120hz-displays

렌즈 플레어

렌즈 플레어는 카메라를 통해 수집된 환경에서 물체의 위치와 관련이 없는 센서의 픽셀에 수집된 물체의 빛이 영향을 주는 현상으로 렌즈를 통해 발생한 빛의 인공적인 형상이다. 야간 운전 중 다가오는 상대 차량의 헤드라이트를 볼 때 종종 경험할 수 있을 것이다. 이 별 빛이 빛나는 것과 같은 현상은 눈의 수정체^(또는 카메라 렌즈)에서 발생한 빛의 산란으로 눈^(또는 카메라)의 광원에 대한 불완전한 인식을 초래하게 된다. 즉 이 현상으로 인해 이 빛이 어디서 왔는지 판단을 어렵게 하고 결과적으로는 상대 차량의 다가오는 헤드라이트와는 관련 없는 범위의 '픽셀'에 영향을 미치게 된다. 그림 1.17은 렌즈 플레어 현상이 어떻게 보이는지 보여 준다. 그림 1.17처럼 반짝이는 헤드라이트 불빛으로 인해 실제 차량을 확인하기 어렵다!

Getty Images

그림 1.17 다가오는 상대 차량 헤드라이트로 인한 렌즈 플레어 현상.
출처: https://s.blogcdn.com/cars. aol.co.uk/media/2011/02/headlights-450-a-g.jpg

렌즈 왜곡

렌즈 왜곡 현상은 카메라 이미지를 통해 보는 것과 직선 또는 실제 장면의 차이를 의미한다. 액션 카메라 영상을 본 적이 있다면 '어안fish-eye' 렌즈 효과를 알 수 있을 것이다. 그림 1.18은 광각 렌즈 왜곡의 극단적인 예를 보여 준다. 이후 OpenCV를 통해 이러한 렌즈 왜곡현상을 보정하고 교정하는 방법에 대해 알아본다.

그림 1.18 렌즈 왜곡 현상, 출처: https://www.slacker.xyz/post/what-lensshould-i-get

카메라 구성 요소

눈과 마찬가지로 카메라 역시 빛에 민감한 배열(센서), 조리개, 렌즈로 이뤄진다.

빛에 민감한 배열 – CMOS 센서

대부분 카메라에서 빛에 민감한 요소는 CMOS 활성 픽셀active-pixel 센서(또는 센서)라고 한다. CMOS 활성 픽셀 센서(카메라의 망막)의 기본 기능은 입사된 광자를 광자가 갖고 있는 색 파장을 기반으로 디지털화할 수 있도록 전기적인 신호로 변환하는 것이다.

조리개

카메라의 조리개(카메라의 홍채)는 빛이 센서로 전달되는 통로로, 사용하는 카메라 유형에 따라 가변적이거나 고정적일 수 있다. 조리개는 대상 피사계 심도 및 센서에 닿는 빛의 양과 같은 파라미터를 제어하는 데 사용된다.

렌즈

렌즈(카메라의 수정체) 또는 광학 장치는 카메라를 통해 수집하는 환경의 빛을 센서로 집중시키는 카메라의 구성 요소다. 단일 카메라로 볼 수 있는 환경의 양을 결정하는 FoV는 주로 렌즈의 초점 거리를 통해 결정되는 데 자율주행 응용 프로그램의 경우 다른 응용 프로그램보다 매우 중요한 요소로 작용한다. 아울러 카메라 렌즈는 종종 가장 비싼 부품 중 일부이며 이미지 품질과 렌즈 플레어 등의 현상에 큰 영향을 미친다.

카메라 선택을 위한 고려 사항

지금까지 카메라가 무엇인지, 그리고 카메라에 대한 기본적인 내용과 관련 용어를 알아봤다. 이제 자율주행 응용 프로그램에 맞는 카메라를 선택하는 방법에 대해 알아보자.

다음은 카메라를 선택할 때 균형을 갖고 판단해야 하는 주요 요소다.

- 해상도
- 시야(FoV)
- 다이내믹 레인지
- 가격
- 크기
- 방진 방수(IP, Ingress Protection) 등급

> **완벽한 카메라**
>
> 이상적인 카메라를 디자인할 수 있다면 어떤 기능들을 갖출까?

완벽한 자율주행 카메라를 위한 카메라는 모든 방향_(구면 FoV, 360° 수평FoV x 360° 수직FoV)을 볼 수 있고, 무한한 해상도와 다이내믹 레인지를 가지므로 모든 조명 조건에서 거리에 관계없이 물체를 디지털 방식으로 해결할 수 있다. 심지어 이 카메라는 쌀 한 알 크기이고 완전히 방수 및 방진이 되고 비용은 $5다!

당연한 사실이지만 이는 불가능한 현실이다. 따라서 필요로 하는 성능과 기능을 잘 판단하고 균형 있는 선택을 취해야 한다.

처음 카메라를 선택한다면 그 기준의 시작점으로 카메라 구입에 활용 가능한 예산의 범위부터 시작해 보자. 이를 통해 어떤 모델과 사양을 구매할 수 있는지, 그리고 어떻게 찾아야 하는지 알 수 있게 된다.

이후 구현하고자 하는 응용 프로그램이 요구하는 기능에는 어떤 것들이 있는지 식별해야 한다.

- 100km/h 속도로 달리는 차량이 200m 떨어진 곳에 위치한 아이를 식별할 수 있어야 하는가?

- 해당 카메라를 통해 차량 주변에서 처리해야 하는 영역의 범위가 어떻게 되며, 차량 측면의 사각 지대는 얼마나 용납할 수 있는가?

- 낮과 밤 모두 카메라를 통해 원활한 정보 수집이 필요한가?

마지막으로 이러한 성능을 갖는 카메라들을 설치하고 자율주행 차량에 통합해야 하는 공간이 얼마나 되는지 고려해야 한다. 수많은 카메라로 인해 완성된 차량이 그림 1.19의 사진처럼 보이고 싶지는 않을 것이다.

그림 1.19 카메라 예술, 출처: https://www.flickr.com/photos/ laughingsquid/1645856255/

이런 과정은 버거운 과정일 수 있으나 컴퓨터 비전을 사용하는 시스템을 디자인하는 데 있어 매우 중요한 과정이다. 처음 컴퓨터 비전을 사용하는 시스템 개발을 위한 카메라로 가장 많이 사용되는 FLIR의 Blackfly S 시리즈가 있다. 이 카메라의 경우 적절한 가격대에서 해상도와 초당 프레임 수와 같은 성능이 균형을 이루고 있다.

그다음 사용하려는 응용이 요구하는 FoV에 맞는 렌즈를 선택해야 하는데, 몇 가지 유용한 FoV 계산기가 다음 사이트에 있다.

http://www.bobatkins.com/photography/technical/field_of_view.html.

카메라의 장점 및 단점

이 세상에 완벽한 센서는 없다. 따라서 카메라 또한 장단점이 존재한다. 이제 그 장단점에 대해 알아보도록 하자.

먼저 카메라가 갖는 장점은 다음과 같다.

- **높은 해상도**: 레이더 센서, 라이더 센서, 초음파 센서와 같이 다른 센서에 비해 카메라는 물체를 포착하는 데 우수한 해상도를 제공한다. 다른 센서와는 달리 5MP 해상도의 카메라는 아주 저렴하고 쉽게 찾을 수 있다.

- **질감, 색상, 명암 정보**: 카메라는 여러 다양한 파장을 감지할 수 있기 때문에 다른 센서 유형이 제공할 수 없는 환경에 대해 매우 풍부한 정보를 제공할 수 있다.

- **가격**: 카메라는 제공하는 데이터의 품질 측면에서 특히 가장 저렴한 센서 중 하나다.

- **크기**: CMOS 기술과 최신 ASIC 공정 덕분에 카메라 크기는 30mm 미만으로 매우 작아졌다.

- **범위**: 범위는 센서의 수동적 특성과 고해상도 덕분이다.

다음은 카메라의 단점이다.

- **물체 인식 위해 처리해야 하는 대량의 데이터**: 고해상도 이미지를 위해 많은 데이터가 제공된다. 따라서 카메라를 통해 수집한 정확하고 상세한 이미지에 대해 감내해야 하는 단점이 있다.

- **수동적 특성**: 카메라에는 이미지 정보 수집을 위해 태양, 헤드 라이트 등과 같은 외부 광원이 필요하다.

- **장애물**(벌레, 빗방울, 안개, 먼지, 눈...): 카메라는 폭우, 안개, 먼지 많은 환경에 특히 좋지 않다. 이러한 환경에서는 일반적으로 레이더가 더 적합하다.

- **실제 피사체의 거리(깊이)/속도 정보의 부재**: 카메라 이미지만으로는 피사체의 실제 속도나 거리에 대한 정보를 제공하지 않는다. 사진 측량법은 이러한 약점을 극복하는 데 도움이 되지만 귀중한 컴퓨팅 리소스(GPU, CPU, 지연 시간 등)를 소모하게 된다. 또한 이 정보를 기본적으로 생성하는 레이더 또는 라이더 센서보다 정확도가 떨어진다는 단점이 존재한다.

이제 카메라의 작동 방식과 기본 부품 및 용어에 대해 알아봤으니 본격적으로 OpenCV를 통한 카메라 교정 및 보정 방법을 알아보도록 하자.

⫸ OpenCV를 통한 카메라 보정

이번 절에서는 알려진 패턴을 가진 물체를 가져와 OpenCV를 통한 렌즈 왜곡 현상 수정 기법에 대해 알아본다.

앞서 언급한 렌즈 왜곡 현상에 대해 기억하는가? 차량과 관련된 물체의 위치를 정확하게 찾으려면 이와 같은 렌즈 왜곡 현상을 수정해야 한다. 왜냐하면 정확한 위치를 알지 못하고 앞에 있는지 옆에 있는지 모르는 물건을 보는 것은 위험하기 때문이다. 좋은 성능의 렌즈조차도 이미지를 왜곡시킬 수 있으며 이는 특히 광각 렌즈에서 많이 발견된다. 다행스러운 것은 OpenCV는 이러한 왜곡 현상을 감지하고 보정할 수 있는 메커니즘을 제공한다.

이미지 왜곡을 보정하는 기능의 아이디어는 체스 판의 사진을 찍는 것으로 OpenCV는 이 고 대비^{high-contrast} 패턴을 사용해 포인트의 위치를 감지하고 예상 이미지와 기록된 이미지의 차이를 기반으로 왜곡을 계산할 수 있다.

이를 위해 다른 방향으로 여러 이미지를 제공해야 한다. 이미지 보정을 위한 최적의 세트를 찾으려면 몇 가지 실험이 필요할 수 있지만 일반적으로, 10~20개의 이미지이면 충분하다. 만약 인쇄된 체스 판을 사용하는 경우 치수가 손상되지 않도록 용지를 가능한 한 평평하게 유지해야 한다.

그림 1.20 이미지 보정에 사용할 수 있는 이미지의 몇 가지 예

그림 1.20에서 가운데 이미지의 경우 항아리처럼 보이는 배럴 왜곡^{barrel distortion} 현상이 발생했음을 명확하게 확인할 수 있다.

왜곡 탐지

OpenCV는 일련의 3 차원 공간의 점을 카메라를 통해 수집된 2 차원 이미지 좌표에 매핑하며, OpenCV는 이 정보를 사용해 발생한 왜곡 현상을 보정한다.

이때 가장 먼저 해야 하는 작업은 일부 구조를 초기화하는 것이다.

```
image_points = [] # 2차원 공간의 점
object_points = [] # 3차원 공간의 점

coords = np.zeros((1, nX * nY, 3), np.float32)
coords[0,:,:2] = np.mgrid[0:nY, 0:nX].T.reshape(-1, 2)
```

nX와 nY는 각각 x 축과 y 축의 좌표 공간(체스 판)에서 찾을 수 있는 포인트의 수로 n제곱의 수에서 1을 뺀 값을 보인다.

이후 findChessboardCorners() 함수를 호출한다.

```
found, corners = cv2.findChessboardCorners(image, (nY, nX), None)
```

위 코드에서 OpenCV가 포인트를 찾은 경우 found는 참(true)이고 corners에는 발견된 포인트가 포함된다.

우리가 사용한 코드에서는 이미지가 회색조로 변환됐다고 가정하지만 RGB 그림을 사용한 보정도 가능하다.

OpenCV는 발견된 코너를 표시하는 이미지를 제공해 알고리듬이 제대로 작동하는지 확인할 수 있도록 한다.

```
out = cv2.drawChessboardCorners(image, (nY, nX), corners, True)
object_points.append(coords) # 3차원 공간의 점을 저장한다.
image_points.append(corners) # 해당되는 2차원 공간의 점을 저장한다.
```

위 코드를 수행한 결과는 다음과 같다.

그림 1.21 OpenCV에서 탐지한 보정이 필요한 이미지 코너

보정

여러 이미지에서 보정이 필요한 코너를 찾은 후 calibrateCamera() 함수를 사용해 보정 데이터를 생성할 준비가 됐다.

```
ret, mtx, dist, rvecs, tvecs = cv2.calibrateCamera(object_
points, image_points, shape[::-1], None, None)
```

이제 undistort() 함수를 사용해 이미지를 수정해 보자.

```
dst = cv2.undistort(image, mtx, dist, None, mtx)
```

위 코드를 실행한 결과는 그림 1.22와 같다.

그림 1.22 원본 이미지와 보정 이미지

두 번째 보이는 보정 이미지는 원본 대비 배럴 왜곡이 적다는 것을 알 수 있지만 완벽하지 않다. 따라서 더 좋은 결과를 위해서는 점점 더 나은 교정 샘플이 필요하게 된다.

그러나 왜곡 보정을 위한 코너를 찾을 때 **서브픽셀 정밀도**^{sub-pixel precision}를 찾아 동일한 보정 이미지에서 더 많은 정밀도를 얻으려고 할 수 있으며, 이를 위해 findChessboard Corners() 이후 cornerSubPix() 함수를 호출하면 된다.

```
corners = cv2.cornerSubPix(image, corners, (11, 11), (-1,
 -1), (cv2.TERM_CRITERIA_EPS + cv2.TERM_CRITERIA_MAX_ITER, 30,
 0.001))
```

위 코드를 실행한 결과는 그림 1.23과 같다.

그림 1.23 서브픽셀 정밀도를 활용한 이미지 보정 결과

이미지 보정을 위한 전체 코드를 깃허브를 통해 확인해 볼 것을 추천한다.

요약

이제 자율주행 자동차를 만들기 위한 컴퓨터 비전이라는 여정을 시작했다.

1장에서 파이썬과 넘파이에 대한 바인딩이 있는 OpenCV라는 매우 유용한 도구에 대해 배웠다. OpenCV가 제공하는 imread(), imshow(), hconcat(), vconcat()과 같은 함수를 사용해 이미지를 만들고 가져올 수 있게 됐고, 나아가 VideoCapture() 및 Video

Writer()와 같은 함수를 사용해 웹캠에서 비디오를 캡처하고 비디오 파일을 가져오고 만드는 방법 또한 배웠다. (스필버그! 마을에 새로운 영화 제작자가 나타났으니 조심하세요!)

OpenCV를 통해 이미지를 가져올 수 있다는 것도 훌륭했지만 컴퓨터 비전 알고리듬이 어떻게 동작해야 하는지 도울 수 있는 함수인 flip(), blur(), GaussianBlur(), median Blur(), bilateralFilter(), convertScaleAbs()와 같은 함수를 통해 이미지를 조작하는 방법에 대해 알아 봤다. 이후 rectangle() 및 putText()와 같은 방법을 통해 사용해 사람이 알아볼 수 있도록 이미지에 주석을 추가하는 방법을 배웠다.

또한 HOG를 사용해 실제 이미지에서 보행자를 감지하는 첫 번째 실제 컴퓨터 비전 작업을 수행해 봤다. winStride, padding, scale, hitThreshold, finalThreshold와 같은 파라미터를 입력받는 detectMultiScale() 함수를 사용해 다양한 크기의 창에서 이미지 위에 감지기를 스캔하는 슬라이딩 창을 적용하는 방법 또한 알아봤다.

OpenCV라는 새로운 도구와 OpenCV가 지원하는 여러 함수를 익힘으로써 여러 컴퓨터 비전이라는 새로운 분야에서 흥미를 느낄 수 있었다. 하지만 앞서 배운 기초적인 내용으로는 자율주행 자동차 개발이라는 분야에 있어서는 뭔가 빠진 것이 있었다. 이를 위해 **해상도**, **시야**(FoV), **초점 거리**, **조리개**, **심도**(DoF), **다이내믹 레인지**, **ISO**, **초당 프레임 속도**, **렌즈 플레어 현상**, **렌즈 왜곡 현상**과 같은 카메라의 기본 용어에 대해 배웠다. 그리고 카메라를 구성하는 기본 구성 요소, 즉 렌즈, 조리개, 빛에 민감한 센서에 대해 공부했다. 이러한 기본적인 지식을 통해 카메라의 장단점에 대해 학습해 카메라를 사용하고자 하는 응용 프로그램에 맞는 카메라를 선택할 때 고려해야 할 몇 가지 사항을 식별할 수 있었다.

아울러 앞서 공부한 카메라 특성에 대한 이해를 토대로 렌즈 왜곡 현상 보정을 위해 OpenCV에서 제공하는 findChessboardCorners(), calibrateCamera(), undistort(), cornerSubPix()와 같은 함수에 대해 알아보고 사용해 봄으로써 카메라 렌즈의 단점을 극복할 수 있었다.

놀랍게도 여러분은 자율주행 응용 프로그램 세계를 이해할 수 있는 길로 한 걸음씩 나아가고 있다. 잠시 시간을 내서 지금까지 배운 것을 자랑스럽게 생각하며 셀카로 축하하고 셀카 이미지에 앞서 배운 여러 기술들을 적용해 보자.

2장에서는 자율주행 응용 프로그램을 개발할 때 사용하는 여러 센서의 조합 과정에서 접하게 될 몇 가지 기본적인 신호 유형과 프로토콜을 알아본다.

⁑질문

1. OpenCV는 하드웨어 가속 기술을 사용할 수 있는가?

2. CPU 성능이 문제가 되지 않을 때 이미지 블러로 가장 좋은 방법은?

3. 이미지에서 보행자를 감지하기 위한 적절한 감지기는?

4. 웹캠에서 비디오 스트림을 읽을 수 있는 방법은?

5. 카메라의 조리개와 심도 간 고려해야 할 상호 영향을 미치는 성능 지표는?

6. 높은 ISO를 필요로 하는 상황은?

7. 카메라의 이미지 보정을 위해 서브픽셀 단위의 정밀도 계산이 필요한가?

02

신호에 대한 이해와 작업

2장에서는 프로젝트를 수행하면서 경험하게 될 다양한 센서들이 사용하는 각기 다른 신호 유형에 대해 알아본다. 또한 2장에서는 여러 신호가 채택하고 있는 다양한 구조에 대해 알아봄으로써 수행하고 있는 프로젝트에 적합한 신호 유형을 고를 수 있는 통찰력을 제공한다. 이를 위해 각 신호의 장단점과 더불어 프로토콜, 사용 방법에 대해 알아본다.

2장에서 다루는 내용은 다음과 같다.

- 신호의 종류

- 아날로그와 디지털

- 직렬 데이터

- 제어 영역 네트워크^{CAN, Controller Area Network}

- 사용자 데이터그램 프로토콜^{UDP, User Datagram Protocol}

- 전송 제어 프로토콜^{TCP, Transmission Control Protocol}

2장을 공부하고 나면 각 신호의 프로토콜을 이해하고 사용할 수 있게 된다. 더불어 디버 깅을 위해 직렬 데이터를 직접 디코딩할 수 있는 능력도 기를 수 있다. 무엇보다 2장을 공 부하며 얻을 수 있는 가장 중요한 능력은 오픈소스 프로그램들을 활용해 프로젝트 수행 과정 중 직면할 수 있는 곤란하고 어려운 상황을 해결해 나갈 수 있는 능력이다.

⫶ 기술 요구 사항

2장을 공부하기 필요한 선행 지식은 다음과 같다.

- 기본적인 회로 이론에 관한 이해(전압, 전류, 저항 등의 관계)

- 2진수, 16진수, ASCII 프로그래밍에 관한 이해

- 센서 신호를 측정하기 위한 오실로스코프 사용 경험

2장에서 사용한 코드는 다음 사이트에서 확인할 수 있다.

https://github.com/PacktPublishing/Hands-On-Vision-and-Behavior-for-Self-Driving-Cars/tree/master/Chapter2

2장의 실행 영상에 대한 코드는 다음 사이트에서 확인할 수 있다.

https://bit.ly/2HpFqZa

⫶ 신호 유형 이해하기

자율주행차량을 개발함에 있어 다양한 종류의 센서와 액추에이터, 제어 장치들을 접하 게 된다. 따라서 각각의 장치가 갖는 장단점을 이해하고 파악해야 여러 장치를 통합하 고 개발하는 과정이 수월하게 된다. 이제 여러 장치가 사용하는 신호들이 어떻게 동작 하고 그 방식은 어떻게 이뤄졌는지 알아보고 이를 토대로 올바른 장치를 선택할 수 있 는 기초 지식을 쌓을 것이다.

다음은 자율주행차량과 로봇 공학 등에서 사용되는 일반적인 신호 유형을 정리한 것
이다.

- 직렬serial
- 병렬parallel
- 아날로그
- 디지털
- 단일 종단
- 차동differential

다음 절에서는 아날로그 신호와 디지털 신호를 공부하고 그 차이점을 알아본다.

⠿ 아날로그 VS 디지털

가장 먼저 기억해야 하는 사실은 우리가 살아가고 있는 이 세상은 아날로그 세계라는
것이다. 즉 모든 현상들은 불연속하게 즉각적으로 반응하는 것이 아닌 연속성이 있다는
것이고, 이 사실은 슬프게도 우리가 순간이동을 할 수 없는 가장 기초적인 이유가 된다.

유사하게 아날로그 신호는 연속적으로 매 순간 변화를 하는 신호라고 대변된다. 따라서
아날로그 신호는 순식간에 자기 상태가 변하는 것이 아닌 모든 변화가 연속되게 천천히
변화하는 신호라고 설명할 수 있다. 아날로그 신호를 대표하는 일례로 구형 AM^Amplitude
Modulation 라디오를 꼽을 수 있다. 다음 그림을 통해 데이터 신호가 반송파 신호로 부드럽
게 변조돼 AM 신호로 만들어지는 과정을 확인할 수 있다. 이때 음의 높낮이pitch는 진폭
이 얼마나 빠른 시간에 변화하는지를 통해 표현되고, 음의 크기volume는 진폭의 크기를
통해 표현된다.

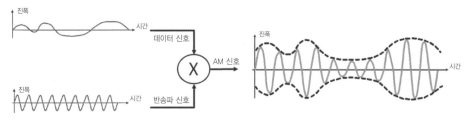

그림 2.1 아날로그 신호의 예

앞서 다룬 아날로스 신호와는 반대로 디지털 신호의 약속된 시간에 샘플링된 신호다. 신호가 샘플링되는 시점에 디지털 신호의 경우 이 값이 일정 임계치^{threshold}보다 높은지, 낮은지를 확인하고 이 과정을 통해 0 또는 1의 논리 값을 갖게 된다. 디지털 신호의 예는 그림 2.2와 같다.

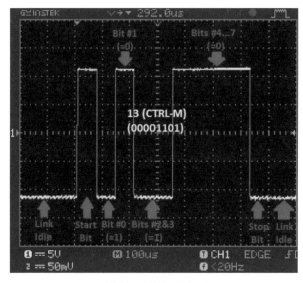

그림 2.2 디지털 신호의 예

NOTE

디지털 신호 속에 숨은 아날로그 신호

앞서 디지털 신호는 어떤 상태에서 다른 상태로, 즉 0에서 1로 또는 1에서 0과 같이 변화하는 신호라고 배웠다. 하지만 실제 디지털 신호는 아날로그 신호처럼 변화하지만 그 변화가 매우 빠를 뿐이다. 따라서 상태가 변화하는 신호 펄스의 중간 지점에서 논리 값을 갖기 위한 샘플링을 수행한다. 세상은 항상 아날로그로 움직이지만 우리는 때때로 디지털로 해석한다.

다음 신호를 자세히 살펴보면 변화하는 신호의 가장자리에서 아날로그 신호의 특성을 발견할 수 있다.

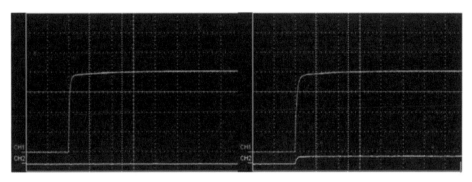

그림 2.3 디지털 신호 오실로스코프 – 신호 전달 전, 후

보이는가? 원래 디지털 신호의 특성은 신호를 구분하는 전압과 전압이 구분이 되지 않을 정도로 빠른 속도로 변화해야 하지만 그림 2.3에서 확인할 수 있듯이 날카로운 사각형이 아닌 둥근 모양을 볼 수 있다. 따라서 자연 현상 속에서 어떤 상태에서 다른 상태로 불연속하게 급변하는 경우는 존재하지 않고 모든 현상은 현 상태에서 다른 상태로 부드럽게 연속적으로 변화함을 알 수 있다.

다음 절에서는 데이터를 보내는 방식인 직렬 방식과 병렬 방식을 알아본다.

직렬 VS 병렬

직렬 방식의 데이터 전송^{TX, Transmitter}은 가장 보편적인 방법으로 널리 사용되고 있다. 직렬 방식의 통신은 다른 사람과 대화하는 것과 유사한 방식으로 지금 이 책을 읽는 행위와 동일하게 이뤄진다. 즉 직렬 통신은 데이터를 전송할 때 한 순간에 하나의 데이터만 전송하고 상대도 한 순간에 하나의 데이터만 수신^{RX, Receiver}한다(여러 데이터가 병렬로 전송되는 것과는 상반된다).

이 책을 읽는 것을 다시 예로 설명하자면, 이 책에 기술된 한 문장 한 문장을 읽으려고 왼쪽에서 오른쪽으로 스캔하는 과정을 거치게 되고 한 줄을 모두 읽고 난 이후에는 다음 줄로 넘어간다. 이 과정을 데이터 통신 방식에 대입해 보면 직렬 형태의 데이터 스트림을 통해 데이터 스트림 내부에 사용된 단어의 뜻과 의미를 사용해 서로의 의견을 전달하고 있는 것이다. 이와 반대로 만약 책을 읽을 때 한 줄 한 줄 읽어 나가는 것이 아니라 한 번에 여러 줄을 병렬로 읽을 수 있다고 상상해 보자. 이 방식이 바로 병렬 통신 방식이며 독서를 병렬 통신 방식과 동일하게 할 수 있다면 참 놀라운 일이 될 것이다.

컴퓨팅 환경에서 사용되는 데이터의 단위는 비트^{bit}다. 이는 꺼짐과 켜짐을 표현하는 이분법 적인 방식이며 일반적으로는 1과 0으로 기술한다.

직렬 방식과는 달리 여러 와이어^{wire}를 사용하는(일반적으로 8개가 사용됨) 병렬 방식의 데이터 전송 방법은 한 번에 많은 양의 데이터를 전송해 데이터 전송 속도를 높일 수 있었기 때문에 컴퓨터가 도입된 초창기에 널리 사용됐다.

이 방식으로 얻은 빠른 속도를 위해 병렬 방식의 데이터 전송 기법은 많은 부분에서 희생과 양보가 필요하게 된다. 가장 대표적인 것은 병렬 방식의 데이터 전송을 위해 사용하는 다수의 와이어는 데이터 전송을 위해 더 많은 비용과 노이즈가 발생할 수 있음을 의미한다. 나아가 병렬 방식은 일반적으로 여러 개의 와이어가 서로 인접하게 돼 이로 인해 각 와이어에서는 크로스토크^{crosstalk}라는 간섭이 발생하게 된다. 또한 이러한 노이즈로 인해 병렬 방식의 데이터 전송은 직렬 방식 대비 전송 거리가 짧아지게 된다. 그림 2.4는 8비트가 직렬 방식으로 전송되는 것과 병렬 방식으로 전송되는 것을 보여 준다.

그림 2.4에서 볼 수 있듯이 하나의 비트를 전송하기 위해 하나의 와이어가 할당돼 사용되고 있다. 이런 병렬 방식은 8비트 단위의 데이터를 전송하던 초창기 컴퓨팅 방식에는 큰 문제를 일으키지 않았다. 하지만 32비트나 64비트와 같이 데이터를 한 번에 전송하려고 제어하고 관리하는 것은 상당히 어려운 일이라는 것을 쉽게 상상할 수 있다. 다행히도 프로토콜을 수행하는 속도가 증가함에 따라 직렬 방식의 데이터 전송이 병렬 방식에 비해 훨씬 저렴한 비용으로 손쉽게 적용할 수 있다는 사실이 명확해졌다. '병렬 방식은 사용되지 않는가?'라는 의문이 들 수 있겠지만 병렬 방식은 앞서 언급한 것과 같이 단위 시간당 전송 가능한 데이터의 양이 직렬 방식에 대비 많고 빠르기 때문에 속도가 중요한 응용 프로그램에서는 유용하게 사용되고 있다.

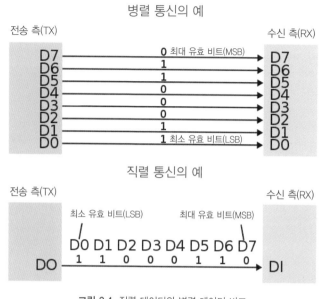

그림 2.4 직렬 데이터와 병렬 데이터 비교

이제 UART, I2C, SPI, 이더넷, CAN과 같은 직렬 방식의 데이터 전송 프로토콜을 알아보도록 하자.

범용 비동기 수신 및 전송 방식

범용 비동기 수신 및 전송 방식^{UART, Universal Asynchronous Receive and Transmit}은 동작의 단순함과 저렴한 비용 덕분에 아주 많은 분야에서 사용되고 있는 통신 프로토콜로 일반적으로 고속 데이터 전송을 필요로 하지 않는 응용 프로그램에서 주로 사용된다. 자율주행 응용 프로그램에서 활용되는 예를 살펴보자면, GPS와의 시간 동기화를 위한 데이터 송수신에 UART가 사용된다. 이렇게 수신된 GPS의 위치 정보와 **협정 시간**^{UTC, Coordinated Universal Time} 정보를 사용해 자율주행 응용 프로그램에 사용되는 라이다, 카메라, 레이더 등의 센서 동기화에 활용된다.

여기서 잠깐! 우리가 알고 있던 약어와는 조금 다르다?

UTC라는 용어가 사용된 데에는 사연이 있다. 영어권에서는 CUT를 주장했었고, 프랑스어권에서는 TUC(Temps Universel Coordonne)를 주장했는데 이 둘은 '내 약어를 사용할 수 없다면 상대방의 약어도 사용할 수 없다'고 주장하게 됐고, 이로 인해서 두 약어를 섞은 UTC를 새로운 약어로 사용하게 된 것이다.

이제 UART가 어떻게 동작하고, 어떻게 생겼는지 한번 살펴보도록 하자. 가장 먼저 살펴볼 프로토콜의 특성은 UART는 '비동기' 라는 것이다. 즉 UART 동작을 위해 동기화를 위한 클록^{clock} 신호선이 사용되지 않음을 의미한다. 대신 UART를 통해 통신하는 각각의 기기는 독립적으로 동작하는 꽤나 정확한 클록 신호를 내부에 가져야 한다. 따라서 UART는 클록 신호를 위한 신호선은 존재하지 않지만 전송을 위한 신호선과 수신을 위한 신호선으로 2개의 전선이 기본적으로 필요하다. 따라서 UART를 통해 통신하는 기기는 다음과 같이 프로토콜이 요구하는 몇 가지 규칙을 서로 약속하고 지켜야 원활한 통신이 가능하다.

1. **전송 속도**^{baud rate}: 전송 속도는 통신하는 기기 간에 교환되는 초당 비트 수를 의미한다. 즉 이는 전송되는 비트 수의 지속 시간을 의미한다. 일반적인 전송 속도로는 9,600, 19,200, 38,400, 57,600, 115,200, 128,000, 256,000이 있다.

2. **데이터 비트**^{data bit}: 페이로드(데이터)에 대한 데이터 프레임의 비트 수를 설정하는 값이다.

3. **패리티**^{parity}: 통신 패킷에 패리티 비트 여부를 설정하는 것으로, 수신된 메시지의 무결성을 확인하는 데 사용된다. 패리티 비트는 데이터 프레임에서 1이 차지하는 개수를 세고 1의 개수가 짝수일 때는 패리티 비트를 0으로, 1의 개수가 홀수일 때는 1로 설정해 수신한 메시지의 에러 검출에 활용한다.

4. **스톱 비트**^{stop bit}: 스톱 비트는 전송 중인 데이터의 마지막 패킷임을 표시한다.

5. **플로 컨트롤**^{flow control}: 하드웨어 기반의 흐름 제어에 대한 사용 여부를 설정하는 것으로 **송신 준비**^{RTS, Ready To Send}와 **송신 가능**^{CTS, Clear To Send}에 대한 신호선이 부가적으

로 필요하기 때문에 일반적인 2개의 신호선만으로는 사용할 수 없어 다양하게 활용되지는 않는다.

이제는 UART가 사용하는 기본적인 패킷의 구조를 살펴보고 해석해 보자.

그림 2.5는 UART를 통해 전송되는 메시지의 패킷 구조를 보여 준다. UART는 하나의 0 비트로 스타트 비트를 표현하고 이후 5~9까지 데이터를 표현하는 비트가 연속된다. 이때 패리티 비트를 설정한 경우는 데이터 비트의 마지막에 패리티 비트가 추가된다. 이렇게 모든 데이터 전송이 완료된 이후 하나에서 2개의 1로 표현되는 스톱 비트를 전송한다. UART의 초기 유휴 상태는 일반적으로 1로 유지되고 데이터의 송수신이 이뤄지고 있을 때는 0으로 표현된다. 단, 일반적인 극성과는 반대 극성을 활용한 통신도 가능하며 이를 위해서는 통신 수행 이전 설정이 필수적이다.

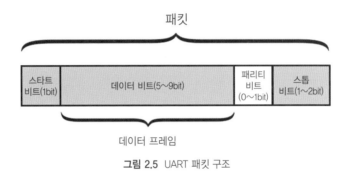

그림 2.5 UART 패킷 구조

그림 2.6은 UART를 통해 전송되는 데이터를 표현한 것으로 8개의 데이터 비트를 전송할 때 해석하는 방법을 보여 주는 예시다. 이때 패리티 비트는 없고, 스톱 비트는 1개로 설정됐다. 그림과 같이 송수신 초기 유휴 상태는 1(높은 전압) 상태로 시작돼 0으로 떨어지는 1개의 스타트 비트를 확인할 수 있다. 이 스타트 비트를 통해 데이터를 수신하는 상대 기기는 스타트 비트 이후 값이 데이터 비트임을 알게 된다. 이후 5개의 1비트를 나타내는 5개의 높은 전압을 갖는 신호와 3개의 0비트를 나타내는 3개의 낮은 전압을 갖는 신호를 확인할 수 있다. 이때 중요한 점으로 UART가 어떻게 메시지를 보내는지 그 규칙을 알 필요가 있는데, UART 메시지는 최소 유효 비트$^{\text{LSB, Least Significant Bit}}$ 값, 즉 2진수에서 2^0 위치를 의미하는 최소 유효 비트를 먼저 전송하고, 2^1 위치, 그 다음 2^2 위치 순

서 등으로 전송한다. 따라서 위의 1 1 1 1 1 0 0 0을 사람이 읽는 방식[1]으로 다시 정렬하면 데이터 메시지는 0 0 0 1 1 1 1 1이 된다. 이 데이터를 10진수로 표현하면 31이 되고 16진수로 표현하면 1F가 된다. 2진수와 10진수, 16진수와 같은 다양한 숫자 체계에 대한 자세한 정보는 다음 사이트(https://www.mathsisfun.com/ binary-decimal-hexadecimal.html)를 통해 공부할 수 있다. 또한 2진수(바이너리)를 문자로 바꿀 수 있는 ASCII 문자를 디코딩하기 위한 정보는 다음 사이트(http://www.asciitable.com/)를 참조하도록 한다.

RF 모듈이 10진수 31을 UART의 8-N-1데이터 포맷(비트-패리티-스톱비트의 수)으로 전송하는 패킷 데이터의 예

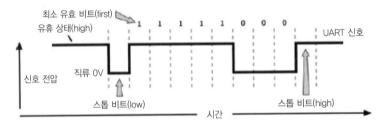

그림 2.6 UART 전송 비트의 예

지금까지 살펴본 것과 같이 UART는 매우 간단한 통식 방식으로 다른 통신 방식이 필요하지 않다고 생각할 수 있다. 이제 UART가 지닌 장단점을 살펴봄으로써 그 해답을 찾아보도록 하자.

---

1 최대 유효 비트(MSB, Most Significant Bit)를 시작으로 최소 유효 비트(LSB)로 끝나는 방식, LSB가 앞에 오는 방식은 리틀 엔디언(little endian) 방식으로 많은 임베디드 장비에서 활용되고, 사람과 같이 MSB가 앞에 오는 방식은 빅 엔디언(big endian) 방식이다. – 옮긴이

UART의 장점은 다음과 같다.

- 저렴하다.

- 전이중화 방식을 지원한다(송신과 수신을 동시에 할 수 있다).

- 클록 신호가 없는 비동기 방식이다.

- 송수신을 수행하는 기기 간 2개의 선만 있으면 되는 아주 간단한 구조를 갖고 있다.

- 데이터 송수신 중 에러를 검출할 수 있는 패리티 신호를 지원한다.

- 광범위하게 사용된다.

UART의 단점은 다음과 같다.

- 하나의 프레임을 통해 전송 가능한 최대 데이터는 9개다.

- 통신을 수행하는 기기 간의 클록은 10% 이내의 오차를 갖고 있어야 한다.

- UART가 지원하는 초당 9,600 ~ 230,400비트 전송률은 현대적인 통신 방식에 비해 상당히 저속이다.

- 버스 구조의 통신을 지원하지 않고 통신을 수행하는 기기 간 직접 연결이 필요하다.

- 데이터 송수신의 시작과 끝을 표현하는 스타트 비트와 스톱 비트로 인해 이를 처리하기 위한 복잡한 하드웨어가 필요하다.

UART와 파이썬에 대한 경험을 쌓고 싶다면 아두이노^{Arduino} 보드를 활용하는 것이 가장 손쉬운 접근 방식이다. 만약 이미 갖고 있다면 아두이노와 PySerial을 활용한 UART 통신에 대해 기술돼 있는 문서를 바로 참조해 실습해 볼 수 있다. 아두이노 보드가 없는 경우에는 다음 2장 폴더에 저장돼 있는 에뮬레이터를 사용해 UART 통신을 실습해 볼 수 있다.

https://github.com/PacktPublishing/Hands-On-Vision-and-Behavior-for-Self-Driving-Cars/tree/master/Chapter2

다음으로는 UART의 메시지 전송을 위해 사용된 두 가지 다른 신호 표준에 대해 알아본다.

차동 vs 단일 종단

UART 기반 통신은 몇 가지 다른 통신으로 알려져 있다. 그중 가장 많이 사용되는 기법은 RS-232라 불리는 권장 표준 232와 RS-422라 알려진 권장 표준 422가 있다. 이때 RS-232는 단일 종단 방식으로 데이터를 표현하는 전압이 시스템의 접지(0V)와 직접 연관된다. 그림 2.7은 단일 종단 신호를 사용한 표현 방식을 보여 준다.

그림 2.7 단일 종단 방식

이와는 반대로 RS-422의 경우 차동 신호를 사용하는데 이는 시스템의 접지를 기준으로 데이터를 표현하는 것이 아닌 2개의 와이어를 통해 전송되는 전압을 비교해 데이터를 표현하는 방식이다.

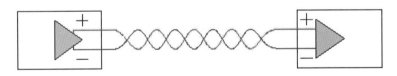

그림 2.8 차동 방식

이제 옛날 이야기를 한번 해보자.

옛날 옛적에 발신자로부터 수신자가 살고 있는 머나먼 땅까지 메시지를 전달해야 하는 임무를 갖는 신호 영웅이 태어났다. 하지만 이 세상에는 이 신호 영웅을 방해하는 수많은 고블린goblin과 유령들로 가득 차 있었다. 고블린과 유령들은 우리 불쌍한 친구 신호를 넘어뜨리고 짓밟는 게 일상이었다. 우리의 신호 영웅이 메시지 전달 여행을 더 오래, 더 멀리 이동하면 할수록 이 나쁜 고블린과 유령들은 신호의 여정에 더 많이 몰래 들어와 혼란을 일으키고 간섭을 일으켰다. 반면 일반적으로 신호 영웅이 짧은 여행을 떠났을 때는 고블린과 유령들의 영향을 긴 여정을 떠날 때보다 상대적으로 적게 받고 마법에 걸린 숲을 통과할 수 있었다. 그래서 우리 신호 영웅의 여행이 길어질수록 신호는 수신자가 살고 있는 안전한 마을에 도착하기 위한 다양한 기술, 친구, 보호자를 찾아야 했다.

자, 여기서 고블린과 유령은 어떤 존재일까? 그들은 바로 전자기장과 그로부터 생성된 유도 전류다. 이때 유령으로 표현한 전자기장이 신호가 이동하는 경로로(와이어, 도선) 접근할 때면 고블린으로 표현한 유도 전류가 신호가 이동하는 경로에 생성된다. 이 고블린은 자신이 갖고 있는 신기한 마법의 힘을 사용해서 신호 영웅의 팔을 줄이기도 늘이기도 하면서 수신자가 살고 있는 마을에 도달할 때까지 괴롭혔고 결국 수신자는 신호의 팔이 원래 모양과는 다르게 고블린이 괴롭혀서 바꾼 늘어난 모습과 짧아진 모습으로 보게 된다.

하지만 우리에겐 이런 문제를 극복할 수 있는 다양한 기술, 친구들, 보호자들이 있기 때문에 두려워 할 필요가 없다! 우리 신호는 작고 간단한 기법 하나를 사용해 유령과 고블린을 좌절시킬 수 있는데 이를 위해서는 가장 먼저 신호 영웅의 도플갱어doppelganger를 만들어야 한다. 우리는 이 신호를 뒤집어 놓은 도플갱어를 랭지스langis라 이름 지었다. 랭지스와 신호는 수신자가 있는 마을로 가는 중 서로서로 꼬아 가며 전달된다. 이렇게 전달되는 신호는 유령을 혼란스럽게 만들게 되고 이로 하여금 서로 동등하지만 반대되는 2개의 고블린을 만들어 내어 생성된 고블린끼리 무의식적으로 서로를 공격해 고블린이 마법의 힘을 사용하기도 전에 사라지도록 한다.

또 랭지스와 신호가 갖고 있는 또 다른 기술로는 그들이 어떤 고블린이 그들을 공격하더라도 항상 손을 잡고 함께 여행을 가겠다고 약속한다는 것이다. 따라서 목적지에 도착하면 수신자는 랭지스와 신호 사이의 거리를 측정해 메시지를 수신하는 것이다.

이 옛날 이야기는 현실 세계에서 어떻게 보일까? 하나의 전송 선로만 사용하는 대신 2개의 전송 선로를 사용하고 이때 한 선로를 높은 전압(V+)으로, 다른 선로는 낮은 전압(V-)으로 설정한다. 이제 수신기 측에서는 신호를 비교할 때 V+와 V- 간 전압 차이를 측정해 신호가 높거나(1) 낮은지(0) 확인한다. 그림 2.9는 단일 종단 신호(1a)와 차동 신호(1b)를 보여 준다.

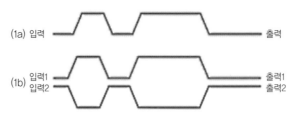

그림 2.9 단일 종단 신호(1a) VS 차동 신호(1b)

이것은 유도된 노이즈가 V+와 V- 모두에 유사하게 영향을 미치게 하는 놀라운 효과를 가져 V+와 V-의 차이를 수신 측에서 측정하면 송신 측에서 신호가 전송됐을 때와 변함이 없게 된다. 그림 2.10은 유도된 노이즈가 어떻게 생기고, 어떻게 처리되는지 보여 준다.

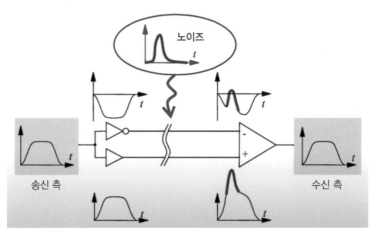

그림 2.10 차동 전송 경로에서의 노이즈

또 다른 기법으로 차동 신호가 전송되는 두 와이어를 서로 교차할 수 있도록 꼬는 것이다. 이 기법은 각 전선에서 유도된 전류를 제거하는 효과가 있다. 그림 2.11은 신호를 전달하는 케이블로 꼬지 않고 똑바로 연결한 케이블과 2개의 전선을 꼬아 하나의 쌍으로 연결한 케이블에서 유도된 전류의 차이를 보여 준다. 꼬인 각각의 와이어에서는 유도된 전류의 방향이 반대 방향으로 교대하기 때문에 생성된 유도 전류가 효과적으로 상쇄됨을 알 수 있다.

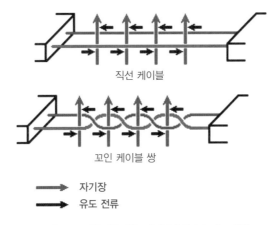

똑바로 연결된 케이블과 꼬인 차동 신호 케이블에서의 노이즈

직선 케이블

꼬인 케이블 쌍

→ 자기장
→ 유도 전류

그림 2.11 꼬인 차동 신호 케이블에서의 노이즈 상쇄

표 2.1에서는 단일 종단 방식과 차동 방식이 의미하는 바는 무엇이고 각각의 특징이 무엇인지 정리했다.

표 2.1

	단일 종단 방식	차동 방식
최대 전송 거리	15미터	1,220미터
케이블 개수	전송 신호당 1개의 케이블 + 공통 접지선	전송 신호당 2개의 케이블 + 공통 접지선
최대 전송 속도	256kbps	10Mbps
비용	저렴함	비쌈

다음 절에서는 앞서 배운 직렬 통신과는 조금은 다른 통신 기법으로 매우 편리한 이점과 함께 속도를 약간 높여 줄 수 있는 형태의 직렬 통신 방식을 알아본다.

I2C

I2C, 또는 I2C는 **집적회로 간 연결**Inter-Integrated Circuit의 줄인 말로 앞서 공부한 UART와 같이 직렬 기반 데이터 통신 프로토콜로 몇 가지 새로운 장점을 갖고 있으며, 주로 **인쇄회로기판**PCB, Printed Circuit Board상에 위치한 구성 요소 간의 통신을 위해 활용된다. I2C는 일반

적으로 100~400kHz의 데이터 전송률을 갖고 I2C의 표준 사양에는 최대 5Mhz의 속도 까지도 사용 가능한 것으로 기술돼 있으나 대부분의 장치들은 5Mhz의 속도를 지원하지는 않는다. 그렇다면 '이미 배운 것과 같이 간단하고, 손쉽게 사용 가능한 UART를 사용하지 않고, 왜 I2C를 사용할까?'라는 질문이 생길 수 있다. 이 질문에 답변하고자 UART는 지원하지 않지만 I2C가 지원하는 유용한 기능을 알아보자. 먼저 UART 통신 방식을 다시 한번 떠올려 보면 통신을 위해 필요한 도선은 2개로 각각의 도선이 통신을 하고자 하는 기기와 기기 간에 연결돼야 한다. 즉 이 특성은 UART를 활용해 통신하는 장치가 많으면 많을수록 각 기기가 통신을 하고자 하는 기기와 2개씩 도선을 연결해야 하고 결국 이 선들이 거미줄과 같이 꼬여 관리하기 어렵게 된다. 또한 UART의 경우는 각 장치가 1:1로 통신을 하기 때문에 프로토콜상 슬레이브와 마스터의 개념 없이 단지 전송을 위한 TX와 수신을 위한 RX 신호선만 존재하게 된다. 그림 2.12는 UART를 통해 완전히 연결된 기기 간의 네트워크 구조를 보여 준다.

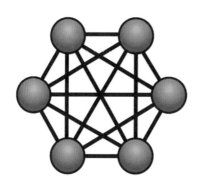

그림 2.12 UART기반의 완전히 연결된 네트워크 구조

이렇게 복잡한 네트워크 구조로부터 I2C는 좋은 대안이 될 수 있다. I2C역시 통신을 위해 **직렬 클록 와이어**(SCL, Serial Clock Wire클록)와 **직렬 데이터 와이어**(SDA, Serial Data Wire)로 불리는 2개의 도선만 필요하다(통신이 이뤄지는 방식은 천천히 알아보자). I2C는 이 두 가닥의 도선을 사용해 버스(bus)라는 새로운 구조를 통신하는 각 기기에 만든다. 이 버스는 하나의 선을 여러 기기가 공유하는 개념으로 이 도선에 연결된 모든 장치에 신호를 보낼 수 있다. 그림 2.13을 통해 버스 구조를 쉽게 이해할 수 있다.

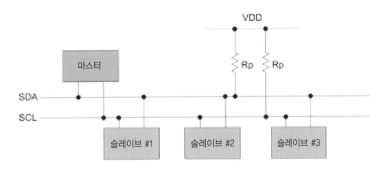

그림 2.13 I2C기반의 버스 구조

이러한 버스 구조의 적용으로 UART와는 달리 통신하려는 기기 간 1:1로 연결된 전용 도선이 필요하지 않고 공유하고 있는 도선으로 여러 기기가 통신을 수행할 수 있다. '어떻게 모든 기기가 하나의 도선을 공유해 통신할 수 있는가?'라는 질문이 떠오를 것이다. I2C 통신 프로토콜은 마스터와 슬레이브 개념을 적용해 구현된다. 이때 마스터 기기는 I2C 통신을 위해 연결된 모든 기기에 '마스터는 RasPi1과 통신하고 싶다! RasPi1은 이 신호를 수신하면 수신하였음을 알리고 내가 요청하는 데이터를 송신하도록!'이라는 명령을 내려 통신의 시작을 제어한다. 이후 마스터는 통신의 제어권을 RasPi1에게 넘기게 되고 RasPi1은 즉시 마스터에게 'RasPi1은 여기에 있다! 그리고 마스터가 요청한 데이터를 송신하니 수신을 완료하면 수신 완료에 대한 신호를 송신하도록!'의 흐름을 보이며 통신을 이어간다. 이후 마스터는 RasPi1이 송신한 데이터에 대한 수신을 완료하고 '수신 양호!'라는 신호를 송출한다. 이러한 흐름으로 I2C기반의 통신은 계속된다. 그림 2.14는 I2C를 사용해 데이터 통신을 수행하는 타이밍 구조를 보여 준다.

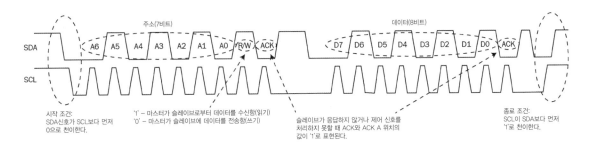

그림 2.14 I2C 타이밍 구조

이제 I2C 통신이 어떻게 이뤄지는지 한 단계씩 살펴보도록 하자. 통신의 시작은 마스터가 SDA 라인을 0으로 만들고 이후 SCL 라인을 0으로 만드는 순서로 시작된다. 이 작업은 마스터가 통신을 시작했음을 알리는 I2C 통신의 시작 조건이 된다. 시작 조건 이후에 전송되는 7~10개의 비트는 마스터가 통신을 시도하고자 하는 슬레이브 기기의 주소 값을 표현한다(주소 표현에 사용되는 비트의 수는 설정에 따라 변경된다). 주소 값 이후에는 R/W를 설정하는 비트로 슬레이브의 메모리 레지스터에 데이터를 쓸지(논리 0) 아니면 읽을지(논리 1)를 설정한다. R/W 비트 다음은 통신 요청에 대한 응답ACK, ACKnowledge를 표현하는 비트다. 이는 마스터가 아닌 슬레이브 기기를 통해 제어되는 비트로 마스터의 요청에 대한 결과를 표현한다. 이후 마스터는 펄스 신호인 SCL을 계속 송출하고 이에 맞춰 마스터가 슬레이브로부터 데이터를 읽는 경우 슬레이브가, 이와 반대로 마스터가 슬레이브에 데이터를 쓰는 경우 마스터가 8개의 데이터 비트가 SDA 라인에 위치한다.

> NOTE
>
> **큰 비트가 먼저**
> UART 기반의 통신 방식과는 달리 I2C기반의 통신의 경우 MSB가 먼저 송신된다.

예를 들어 R/W의 설정 값이 0인 경우 마스터는 슬레이브에 데이터 쓰기를 명령한 것이기 때문에 마스터가 SDA 라인으로 통해 전송하는 데이터를 슬레이브는 저장해야 하므로 R/W 설정 비트 이후 전달되는 8개의 데이터 비트를 메모리에 저장한다. 이후 슬레이브는 SDA 라인을 한 클록 신호 동안 0으로 유지시켜 데이터 수신과 저장을 완료했음을 마스터에게 알리고 마스터에게 다시 SDA 라인의 제어권을 넘긴다. 이때 마스터는 통신을 종료하고자 SDA 신호를 다시 0으로 유지하고 마지막으로 한 클록 이후 SCL 신호를 0으로 천이시켜 통신이 종료됨을 알린다.

버스 구조를 사용해 여러 기기가 동시에 통신을 시도하는 경우 충돌로 인한 오류를 막기 위한 규칙이 필요하다. 이를 위해 I2C는 오픈드레인open-drain2 구조를 적용했다. 다시 말해 마스터나 슬레이브 기기들은 통신이 이뤄지는 도선의 신호를 접지('0')로만 만들 수

---

2   물을 빼는 것과 유사한 개념이다. – 옮긴이

있다. 따라서 초기 상태의 I2C 신호선은 풀업 저항^{pull-up resistor}로 인해 SCL과 SDA가 높은 전압을 유지한다^(논리적 1). 그림 2.13을 보면 저항을 통해 SDA와 SCL 신호선이 VDD와 연결돼 있는 것을 확인할 수 있다. 따라서 마스터나 슬레이브가 데이터를 전송하고자 하면 신호를 '0'^(접지, 오픈드레인)으로 천이시킨다. 따라서 이와 같은 구조로 하나의 기기가 통신 라인을 0으로 유지하고 있으면 다른 기기는 1로 만들 수 없게 된다.

I2C의 또 다른 흥미로운 기능으로 하나의 버스에 여러 개의 슬레이브가 있을 수도 있지만 여러 개의 마스터 기기도 존재할 수 있다는 점이다. 여기서 잠깐, 마스터가 통신의 흐름을 제어한다고 했는데 '어떻게 어떤 마스터가 흐름을 제어하고 있는지 알 수 있는가?'라고 물을 수 있다. 놀랍게도 이 버스 구조는 모든 기기가 같은 라인에 연결돼 있어 모든 통신의 흐름을 동시에 관찰할 수 있다는 특징을 갖고 있다. 만약 2개의 마스터가 거의 동일한 시간에 통신을 시도하게 된다면 SDA 라인을 먼저 0으로 천이시킨 마스터가 통신의 흐름을 제어하게 된다. 이때 다른 마스터는 일시적으로 슬레이브로 동작하게 된다. 만약 두 마스터가 정확히 같은 시점에 신호를 0으로 천이시킨 경우에는 누가 통신의 제어권을 갖게 되는지 명확치 않게 된다. 이 경우 통신을 중재하기 위한 과정이 시작되고 SDA 신호를 먼저 1로 천이시킨 마스터는 통신의 제어권을 놓고 슬레이브로 동작하게 된다.

NOTE

이스터 에그

만약 암탉 반 마리가 하루 반나절만에 달걀 한 알을 낳는다면 암탉 여섯 마리가 6일 간 몇 개의 달걀을 낳을까? 한번 해석해 보자!

I2C의 장단점을 정리하면 다음과 같다.

장점:

- 10비트 어드레스 모드를 활용하면 1,024개의 기기를 연결할 수 있고 다수의 마스터와 다수의 슬레이브가 공존하는 구조를 지원한다.

- I2C 버스를 구성하는 데 2개(SCL과 SDA)의 도선만 필요하다.

- 최대 5MHz의 전송 속도를 지원한다.

- 저렴하다.

- 메시지 송수신에 대한 인증 기능을 지원한다.

단점:

- 반이중 방식으로 송수신을 동시에 할 수 없다.

- 통신의 시작start, 종료stop, 송수신 인증acknowledgement 시퀀스로 인해 통신 처리량 throughput의 손실이 발생한다.

- 풀업 저항으로 인해 클록 속도가 제한되고 PCB 설계 시 면적을 차지한다는 단점 과 전력 소모량이 증가한다는 단점이 발생한다.

- 설계된 I2C 버스의 캐패시턴스capacitance와 저항으로 인해 통신 거리가 상대적으로 짧고(1~2m), 통신 속도가 제한된다.

지금까지 I2C 통신 방식에 대해 공부하며 직렬 기반 통신 방식에 대해 깊이 있게 이해할 수 있었다. 다음으로 직렬 기반 통신 방식이지만 앞서 다룬 방식들과는 조금은 다른 통 신 방식에 대해 공부한다.

SPI

직렬 주변 기기 인터페이스SPI, Serial Peripheral Interface는 USB, 메모리, 보드 내부의 각종 센서 등을 연결하는 데 사용되는 통신 프로토콜로 주로 마이크로컨트롤러에서 많이 사용된 다. SPI 기반 통신을 사용하는 주요 이점은 구현이 간단하고 통신 속도가 빠르다는 점이 다. 자율주행차량을 개발함에 있어서 SPI 통신 프로토콜을 사용하는 센서를 자주 사용 하지는 않지만 직렬 기반 통신의 이해도와 성숙도를 높이기 위해 알아보도록 하자. SPI 통신은 전이중(송수신이 동시에 가능한) 통신 프로토콜로 SCLK, MOSI, MISO, SS로 이뤄진 신호를 사용한다. 그림 2.15는 SPI 통신을 위한 블록도로 다음에 다룰 각 신호의 역할을 이해하는 데 중요하다.

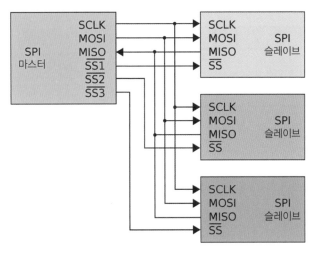

그림 2.15 SPI 연결 블록도

SPI 통신은 앞서 공부한 I2C와 유사하게 마스터의 클록에 동기화를 맞춰 수행되는 직렬 통신 방식이다. 이때 클록의 속도는 일반적으로 6~12.5MHz를 갖고 이 속도는 SPI의 비트당 전송률을 나타내기도 한다. SPI 통신에서 데이터의 이동은 마스터가 출력해 슬레이브에게 전달하는 **MOSI**^{Master Output Slave Input}와 슬레이브가 출력하고 마스터에게 입력되는 **MISO**^{Master Input Slave Output}로 불리는 2개의 도선을 통해 이뤄진다. 아울러 I2C와 유사하게 MOSI, MISO, SCLK는 버스 구조를 구성하는 데 사용된다. 마지막으로 **슬레이브 선택**^{SS, Slave Select}을 위해 사용되는 SS 신호가 있다. 이 신호는 메시지를 수신해야 하는 슬레이브 기기에 연결된 SS 신호선을 '0'으로 만들어 주는 방식으로 동작한다.

이렇게 동작하는 방식은 통신을 위해 주소를 전송해 줬던 I2C와는 상이한 방식이다. 그림 2.15와 같이 마스터와 연결된 각각의 슬레이브 기기는 별도의 신호선(그림에서 SS1, SS2, SS3로 표시돼 있다)이 연결돼 있다. 하드웨어로 SPI통신을 구현하는 것은 시프트 레지스터^{shift-register}를 적용하면 되기 때문에 매우 간단하다. 그렇다면 시프트 레지스터란 무엇인가? 시프트 레지스터는 특정 비트 수를 저장할 수 있는 아주 간단한 메모리다. 예를 들어

8개의 비트를 저장할 때 하나의 데이터 비트가 입력되면, 그다음은 데이터 비트는 한 비트 이동해 저장되는 방식이다. 그림 2.16은 SPI 통신이 어떻게 동작하는지 보여 준다.

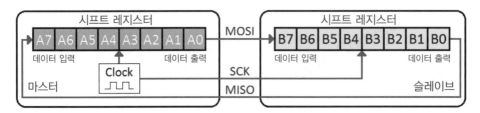

그림 2.16 SPI 시프트 레지스터

SPI 통신 프로토콜에서는 통신이 이뤄지는 버스에서 단 하나의 마스터만 존재해야 하기 때문에 통신 구조가 매우 간단하다. 그림 2.17은 SCK, MOSI, MISO, SS를 제어해 전이중 방식의 통신이 어떻게 이뤄지는지 표현한다.

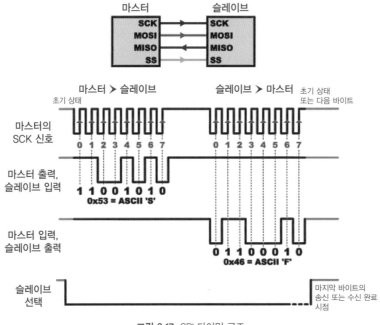

그림 2.17 SPI 타이밍 구조

마스터는 SS 신호를 '0'으로 만들어 통신하고자 하는 슬레이브 기기에게 'SS1! 이제 전송되는 데이터는 네 것이니 받을 준비를 하세요!'라고 알린다. 이후 마스터는 펄스 신호인

SCK를 출력해 MOSI 라인으로 입력되는 데이터를 슬레이브가 샘플링할 수 있도록 한다. 이때 슬레이브가 마스터에게 데이터를 전송해야 하는 경우 역시 SCK 펄스에 맞춰 MISO 라인을 통해 데이터를 송신한다. SPI 통신의 경우 MISO와 MOSI, 2개의 데이터 통신을 갖기 때문에 데이터의 송신 및 수신이 앞서 다룬 시프트 레지스터 동작을 기반으로 동시^{full-duplex}에 이뤄질 수 있다.

프로토콜 측면에서 UART와 I2C와는 다르게 SPI 통신은 표준화돼 있지 않다. 따라서 사용하고자 하는 기기의 코드, 레지스터 크기, 클록 모드 등을 구성하려면 인터페이스 제어 및 설정에 관련된 문서를 참조해야 한다.

SPI 기반의 통신 방식은 시작 시점과 종료 시점^{start bit and stop bit}, 주소^{address}, 메시지 송수신에 대한 응답^{acknowledgement} 등과 같은 절차가 존재하는 I2C와 UART와는 통신 시 전송하고자 하는 데이터에 집중할 수 있어 상대적으로 고속 인터페이스 구성이 가능하다. 반면 통신을 수행하기 위한 프로그래밍과 사전 준비 단계가 복잡하다. 또한 SPI 기반의 통신 방식은 데이터 송수신 속도를 데이터 라인의 전압이 '0'에서 '1'로 변화하는 시간을 짧게 하거나 길게 하는 방식으로 통신 속도를 빠르게 하거나 느리게 할 수 있다.

SPI 통신의 장단점을 정리하면 다음과 같다.

장점:

- 6~12.5MHz의 빠른 전송 속도를 지원한다.

- 전이중화 방식의 통신이 가능하다.

- 간단한 시프트 레지스터를 사용해 하드웨어 구현이 가능하다.

- 다수의 슬레이브 기기가 공존할 수 있다.

- 버스 구조를 지원한다.

단점:

- 하나의 버스에 하나의 마스터만 지원한다.

- 데이터 통신을 위해 4개의 도선이 필요하고 슬레이브 기기 선택을 위한 도선이 추가로 필요하다.

- 설계된 SPI 버스의 캐패시턴스와 저항, 통신 속도로 인해 최대 통신 거리가 약 3m로 제한된다.

다음 절에서는 도로의 대부분 차량이 일반적으로 사용하는 프로토콜에 대해 다룬다. 이제 시동을 걸어 보자!

프레임 기반 직렬 프로토콜

지금까지 공부한 프로토콜들은 전송하는 메시지가 8~10비트 정도로 상당히 작은 크기를 가졌다. 만약 더 많은 양의 메시지를 전송하고자 하면 어떻게 해야 할까? 지금부터 더 많은 양의 메시지를 전송할 수 있는 방법, 즉 메시지를 패키징하고 그 데이터를 패킷으로 만들어 전송하는 방법에 대해 알아본다. 이번 절에서 공부할 프로토콜은 다음과 같다.

- 제어 영역 네트워크^{CAN}

- 이더넷: UDP와 TCP

CAN 통신 이해하기

제어 영역 네트워크^{CAN}는 차량을 제어하고자 증가하는 마이크로컨트롤러와 **전자 제어 장치** ECU, Electronic Control Unit 간 연결되는 도선의 수를 줄이려고 보쉬^{Boch}가 개발한 메시지 기반 프로토콜이다.

CAN 통신 또한 버스 기반 프로토콜로 앞의 '차동 vs 단일 종단' 절에서 공부한 차동 기반 통신 프로토콜로 CAN-HI 도선과 CAN-LO 도선이 쌍을 이뤄 구성된다.

유령과 고블린

지난번에 랭지스와 신호영웅의 여행 여정을 안전하게 하기 위한 기술들을 기억하는가? 이 이야기에는 진짜 반전이 숨어 있다.

CAN 통신은 빠르고, 신뢰할 수 있으며 매우 견고한 통신 방식으로 CAN 통신이 지원하는 몇 가지 기능들을 정리하면 다음과 같다.

- CAN 통신은 다수의 마스터 기기를 지원하는 분산형 통신 시스템이다.

- 전송하는 메시지의 우선순위가 나뉜다.

- 버스 중재 기능을 지원한다.

- 원격 접근이 가능하다.

- 주기적 덧붙임 검사CRC, Cyclic Redundancy Check를 통한 데이터 무결성을 지원한다.

- 네트워크 구성을 유연성하게 확장할 수 있다.

- 중앙에서 설정하고, 진단할 수 있다.

- 데이터 전송 방식을 차동 방식으로 하고 선로를 꼬아 줌으로써 전자기 간섭EMI, ElectroMagnetic Interference으로부터 발생하는 노이즈 제거 기능을 지원한다.

CAN 버스 구조는 그림 2.18과 같이 매우 간단하다.

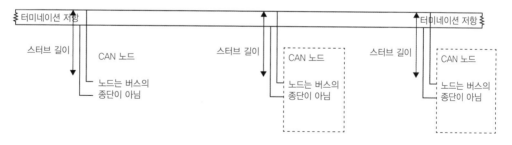

ISO 11898-2 Network

그림 2.18 CAN 버스 구조

그림 2.18과 같이 버스 종단인 터미네이션 저항^{Rterm} 내 어디에든 CAN 노드가 추가될 수 있음을 확인할 수 있다. 따라서 CAN 버스에 CAN 노드를 추가할 때는 표준에서 권장하는 0.3미터 이내의 스터브^{stub3} 길이를 유지하고 CAN 노드에서 CAN 버스의 종단이 되지 않도록만 하면 된다.

그림 2.19는 차동 신호로 설계돼 데이터 비트를 전달하는 CAN HI와 CAN LO에 대한 것으로 CAN 프로토콜에서 우세한^{dominant} 전압과 열세한^{recessive} 전압 간 관계를 보여준다.

NOTE

'0'는 영웅

CAN 버스에서는 최소 한곗값을 넘은 차동 전압 값을 0으로 표현하고 이는 CAN 버스에서 우세한 값으로서 버스를 지배한다.

NOTE

'1'은 종료

CAN 버스에서 최소 한곗값보다 아래 있는 차동 전압 값을 1로 표현하고 이는 CAN 버스에서 열세한 값이다.

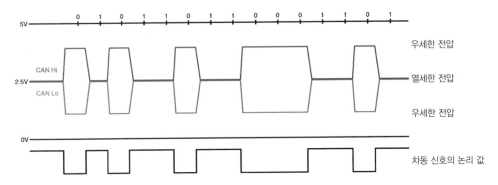

그림 2.19 CAN 버스의 우세 및 열세 전압 관계 (출처: EE JRW – own work, CC BY–SA 4.0, https://commons.wikimedia.org/w/index.php?curid=55237229)

---

3 회로에서 뭉툭하게 튀어나온 것을 의미하는 것으로 CAN 버스에서 CAN 노드를 연결하기 위해 튀어나온 선이 바로 스터브다. – 옮긴이

그림 2.19를 통해 CAN 버스에서 데이터 비트가 어떻게 전달되고 위치하는지 알아봤다.
이제 그림 2.20을 통해 CAN 버스에 연결돼 통신하는 여러 기기를 디버깅하고 데이터를
분석하는 데 유용한 CAN 버스의 메시지 프레임 구조를 알아보자.

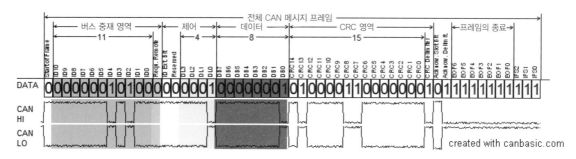

그림 2.20 CAN 메시지 포맷

CAN의 메시지 프레임은 차동 전압에서 우세한 값을 갖는 0을 **프레임의 시작 비트**^{SOF, Start}
^{of Frame}로 사용하는데, 이는 앞서 공부한 직렬 통신 중 논리 값 0으로 통신을 시작한
UART와 유사한 방식이다. 따라서 CAN 통신의 SOF는 UART의 시작과 동일하게 각 기
기 간의 통신 상태를 초기 상태에서 동작 상태로의 전환을 의미한다. 반면, CAN 통신에
서 동작 상태를 표현하는 방법은 높은 전압을 유지하는 방식을 사용하기 때문에 UART
와는 상이하다.

SOF 비트 다음 필드는 CAN 버스를 중재해 주기 위한 필드로서, 예를 들면 자동차의
ECU 내 여러 기능을 담당하는 모듈의(예. 조향 모듈, 산소 센서, 라이다 센서 등) 주소 값을 의미한다.

NOTE

> **작은 것이 최고**
>
> CAN 버스 통신에서 중재를 위한 필드는 앞서 주소 값이라 했다. 그렇다면 동시에 2개 이상의 모듈이
> 데이터를 송수신한다면 어떤 모듈의 우선순위가 높을까? 그 해답은 바로 주소에 있다. CAN 통신을 하
> 는 ECU는 프로토콜상 주소 값이 작을 수록 우선순위가 높은 것으로 간주되기 때문에 주소 값이 작은
> 모듈의 우선순위가 높게 설정된다.

다음 필드는 **원격 전송 요청**^{RTR, Remote Transmission Request} 필드로서 ECU가 다른 ECU를 통해 데이터를 전송받을 때 사용된다.[4] 이때 RTR을 사용하기 위한 설정은 앞서 SOF와 같이 CAN 버스의 차동 전압에서 우세한 값을 갖는 논리 값 0이 아닌 열세한 값을 갖는 논리 값 1로 해당 필드를 설정해 줘야 한다.

다음 6비트는 바로 다음의 데이터 필드를 통해 전송될 **데이터 길이**^{DLC, Data Length Code}를 표현하며 CAN 통신을 통해 전송되는 데이터의 길이는 0~8바이트를 갖는다.

따라서 DLC 필드 이후에 따라오는 데이터 필드는 0~64비트^(0~8바이트) 길이를 갖게 된다.

NOTE

> **비트 순서**
>
> CAN 통신을 통해 전송되는 데이터는 MSB가 먼저 전달된다.

데이터 필드 다음은 **주기적 덧붙임 검사**^{CRC, Cyclic Redundancy Check}에 대한 값을 16비트 길이로 기록해 전송된 데이터에 대한 에러 유무를 표시한다. 이를 위해 데이터를 송신하는 ECU는 데이터 필드에 삽입되는 데이터에 대해 체크섬^{checksum} 계산을 수행하고 그 결과를 CRC 필드에 입력해 전송한다. 이후 데이터를 수신하는 ECU가 CAN 메시지 프레임을 수신하면 데이터를 송신한 ECU와 동일하게 수신한 메시지 중 데이터 필드의 데이터에 대해 체크섬 계산을 수행, 수신한 CRC와 비교해 전송된 데이터의 무결성을 확인하는 절차를 진행한다.

CRC 필드 다음은 **응답**^{ACK, ACKnowledge} 비트로 CAN 통신에서 열세한 차동 전압인 논리적 1을 출력하며 데이터를 수신한 모든 ECU가 ACK 비트를 활용해 에러 없이 데이터를 수신하였음을 알릴 수 있다. ACK비트 이후에는 ACK 비트 출력이 초과해 출력되는 것을 감지하고자 ACK 구분자^{delimiter}가 표현된다.

마지막 필드는 **프레임의 끝**^{EOF, End Of Frame}을 의미하는 필드로 논리적 1을 갖는 값을 7비트 동안 출력해 통신이 종료됐음을 알린다.

---

4   데이터를 전송하는 모듈 입장에서는 모듈과 직접 연결돼 있는 ECU가 아닌 내가 연결된 ECU를 통해 다른 ECU에게 데이터를 전달하는 것이므로 원격 데이터 전송이다. - 옮긴이

지금끼지 다룬 필드는 CAN 통신의 기초가 되는 내용이었고 이외 CAN 컨트롤러 시스템에 의해 정의되는 **IFS**^{Inter Frame Space}가 있다.

참 긴 여정이었다. CAN 통신에 활용되는 여러 복잡한 구조로 인해 걱정이 앞설 수 있으나 겁먹을 필요 없다. CAN을 사용하는 수많은 소프트웨어와 하드웨어 모듈이 여러분이 고민하고 있는 여러 작업을 도와줄 것이다. 다만, 사용하고 있는 CAN 버스 기반의 모듈이 제대로 동작하지 않아 오래된 오실로스코프를 세팅하고 신호가 제대로 전송되고 있는지 해석하며 디버깅해야 하는 시간이 오게 된다면 여러분은 지금 공부한 내용을 먼지 속에서 꺼내서 다시금 기억해야 할 수 있다.

지금까지 공부한 CAN 버스 프로토콜이 갖는 장단점을 한번 정리해 보자.

장점:

- CAN 통신은 분산된 시스템이며 여러 마스터 기기를 사용하는 통신을 지원한다.

- 전송되는 메시지의 우선순위를 정할 수 있다.

- 버스를 중재하는 기능이 프로토콜에 내장돼 있다.

- CAN 통신은 버스와 직접 연결되지 않은 기기간 원격 데이터 전송 및 수신^{RTR}이 가능하다.

- CRC 필드를 통한 데이터 무결성이 보장된다.

- 호환성과 확장성이 우수한 네트워크다.

- 중앙에서 CAN 버스의 진단과 설정이 가능하다.

- 차동 전압으로 전달되는 통신 선로를 꼬아 줌으로써 EMI 노이즈를 감쇄시킬 수 있다.

- 최대 40m까지 케이블 길이를 지원한다.

단점(CAN 통신의 단점은 진파 1개밖에 없다):

- CAN 버스를 구성하는 노드의 스터브 길이와 버스 종단을 설계할 때 주의를 요한다.

이더넷과 인터넷 프로토콜

이더넷은 현대 사회를 살아가며 거의 모든 응용 프로그램에서 경험할 수 있는 현대적인 네트워크 방식이다. 여러분이 거주하는 집, 여러분이 타고 다니는 기차, 비행기는 물론 자율주행차량에도 활용되고 있으며, 프로토콜 및 계층 기반 프레임워크다. 이더넷은 네트워크 기반 통신을 위한 물리적인 표준과 함께 통신 프로토콜에 대한 표준으로 구성되며 이 모든 것은 **개방형 시스템 간 상호 접속 모델**(OSI, Open Systems Interconnection)이라 불리는 OSI 계층에서 시작된다. 그림 2.21은 OSI 모델과 각 계층의 역할을 보여 준다.

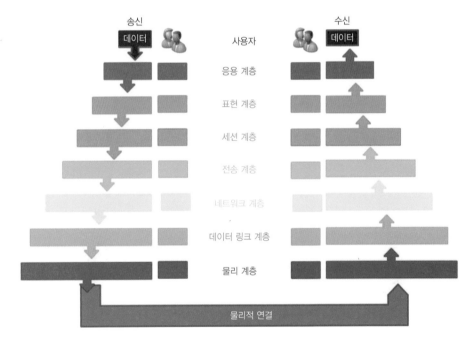

그림 2.21 OSI 모델의 7계층

OSI 모델의 각 계층은 데이터 처리를 위한 계층별 프로토콜을 지니고 있다. 이더넷 통신을 위한 출발점을 살펴보면 이 모든 것이 응용 계층에서 만들어지는 데이터 또는 비트로 부터 시작된다. 이 데이터는 각 계층을 통과하며 처리되는데 이때 각 계층을 지날 때마다 레이어의 프레임으로 래핑^{wrapping}돼 하위 계층으로 갈수록 프레임의 크기가 점점 커지는 것을 볼 수 있다. 그림 2.22는 각 계층이 담당하고 있는 프로토콜을 보여 준다.

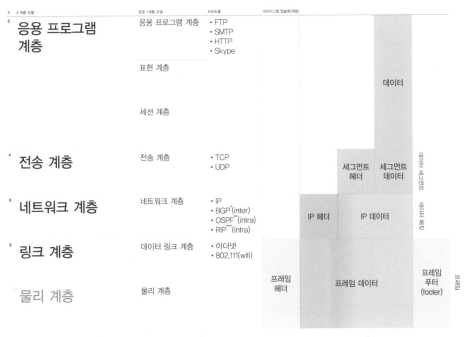

* 　외부 라우팅 프로토콜(BGP, Border Gateway Protocol)
** 　최단 경로 우선 프로토콜(OSPF, Open Shortest Path First)
*** 라우팅 정보 프로토콜(RIP, Routing Information Protocol)

그림 2.22 OSI 모델 기반 프로토콜의 구분

사실 각 계층이 담당하고 있는 프로토콜을 설명하는 것으로 이 책의 남은 모든 부분을 채울 수 있지만 자율주행차량을 개발함에 있어 각종 센서와 액추에이터 등을 제어하는 데 주로 사용하게 될 두 가지 프로토콜인 UDP와 TCP에 대해 알아보도록 한다.

UDP 이해하기

사용자 데이터그램 프로토콜[UDP]은 자율주행차량의 라이다, 카메라, 레이더 등 다양한 센서에서 활용되는 프로토콜로 연결이 없는 프로토콜이다. 여기서 잠깐! 연결이 없다고 하면 어떻게 데이터를 전송할 수 있는가? UDP에서 연결이 없다는 뜻은 데이터를 전송하기 앞서 수신 측이 연결됐는지를 확인하는 절차를 생략함을 의미한다. 이러한 특징을 갖는 UDP는 OSI 모델에서 전송 계층에 위치하고 있다. 그림 2.23은 전송 계층에 위치하고 있는 UDP로 응용 계층 다음에 처음으로 헤더 정보가 추가되는 계층임을 확인할 수 있다.

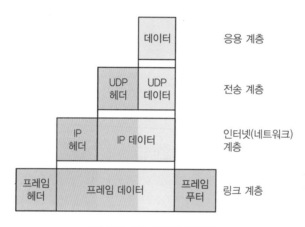

그림 2.23 전송 계층에서의 UDP

만약 여러분이 누군가에게 선물을 보낸다고 가정해 보자. 이때 선물을 받는 사람에게 이 선물이 본인을 위한 것이고 중간에 다른 사람에게 전달할 선물과 바뀌지 않았음을 알게 하려면 어떤 작업을 하는 게 좋을까? 아마도 '텐레트니 올레[Tenretni Olleh]씨 여기 당신을 위해 무지개 색의 고급 잠옷을 큰 사이즈로 준비했어요. 당신에게 잘 맞았으면 좋겠네요. 한번 입어 보세요!'와 같이 이야기할 수 있을 것이다. 이것이 바로 UDP 헤더가 갖는 기능이다. UDP 헤더에는 출발지의 포트 정보[source port], 도착지의 포트 정보[destination port], 전송되는 데이터의 길이와 데이터에 대한 체크섬이 포함된다. 이때 체크섬은 데이터를 송신하기 전 특정 알고리듬을 통해 생성된 숫자로 수신 측에서 수신한 데이터가 손상됐는지 여부를 확인할 수 있는 기능을 제공한다.[5] 이를 위해서는 수신 측에서도 송신 측과 동일한 체크섬 알고리듬을 통해 수신한 데이터에 대한 체크섬을 계산하는 방식으로 동작한다. 이는 앞에서 예를 든 텐레트니 씨에게 내가 보낸 선물이 맞는지 내가 보낸 잠옷 사진을 텐레트니 씨가 확인할 수 있도록 보내 주는 것과 유사하다.

그림 2.24는 UDP 헤더가 갖는 정보들을 보여 준다.

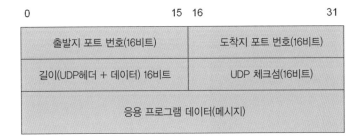

그림 2.24 UDP 헤더 필드

NOTE

포트, 플러그, 소켓

이더넷 프로토콜에서 포트는 집에 있는 전원 소켓과 같은 개념으로 생각할 수 있다. 이 소켓에 전등이나 TV와 같이 각기 다른 전자제품의 플러그를 꽂을 수 있고 전원 소켓에 연결된 각기 다른 전자제품은 각 목적에 맞게 동작하게 된다. 이와 유사하게 이더넷 프로토콜에서 포트는 각기 다른 목적을 갖는 기기의 데이터 송수신을 위해 만들어진 것이다.

UDP에서 헤더의 길이는 항상 8바이트(64비트)로 고정되는 반면 데이터(메시지) 길이는 가변할 수 있으며 최대 65,507바이트까지 전송할 수 있다. 그림 2.25는 자율주행차량과 관련된 예로 고해상도 라이다 센서가 주로 사용하는 UDP 패킷의 데이터 필드다.

---

5   앞서 공부한 CRC 필드의 체크섬과 유사한 기능이다. - 옮긴이

그림 2.25 아우스터(Ouster) 라이다의 UDP 데이터 구조

그림 2.25의 데이터를 곱해 보면 389워드 * 4바이트/워드, 16방위각/패킷 = 24,896바이트가 되며 이는 UDP를 통해 전송 가능한 최대 데이터 길이인 65,507바이트 이내임을 알 수 있다. 이 라이더 센서 데이터를 UDP를 사용해서 전송하려면 어떻게 해야 할까? 바로 앞서 살펴본 출발지 포트 정보, 목적지 포트 정보, 전송하는 데이터의 길이, 체크섬 정보 등을 갖고 있는 8바이트 크기의 UDP 헤더를 붙여 줘야 한다.

UDP는 라이다 센서나 카메라, 레이더 센서와 같이 데이터 재전송이 의미가 없는 스트리밍 기기에서 주로 사용된다. '데이터 재전송이 왜 의미가 없는가?'에 대해 한번 생각해 보고, 만약 라이더 센서의 방위가 정보를 수신하지 못했다고 가정해 보자. 이 경우 만약 수신하지 못한 방위각 정보를 다시 수신한다면 이 데이터는 이미 현재 위치의 정보가 아닌 오래전 위치에서 수집된 방위각 정보일 가능성이 높아져 무용지물이 된다. 데이터 재전송을 수행하지 않는 또 다른 이유로는 UDP를 통해 고속으로 전송되는 데이터의 전송 속도가 손실되거나 손상된 데이터의 재전송이라는 절차로 인해 느려지기 때문이다.

다음 절에서는 데이터 송수신을 3방향 핸드셰이크^{handshake}로 확인하는 프로토콜에 대해 알아본다.

TCP 이해하기

여러분의 자율주행차량 조향 장치에 명령을 내린다고 생각해 보자. 만약 이 명령이 수행되지 않거나, 명령이 잘못 전달됐거나, 아니면 중간에 다른 명령과 충돌이 일어나 사라진다면, 조향 장치가 명령을 수신을 했는지 아니면 못했는지 모른다면, 이 자율주행 차량은 과연 괜찮을까? 이런 일은 절대로 있어서는 안 된다.

이 경우 **전송 제어 프로토콜**^{TCP}이 해답이 된다. TCP는 UDP와 유사한 동작 원리를 갖고 있는 것 같지만 또 그 구조를 살펴보면 완벽히 다르게 동작한다. TCP는 UDP와는 다르게 연결 기반 프로토콜로 데이터를 전송하려면 매번 3방향 핸드셰이크가 수행된다. 이 3방향 핸드셰이크는 SYN-SYN/ACK-ACK로 알려져 있는 절차로 구분되며 이제 각 절차가 담당하는 기능들을 하나씩 하나씩 더 자세히 살펴보자.

- SYN^{SYNchronization} – 클라이언트는 임의의 번호로 정해진 숫자$^{sequence\ number}$ (x)를 포함한 SYN 패킷$^{(동기화)}$을 전송한다. 이때 임의의 번호로 정해진 숫자는 전송되는 바이트의 카운터 정보로 사용되고 이 패킷이 전송될 때 SYN 비트의 플래그는 1로 $^{(이\ 부분은\ 다음에\ 더\ 자세히\ 살펴보자)}$ 세팅된다.

- SYN/ACK – 서버가 SYN 패킷을 수신하였음 알려 준다.

    a. 이때 수신받은$^{(SYN\ 패킷)}$의 시퀀스 번호$^{(x)}$에 1을 더하고 이 값은 응답^{ACK} 번호가 되며 이는 다음에 수신할 바이트의 시퀀스 번호가 된다.

b. 이후 서버는 클라이언트에 SYN/ACK 패킷을 ACK 번호와 함께 전송하는데 이때 전송하는 ACK 번호 역시 서버에서 생성한 임의의 값(y)이다.

- ACK – 클라이언트는 서버로부터 SYN/ACK 패킷을 수신하는데 이때 ACK 번호는 클라이언트가 전송한 x에 1을 더한 값이고 다른 하나는 서버가 생성한 시퀀스 값(y)이다.

  a. 클라이언트는 수신받은 서버의 시퀀스 번호 y에 1을 더한다.

  b. 이후 클라이언트는 ACK 패킷을 전송하며 이 패킷에는 ACK 번호인 y+1이 포함되고 ACK 비트의 플래그를 1로 송신해 서버와 연결한다.

그림 2.26은 연결이 이뤄지는 순서를 보여 준다.

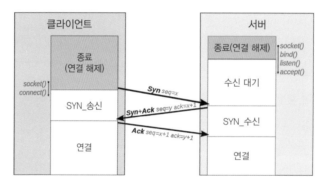

그림 2.26 TCP 연결 과정

위 절차를 통해 클라이언트와 서버의 연결은 성립돼 이제 데이터를 송수신할 준비가 됐다. TCP 기반으로 주고받는 모든 패킷에는 ACK 패킷이 함께 전송되고 ACK 패킷 내부에는 수신한 패킷의 바이트 수에 1을 더한 값이 기록된다. 따라서 이 절차를 통해 데이터 송수신 과정 중에 손상되지 않았고 다음에 전송될 바이트의 번호를 추론할 수 있게 된다. 시퀀스 번호의 경우는 SYN과 SYN/ACK 패킷을 주고받을 때마다 1씩 증가하고 데이터를 전송할 때는 페이로드 크기만큼 수신한 ACK 패킷만큼 증가하게 된다.

따라서 TCP 통신을 수행하려면 앞서 공부한 UDP보다 더 많은 정보를 헤더에 저장해야 함을 알 수 있다. 그림 2.27은 TCP 헤더 내 각 필드가 갖는 정보들을 보여 준다.

그림 2.27 TCP 헤더 필드

이제 각 필드의 역할과 목적에 대해 알아보자.

- **출발지 포트**^{source port}: 출발지 포트는 패킷이 송신된 곳을 의미하며 일반적으로 임의로 할당된 숫자로 구성된다.

- **도착지 포트**^{destination port}: 도착지 포트는 패킷이 수신될 곳을 의미하며 출발지 포트와는 달리 프로토콜별로 정해진 포트 번호를 갖게 된다. 예를 들어 **암호화 원격 서비스**^{SSH, Secure Shell}의 경우는 22번으로 예약돼 있다. 이러한 서비스별 포트 번호는 다음 링크를 통해 확인할 수 있다.

  https://www.iana.org/assignments/service-names-port-numbers/service-names-port-numbers.xhtml.

- **시퀀스 번호**^{sequence number}: 시퀀스 번호는 페이로드에 실려 있는 첫 번째 바이트의 시작 번호 또는 SYN, SYN/ACK 패킷의 번호를 의미하며 시퀀스 번호의 시작 번호는 임의로 할당된다.

- **응답 번호**^{acknowledgment number}: 응답 번호는 패킷 수신에 대해 1을 더한 바이트 값으로 다음에 전송될 번호다.

- **데이터 오프셋**^{data offset}: 데이터 오프셋은 TCP 헤더의 길이로 데이터 페이로드 이전의 오프셋을 의미한다.

- **예약**reserved: 현재는 사용되고 있지 않지만 향후 프로토콜 개선을 위해 예약된 필드다.

- **긴급**URG: 6개의 플래그 비트 중 첫 번째인 긴급 플래그는 0또는 1로 세팅되며 해당 패킷의 긴급 유무를 표시한다.

- **응답**ACK: ACK 플래그 비트는 응답 번호를 송신할 때 1로 세팅된다.

- **푸시**PHS: 푸시 플래그는 데이터가 바로 응용 프로그램에 전달돼야 할 때 1로 세팅된다.

- **리셋**RST: 서버와 클라이언트 간 연결을 초기화해야 할 때 리셋 플래그가 1로 세팅된다.

- **동기화**SYN: 동기화 플래그는 SYN-SYN/ACK 패킷을 통해 서버-클라이언트 간 연결이 시작될 때 1로 세팅되며 시퀀스 번호가 입력된 필드의 값이 유효함을 의미한다.

- **종료**FIN: 종료 플래그는 데이터 송수신이 완료돼 연결을 종료할 때 1로 세팅된다.

- **윈도우**window: 윈도우 필드는 수신 측의 버퍼 사이즈로 데이터 손실 없이 수신 가능한 크기를 의미한다.

- **체크섬**checksum: 체크섬은 페이로드의 데이터와 TCP 헤더의 데이터가 위변조되지 않고 전달됐음을 확인할 수 있는 필드로 체크섬 알고리듬을 통해 계산된 값이다.

- **긴급 알림**urgent pointer: 긴급 알림은 긴급하게 전달돼야 하는 데이터의 첫 번째 바이트 번호를 알려 주는 필드로 앞서 공부한 긴급 플래그 비트가 1로 세팅돼야 유효하다.

TCP는 모든 통신을 수행할 때 위의 TCP 헤더를 활용해 데이터의 송수신, 검증, 응답을 확인한다. 만약 통신 과정 중 데이터의 일부가 손실됐음이 확인되면 마지막으로 수신한 패킷의 TCP 헤더에 포함된 시퀀스 번호를 활용해 데이터 재전송을 수행할 수 있다. 이제 여러분은 조향 장치를 이더넷을 통해 안전하게 제어해서 자율주행차량이 낭떠러지에 떨어지지 않게 됐다!

> **자동차는 CAN을 주로 사용한다**
>
> 앞서 조향 장치를 TCP를 활용해 제어하는 예를 살펴봤다. 하지만 일반적으로 차량을 제어하는 데 있어 이더넷 버스보다는 CAN 버스를 사용해 왔다. 그런데 자율주행차량을 개발하는 많은 개발자와 회사는 더 많은 데이터를 한 번에 처리할 수 있고 보안 성능이 강화된 이더넷을 사용하는 추세로 흐름이 바뀌고 있다. 이미 군용 항공기는 이더넷을 사용한다.

지금까지 많은 것을 살펴봤다. 많은 양을 한 번에 이해하기 어려웠을 수 있지만 지금까지 공부한 기초 지식을 사용하면 오픈소스 프로그램을 사용해 각 데이터를 해석할 수 있기 때문에 걱정하지 않아도 된다. 대표적인 프로그램으로 와이어샤크^{Wireshark}가 있으며 이더넷 패킷을 **스니핑**^{sniffing}해 여러분이 디버깅하고 해석하기 쉽게 보여 준다. 관련된 정보는 다음 링크^(https://www.wireshark.org/)를 통해 확인할 수 있으며 이 툴을 통해 자율주행 차량 개발 중 이더넷 데이터에 문제가 생겨 디버깅이 필요할 때면 유용하게 활용할 수 있을 것이다.

이와 같이 TCP는 연결 기반 안정적이고 안전한 프로토콜이다. 이제 2장의 마지막에 리스트된 다양한 오픈소스 프로그램과 함께 이더넷 프로토콜을 사용해 보자!

⁑ 요약

축하한다! 여러분은 새로 사귄 랭지스와 신호 친구들과 함께 고스트와 고블린, 전자기장의 유도 전류와 맞서 싸우며 모험과도 같던 퀘스트를 무사히 완료했다. 2장에서 직렬 VS 병렬 방식, 디지털 VS 아날로그부터 UART, I2C, SPI, CAN, UDP, TCP에 이르는 다양한 프로토콜을 공부함으로써 모든 것을 해석할 수 있게 됐다. 이를 통해 실제 자율주행차량에 사용되는 다양한 센서와 액추에이터를 제어하고 사용할 수 있게 됐다. 3장에서는 자율주행차량이 안전하고 합법적으로 동작하는 데 필수 기술인 차선 인식 기술을 알아본다.

⫶ 질문

지금까지 공부한 내용을 바탕으로 다음 질문에 대답해 보자.

1. 각 프로토콜에서 필요한 도선의 수와 각각의 이름은?

2. 노이즈 감쇄를 위한 두 가지 방법은?

3. 병렬 데이터 전송과 직렬 데이터 전송의 차이점은?

4. 버스 구조를 활용하는 프로토콜은?

5. 클록 신호를 사용하는 프로토콜은?

6. 각각의 센서에 GPS 정보를 전달하는 데 주로 사용되는 프로토콜은?

⫶ 더 읽어 보기

- Texas Instruments Controller Area Network Physical Layer Requirements
  (http://www.ti.com/lit/an/slla270/slla270.pdf?HQS=slla270-aaj&ts=1589256007656)

- Texas Instruments Introduction to the Controller Area Network(CAN) (http://www.ti.com/lit/an/sloa101b/sloa101b.pdf)

- Universal Asynchronous Receiver and Transmitter(UART) (https:// ieeexplore.ieee.org/document/7586376)

- Understanding the I2C Bus (http://www.ti.com/lit/an/slva704/ slva704.pdf?&ts=1589265769229)

오픈소스 프로토콜 도구

다음 자료들을 참고해 공부한 프로토콜을 직접 다뤄 보고 프로그래밍해 볼 수 있다.

- PySerial (https://pypi.org/project/pyserial/) for UART (RS-232, RS-422, RS-485)

- python-periphery (https://python-periphery.readthedocs.io/en/latest/index.html) for UART, I2C, SPI, and more

- smbus2 (https://pypi.org/project/smbus2/) for I2C

- spidev (https://pypi.org/project/spidev/) for SPI

- python-can (https://pypi.org/project/python-can/) for CAN

- socket (https://docs.python.org/3/library/socket.html) for Ethernet TCP, UDP, and more

03

차로 인식

3장에서는 OpenCV를 활용한 컴퓨터 비전 처리 분야에서 놀라운 기능 중 하나인 차로 인식 기술에 대해 알아본다. 이를 위해 이미지를 분석하고 그 결과에 따른 적절한 필터의 적용, 노이즈 제거, 근사치 기법 등을 단계 단계마다 공부해 이미지를 다루는 방법에 대해 더 심도 있게 이해할 수 있을 것이다. 더불어 분석한 이미지 어디에 차로가 있는지를 찾아본다. 나아가 공부한 내용들을 비디오에 사용 직선 도로와 커브가 있는 도로에서의 차로 인식 기법을 공부한다.

3장에서 다루는 다양한 기술 중에는 실제 자율주행차량을 개발함에 있어 차로 인식 기술에 적용되거나, 실제 응용 프로그램에서 많이 사용되지 않는 기술이 있을 수 있다. 하지만 이 기술들에 대해 공부하고 실험해 봄으로써 차로 인식을 위한 이미지 처리가 쉽고 재미있다는 것을 경험할 수 있을 것이다.

3장에서 다루는 내용은 다음과 같다.

- 도로에서의 차로 인식

- 색상 공간

- 원근 수정

- 경계 인식

- 경계화

- 히스토그램

- 슬라이딩 윈도우 알고리듬

- 다항식 맞춤 기법

- 비디오 필터링

3장을 통해 OpenCV를 사용한 차로 인식 기법을 도로에 적용하는 방법을 설계할 수 있게 된다.

기술 요구 사항

3장에서는 도로에서 차로를 인식하고자 많은 양의 코드를 다루게 될 것이며 코드 전체와 세부적인 설명은 다음 깃허브^{GitHub}를 통해 확인할 수 있다.

https://github.com/PacktPublishing/Hands-On-Vision-and-Behavior-for-Self-Driving-Cars/tree/master/Chapter3.

3장에서 다루는 코드는 다음의 모듈들을 활용해 작성된다.

- 파이썬 3.7

- OpenCV-파이썬 모듈

- 넘파이 모듈

- Matplotlib 모듈

차로 인식 기법을 실습해 보려면 예제가 되는 이미지와 비디오 파일이 필요하다. 일반적으로는 오픈소스 데이터베이스에 등록된 이미지나 비디오를 사용할 수 있지만 대부분 비영리 목적으로만 활용 가능하다. 따라서 3장에서는 자유주행 차량을 위한 오픈소스 시뮬레이터인 CARLA와 오픈소스 게임인 Speed Dreams의 이미지와 비디오를 사용한다. 3장에서 다루는 차로 인식 기술은 실제 운영 환경에 적용되는 기술이므로 CULane이나 KITTI와 같은 데이터셋에 차로 인식 기술을 적용해 보는 것 또한 권장한다.

3장의 실행 영상에 대한 코드는 다음 사이트에서 확인할 수 있다.

https://bit.ly/37pjxnO

임계치 다루기

사람이 도로의 차로를 인식하고 따라가는 건 매우 쉬운 일이다. 하지만 컴퓨터에게는 여간 어려운 일이 아닐 수 없다. 컴퓨터가 직면하게 되는 첫 번째 문제는 전달되는 도로 이미지에 너무나 많은 정보가 있다는 것이다. 따라서 컴퓨터에 전달되는 정보에서 집중해야 하는 영역만을 선택해서 단순화해야 한다. 즉 이미지에서 추출해 내고자 하는 차로와 그 외의 영역으로 분리해야 하고 이는 색상 구분color section과 같은 기술을 활용할 수 있다. 결과적으로 이미지에서 도로의 색상인 검정색 또는 어두운 색상과 차로를 의미하는 노란색과 흰색으로 구분할 수 있게 된다.

다음 절에서부터 임계치threshold를 다루는 데 있어 가장 중요하고 유용하게 사용되는 색상 공간에 대한 분석에 관해 공부한다.

각기 다른 색상 공간에서의 임계치 다루기

색상 공간이라 함은 일반적으로 이미지를 구성하고 있는 색을 분해하는 방식에 관련된 것으로 대부분 RGB에 익숙할 수 있지만 색상을 분해하는 방법에는 RGB 외에 다른 방법도 있다.

OpenCV는 RGB 외 다양한 색상 공간을 지원하지만 차로 인식 성능에 가장 좋은 성능을 보인 두 가지 다른 색상 공간을 선택해 활용한다. 두 가지 다른 색상 공간을 활용하는 이유는 다음과 같다.

- 사용하는 색상 공간이 흰색 차로를 구분하는 데 유리할 수 있지만 노란색 차로는 제대로 인식하지 못할 수 있다.
- 하나의 색상 공간만을 활용하는 경우 외부 요인으로부터 영향을 받을 수 있다(예를 들어 그림자가 도로를 가린 경우, 차로의 색상이 변형된 경우).

우리가 사용하는 예제에서 차로는 모두 흰색이기 때문에 위와 같이 두 가지 색상 공간을 활용하는 것이 무의미할 수 있으나 실제 환경에서의 차로는 흰색, 노란색, 그림자가 가린 경우 등 다양하기 때문에 유용하게 사용될 것이다.

이제 각기 다른 색상 공간에서 이미지가 어떻게 보이는지 한번 살펴보자. 단, 이 책에서 다루는 이미지와 여러분이 수행하는 결과는 상이할 수 있다는 것을 염두에 두자.

RGB/BGR

각기 다른 색상 공간에서 이미지가 어떻게 보이는지 살펴보기 전에 기준이 되는 그림은 다음과 같다.

그림 3.1 기준 이미지(출처, Speed Dreams)

이 이미지는 빨강(R), 초록(G), 파랑(B)의 세 가지 채널로 분해될 수 있으며 OpenCV는 이미 공부해서 알고 있듯이 BGR로 저장한다. 저장하는 순서가 RGB가 아닌 BGR이라 해도 개념적으로는 분해하는 채널이 동일하기 때문에 이미지가 표현되는 방식에는 차이가 없다.

그림 3.2는 각기 다른 세 가지 채널로 분해된 이미지를 보여 준다.

그림 3.2 BGR 채널: 파랑, 초록, 빨강 채널

이 그림에서 차로를 분리해 보자. 차로의 색상은 흰색이므로 흰색을 표현하고 있는 픽셀을 추출해 내면 된다. 흰색은 (255, 255, 255)이기 때문에 약간의 오차를 감안해 180보다 큰 값으로 설정 해당 색상을 각각의 채널에서 추출하도록 한다. 또한 추출된 색상이외는 검정색으로 표현하도록 하는데 다음과 같다.

```
img_threshold = np.zeros_like(channel)
img_threshold [(channel >= 180)] = 255
```

코드를 실행한 결과는 그림 3.3과 같다.

그림 3.3 BGR 채널: 임곗값 180 이상을 추출한 파랑, 초록, 빨강 채널

세 가지 채널에서 모두 설정한 임곗값대로 차로가 잘 추출된 것으로 보인다. 빨강 채널의 경우 차량의 일부분이 같이 추출됐지만 차로 인식에 사용하는 이미지 영역에 해당하지 않기 때문에 문제가 되지 않을 것으로 보인다. 하지만 사용한 예제의 차로는 흰색이다. 흰색은 모든 채널에서 255라는 같은 값을 갖고 있기 때문에 모든 채널을 통해 차로를 원활하게 추출할 수 있었지만, 만약 차로가 노란색이었다면 다른 결과를 얻었을 것이다.

따라서 임계치로 설정하는 임곗값은 차로의 색상, 도로의 상황, 조명에 따른 밝기 등에 많은 영향을 받기 때문에 매우 중요하고 어려운 작업이다.

그림 3.4는 임곗값을 20~120으로 설정한 결과로 앞서 다룬 그림과는 완전히 다른 결과를 보여 준다.

그림 3.4 BGR 채널: 임곗값 20~120 사이의 값을 추출한 파랑, 초록, 빨강 채널

이미지 픽셀에서 20~120으로 임곗값을 설정, 데이터를 추출하는 방법은 다음과 같다.

```
img_threshold[(channel >= 20) & (channel <= 120)] = 255
```

위와 같은 결과에서 차로를 검정색으로 간주한다면 위 결과 또한 사용할 수는 있지만, 권장하는 방식은 아니다.

HLS

HLS는 색상 공간을 색상^Hue, 밝기^Lightness, 채도^Saturation로 나누고 그 결과는 때때로 놀랍기도 하다.

그림 3.5 HLS 채널: 색상, 밝기, 채도 채널

그림 3.5의 결과를 보면 색상 채널의 이미지는 해상도가 낮고 많은 노이즈로 인해 사용하기 부적합한 것처럼 보인다. 이에 반해 밝기 채널은 사용할 수 있을 만큼 정상적인 이미지가 보이고 채도 채널 역시 색상 채널과 동일하게 차로 인식에 사용할 수 없을 것 같은 이미지가 추출됐다.

각각의 채널에 임곗값을 적용해 보자.

그림 3.6 HLS 채널: 임곗값 160이상의 색상, 밝기, 채도 채널

임곗값을 적용한 이미지에서 밝기 채널은 여전히 차로 인식에 활용할 수 있는 후보로 보인다.

HSV

HSV는 색상 공간을 색상^{Hue}, 채도^{Saturation}, 명도^{Value}로 구분하고 그 결과는 HLS와 유사하다.

그림 3.7 HSV 채널: 색상, 채도, 명도

색상과 채도 채널의 이미지는 HLS와 유사하게 차로 인식에 활용하기 어렵다. 하지만 명도 채널의 경우 사용할 수 있는 이미지가 추출됐고 각각의 채널에 임곗값을 적용하면 그림 3.8과 같다.

그림 3.8 HSV 채널: 임곗값 160이상의 색상, 채도, 명도 채널

예상대로 명도 채널에 임곗값을 적용한 결과는 차로 인식에 활용할 수 있는 후보로 보인다.

LAB

LAB[CIELAB 또는 CIE L*a*b*]은 색상 공간을 L*[밝기(반사율), 검정에서 흰색], a*[색도, 초록에서 빨강], b*[색도, 파랑에서 노랑]으로 구분한다.

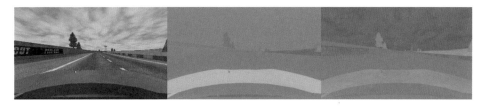

그림 3.9 LAB 채널: L*, a*, b*

그림 3.9에서 L* 채널은 차로 인식에 활용할 수 있을 것 같으나 a*와 b* 채널은 활용하기 어려워 보인다.

그림 3.10 LAB 채널: 임곗값 160 이상의 L*, a*, b* 채널

YCbCr

마지막 색상 공간인 YCbCr은 이미지를 하나의 휘도[Luma, Y] 채널과 2개의 크로마[Chroma, 채도 Cb와 Cr] 채널로 구분한다.

그림 3.11 YCbCr 채널: Y, Cb, Cr

그림 3.12는 임곗값을 적용한 결과를 보여 준다.

그림 3.12 YCbCr 채널: 임곗값 160이상의 Y, Cb, Cr 채널

임곗값을 적용한 결과 휘도 채널인 L 채널의 결과가 차로 인식에 사용할 수 있는 후보로 보인다.

우리의 선택

지금까지 실험해 본 결과를 토대로 RGB 색상 공간에서 초록색 채널을 경계 검출^{Edge} ^{detection}에 활용하고, 추가로 HLS 색상 공간의 L(밝기) 채널을 보정값으로 사용하려 한다. 이 설정은 흰색 차로는 물론 노란색 차로 또한 잘 인식해 내고 구분할 수 있지만, 만약 다른 색상의 차로를 구분해야 하는 경우 적용하는 임곗값 조정이 필요하다.

⠿ 원근 수정

이제 다시 처음으로 돌아가서 가장 간단한 직선으로 뻗은 차로를 한번 살펴보자.

그림 3.13 직선 차로(출처: Speed Dreams)

그림 3.13의 도로를 새들처럼 하늘에서 바라본다고 가정하자. 이 경우 차로는 평행하게 보일 것이다. 하지만 위 경우는 평행하게 보이지 않는다. 왜 그럴까? 바로 가까운 것과 멀리 있는 것에 대한 원근으로 인한 원근감 때문이다.

이 원근감은 카메라 렌즈의 초점 거리(초점 거리가 짧은 렌즈일수록 원근감이 강하게 표현된다)와 피사체를 찍고 있는 카메라의 위치에 따라 변화한다. 이 카메라가 자율주행차량에 한번 장착되면 카메라 렌즈와 위치에 따라 발생하는 원근감은 고정되게 된다. 따라서 고정된 원근에 대한 이미지 왜곡 현상을 고려해 보정할 수 있다.

OpenCV는 다음 함수를 통해 원근으로 인한 이미지 왜곡을 계산할 수 있는 방법을 제공한다.

```
getPerspectiveTransform()
```

이 함수는 사다리꼴 모양으로 표시되는 원근을 식별하고자 4개의 점으로 구성된 배열 2개를 파라미터로 입력받는다. 이 2개의 배열 중 하나는 출발 지점의 꼭지점을 표현하고 나머지 하나는 도착 지점의 꼭지점을 표현한다. 즉 이 함수에 입력되는 파라미터 2개를 치환하면 원근으로 인한 왜곡을 다시 역으로 계산할 수도 있음을 의미한다.

```
perspective_correction = cv2.getPerspectiveTransform(src, dst)
perspective_correction_inv = cv2.getPerspectiveTransform(dst, src)
```

이 함수를 사용할 때는 차로에 정확히 맞추기보다 오차를 감안한 조금의 마진^{margin}을 둬야 한다.

그림 3.14 사다리꼴 모양으로 표시된 차로 주변의 관심 영역

현재 차로 인식을 위해 사용한 이미지의 도로와 차로는 직선이기 때문에 우리가 사용한 이미지의 도착 지점은 직사각형 모양을 갖는다. 그림 3.14에는 원본 이미지가 갖고 있는 원근을 반영한 초록색의 마름모^(위 코드에서 src에 해당됨)와 우리가 최종적으로 갖고자 하는 원근 수정한 흰색 직사각형 모양을 보여 준다. 위 예제에서는 두 가지 원근에 따른 이미지를 명확히 보여 주고자 흰색의 직사각형과 초록색을 마름모를 겹쳐 표현했지만, 우리가 최종적으로 갖고자 하는 흰 직사각형의 X 좌표를 기준 0으로 원근 수정을 수행할 수 있다.

이 결과를 토대로 하늘에서 바라본 조감도로 이미지를 수정할 수 있다.

```
cv2.warpPerspective(img, perspective_correction, warp_size,
flags=cv2.INTER_LANCZOS4)
```

warpPerspective() 함수는 네 가지 파라미터를 입력받는다.

- 원본 이미지

- getPerspectiveTransform() 함수를 통해 얻은 변환 행렬transformation matrix

- 출력 이미지의 크기. 우리가 사용하고 있는 예제 이미지의 경우 가로 길이는 원본
  이미지와 동일하지만 세로 길이는 각각 마름모와 직사각형의 세로 길이다.

- 보간법을 지정하기 위한 몇 가지 플래그. INTER_LINEAR가 일반적으로 많이 사용되
  나, INTER_LANCZOS4 플래그도 사용해 볼 것을 권장한다.

그림 3.15는 INTER_LINEAR 보간법을 활용한 결과다.

그림 3.15 INTER_LINEAR 보간법

그림 3.16은 INTER_LANCZOS4 보간법을 활용한 결과다.

그림 3.16 INTER_LANCZOS4 보간법

두 보간법 모두 유사한 결과를 출력하고 있지만 자세히 살펴보면 LANCZOS4 보간법을 통
해 다시 샘플링한 결과가 LINEAR 보간법을 통해 얻은 결과보다 조금 더 선명한 결과를
얻을 수 있음을 알 수 있다. 이 두 보간법의 차이가 현재는 미비해 보이지만 3장을 공부
해 가며 이 작은 차이가 얼마나 다른 결과를 얻게 하는지 알아보도록 한다.

지금까지 다룬 방법을 통해 얻은 분명한 사실은 이제 두 이미지의 차선이 모두 수직이
라는 것이고 이를 통해 직관적으로 이해할 수 있게 됐다는 것이다.

이제부터는 이 이미지들을 사용해서 더 나은 차로 인식률을 갖게 하는 방법에 대해 알
아본다.

경계 인식

다음 단계는 '경계 인식edge detection' 단계로 이를 위해 앞서 공부한 색상 공간 중 RGB 색상 공간을 사용하고, RGB 색상 공간에서 좋은 결과를 보여 줬던 초록 채널을 사용한다. 이때 유의할 점은 여러분이 개발하고 있는 자율주행차량이 마주하게 될 국가와 기후 등 다양한 변수로 인해 차로 인식률이 영향을 받기 때문에 반드시 실제 주행 조건에서 촬영한 이미지와 비디오를 사용해서 실험해야 한다는 점이다. 나아가 대부분의 경우 인식하고자 하는 차로의 색상과 이미지가 갖고 있는 환경에 따라 앞서 언급한 RGB 색상 공간의 초록 색상 이외 다른 채널을 사용할 수 있으며, 이 경우 cvtColor() 함수를 다음과 같이 활용할 수 있다.

```
img_hls = cv2.cvtColor(img_bgr, cv2.COLOR_BGR2HLS).astype(np. float)
```

단, 3장에서는 초록색 채널을 사용하는 경우만 기술한다.

OpenCV는 경계를 인식하기 위한 방법으로 다양한 솔루션을 제공한다. 이 책에서는 도함수derivative 계산을 통해 경계를 검출할 수 있는 Scharr라는 함수를 활용한다. Scharr 함수는 앞서 언급한 것과 같이 입력되는 데이터에 대한 도함수 계산을 수행하므로 우리가 입력하는 색상 데이터의 경우 이미지 간 색상 차이를 감지할 수 있다. 따라서 Scharr 함수를 X축에 대한 64비트 부동 소수점 데이터가 출력되도록 입력 데이터를 가공하면 얻고자 하는 정보를 얻을 수 있다.

```
edge_x = cv2.Scharr(channel, cv2.CV_64F, 1, 0)
```

Scharr 함수는 도함수를 계산한다. 즉 입력 데이터 간 기울기를 계산하기 때문에 Scharr를 통해 출력되는 정보는 양수가 될 수도 있고 음수가 될 수도 있다. 이때 중요한 점은 출력된 데이터의 부호가 아닌 값이므로 Scharr를 통해 출력된 데이터에 절댓값을 취해 해당 이미지의 경계가 어디에 있는지 검출할 수 있다.

```
edge_x = np.absolute(edge_x)
```

Scharr 함수를 사용함에 있어 또 한 가지 고려해야 하는 문제점은 Scharr 함수의 출력이 단일 채널 이미지가 갖을 수 있는 8비트 정수인 0~255가 아닌 부동 소수점 데이터라는 사실이다. 이 문제는 다음 코드를 통해 해결할 수 있다.

```
edge_x = np.uint8(255 * edge_x / np.max(edge_x))
```

위 코드를 실행한 결과는 그림 3.17과 같다.

그림 3.17 Scharr 함수의 출력에 대한 스케일링과 절댓값 처리를 한 경계 인식

이때 앞서 공부한 임곗값을 적용해서 이미지를 흑백으로 전환할 수 있고 이를 통해 이미지 내부에 있는 차로를 더 명확하게 분리해 낼 수 있다. 이를 위해 검출해 낼 픽셀의 휘도^{intensity}를 지정해야 하며, 3장에서는 휘도가 20 이상, 120 이하인 값을 갖는 픽셀로 설정한다.

```
binary = np.zeros_like(img_edge)
binary[img_edge >= 20] = 255
```

위 코드 첫 번째 줄의 zeros_like() 함수는 이미지와 동일한 크기와 모양을 갖는 배열을 0으로 채우고 두 번째 줄은 휘도가 20에서 120 사이인 값을 255로 표시해 주는 기능을 한다. 코드 실행 결과는 그림 3.18과 같다.

그림 3.18 임곗값 20을 적용한 결과

이를 통해 우리가 인식하고자 하는 차로가 조금 더 선명해졌다. 하지만 아직까지는 인식한 이미지에 노이즈가 있고 이는 임곗값을 높여 줌으로써 해결할 수 있다.

```
binary[img_edge >= 50] = 255
```

임곗값을 조정한 결과는 그림 3.19와 같다.

그림 3.19 임곗값 50을 적용한 결과

그림 3.19와 같이 이전보다는 노이즈가 상당히 줄어든 것을 확인할 수 있으나, 앞의 결과와는 달리 이미지 위쪽에서 인식했던 차로도 함께 사라진 것을 확인할 수 있다.

이제부터는 모든 차선을 그대로 인식하면서 노이즈는 줄일 수 있는 방법들을 알아본다.

임곗값 보간법

앞서 살펴본 것처럼 경계를 이루는 차선 전체에 노이즈가 균일하게 존재하지 않는다는 것을 알 수 있었다. 따라서 노이즈가 적은 부분과 많은 부분을 구분해 노이즈 제거를 위한 조치를 취하면 된다는 것을 유추할 수 있는데 앞의 예제에서 노이즈가 많았던 아래쪽의 경우(위 예에서 인식한 아래쪽 차선은 해상도가 높았고 선명했지만, 그만큼 노이즈가 많다)에는 높은 임곗값을 적용하고 노이즈가 상대적으로 적었던 위쪽의 경우(위 예에서 인식한 위쪽의 차선은 픽셀들이 원근법에 의해 자연적으로 늘어나면서 블러 처리됐기 때문에 대비값도 작고 차선의 인식률도 떨어졌으며 노이즈도 적다)는 낮은 임곗값을 적용할 수 있다. 이 결과를 토대로 적용하고자 하는 임곗값에 보간법을 사용할 수 있다.

```
threshold_up = 15
threshold_down = 60
threshold_delta = threshold_down-threshold_up

for y in range(height):
  binary_line = binary[y,:]
  edge_line = channel_edge[y,:]
  threshold_line = threshold_up + threshold_delta * y/height
  binary_line[edge_line >= threshold_line] = 255
```

결과를 살펴보자.

그림 3.20 임곗값 보간법을 통한 임곗값 15 ~ 60이 적용된 결과

이제 아래쪽에는 노이즈가 줄어들고 위쪽은 미약하지만 차로가 인식된 결과를 얻을 수 있다. 사람의 시각은 차로를 원활하게 찾을 수 있지만 컴퓨터에게 위 이미지는 픽셀을 통해 전달되는 데이터이기 때문에 차로 인식을 위한 조치가 더 필요하다. 하지만 지금까지 공부한 것들을 통해 이미지를 간략화하고 차로 인식을 위한 기초를 잘 쌓아가고 있다.

임곗값 결합

앞서 언급했듯이 경계 인식 기법을 적용하지 않은 HLS 색상 공간의 L 채널에 임곗값만을 적용해 활용하고자 했다.

L 채널에 임곗값을 140 이상을 적용한 결과를 살펴보자.

그림 3.21 HLS 색상 공간에서 임곗값 140 이상을 갖는 L 채널 이미지

임곗값만을 적용한 결과가 나쁘지 않다. 위 결과와 경계 인식 기법을 결합한 결과는 그림 3.22와 같다.

그림 3.22 두 임곗값을 조합한 결과

위 결과는 앞서 살펴본 기법들보다는 더 좋은 인식률을 보이지만 그만큼 많은 노이즈가 포함되고 있음을 알 수 있다.

다음으로 공부할 내용을 진행하기 앞서 커브 길이 포함된 그림을 몇 장 소개하고자 한다.

그림 3.23 커브 길이 포함된 차로(출처, Speed Dreams)

임곗값을 적용한 결과는 그림 3.24와 같다.

그림 3.24 임곗값이 적용된 커브가 포함된 차로

위 결과가 꽤 괜찮다고 생각될 수는 있으나 차로에 커브가 포함된 순간 더 이상 수직으로 그려지는 차선을 갖지 못하고 이미지의 상단에서는 차선이 수평을 이루는 것을 확인할 수 있다.

⫸ 히스토그램을 활용한 차로 찾기

차로가 어디에 있는지 어떻게 인식할까? 이 질문에 대해 사람은 간단하게 시각적으로 보이는 긴 줄로 이뤄진 차선이라는 답을 얻을 수 있다. 그렇다면 컴퓨터의 경우는 어떻게 될까?

이때 수직선으로 이뤄진 줄이 차로라고 가정한다면 인식한 이미지 특정 열에서 흰색을 갖고 있는 픽셀을 추출하면 된다. 하지만 커브가 포함된 차로의 경우 이 방법을 적용할 수 없다. 이 경우 이미지의 아래 부분을 조금 더 주의 깊게 살펴보면 위쪽 부분보다는 더 수직선에 가깝다는 것을 알 수 있다.

그림 3.25 임곗값이 적용된 커브가 포함된 차로의 아래 부분

이제 각 열별로 픽셀의 수를 셀 수 있다.

```
partial_img = img[img.shape[0] // 2:, :] # Select the bottom part
hist = np.sum(partial_img, axis=0) # axis 0: columns direction
```

Matplotlib을 사용해서 히스토그램(도수 분포)을 그래프 파일로 저장할 수 있다.

```
import matplotlib.pyplot as plt

plt.plot(hist)
plt.savefig(filename)
plt.clf()
```

위 코드를 통해 그림 3.26과 같은 결과를 얻을 수 있다.

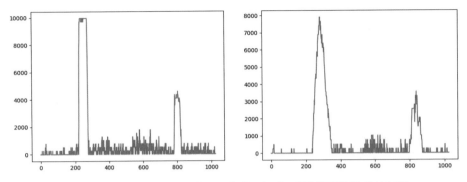

그림 3.26 좌: 직선 구간에서의 히스토그램, 우: 커브가 포함된 차로에서의 히스토그램

위 히스토그램에서 X 좌표는 픽셀을 의미한다. 우리가 다루고 있는 이미지의 크기가 1024x600의 크기를 갖기 때문에 히스토그램은 1,024개의 데이터 포인트를 표시하고 피크^{peak}가 표시되는 부분은 차로가 위치하고 있는 곳의 픽셀을 중심으로 한다.

그림 3.26을 통해 알 수 있듯 직선 구간의 경우 히스토그램의 출력이 명확하게 두 선을 인식한 것을 나타낸다. 반면 커브가 포함된 차로의 경우 히스토그램의 출력이 직선 구간에 비해 덜 명확하게 출력되지만(커브에서는 흰색으로 표현되는 차선의 픽셀이 좌우로 퍼지기 때문이다) 차로 인식에 활용할 수 있다. 또한 차선이 점선으로 표현된 구간의 경우 히스토그램의 출력이 실선보다는 덜 명확하게 출력되지만 해당 영역에 차선이 있다는 점은 식별할 수 있다.

지금까지 공부한 것을 통해 많은 성장이 있었다.

이제 히스토그램에 표현된 2개의 피크를 감지하는 방법을 알아볼 필요가 있다. 이를 위해 넘파이가 제공하는 배열의 최댓값을 갖는 인덱스를 반환해 주는 argmax() 함수를 사용해 보자. 이 함수를 사용하기 앞서 출력값으로 얻기 원하는 2개의 피크를 argmax()로 찾기 위해 먼저 입력 배열을 반으로 나누어 2개의 배열로 만들고 argmax() 함수에 각각 입력해 2개의 피크 정보를 얻을 수 있도록 한다.

```
size = len(histogram)
max_index_left = np.argmax(histogram[0:size//2])
max_index_right = np.argmax(histogram[size//2:]) + size//2
```

이제 피크의 X 좌표를 나타내는 인덱스를 알게 됐다. 이 값 자체(예, 히스토그램의 인덱스)는 지정한 값을 갖는 픽셀이 많이 존재함을 의미하기 때문에 차로 인식한 신뢰도로 간주할 수 있다.

슬라이딩 윈도우 알고리듬

3장을 공부하면서 많은 것을 알 수 있었다. 하지만 아직까지 우리가 다루고 있는 이미지에는 노이즈가 포함돼 차로 인식의 정밀도를 떨어뜨릴 수 있고 차선의 시작 지점이 어디인지 정도만 식별할 수 있다.

이 문제를 해결할 수 있는 방법은 차선 주변에 초점을 맞추는 것이다. 즉 약간의 왜곡이 포함된 이미지 전체를 사용할 필요 없이 차선의 시작 지점인 이미지 아래에서 시작해서 인식된 차선을 '따라가도록' 하면 된다. 이 방법은 이미지를 통해 얻을 수 있는 수천 가지 중 한 가지 방법이지만 우리가 원하는 결과다.

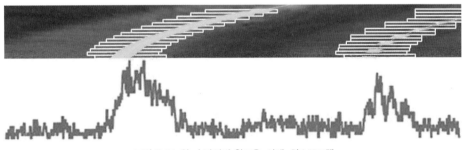

그림 3.27 위: 슬라이딩 윈도우, 아래: 히스토그램

그림 3.27을 한번 살펴보자. 그림 위쪽을 보면 직사각형들이 그려져 있는 것을 볼 수 있는데 이때 각 직사각형은 슬라이딩 윈도우 알고리듬에서 알고리듬이 수행되는 윈도우로 해당 시점의 관심 지점을 의미한다. 그림 아래쪽의 첫 번째 직사각형을 보자. 각 직사각형은 히스토그램 각각의 피크 중심을 나타내고 있다. 이젠 '차선을 따라가!' 라고 하면 된다. 이때 각 윈도우의 너비는 마진을 얼마나 주는지에 따라 달라지고 높이의 경우는 적용하고자 하는 윈도우의 수에 따라 변화하게 된다. 이 두 가지(직사각형의 너비와 높이) 요소에

따라 차로 인식률(노이즈로 인한 오탐률의 감소)과 좁은 반경으로 굽어진 코너의 인식률(각 윈도우의 이동 속도)에 영향을 미치게 된다.

슬라이딩 윈도우 알고리듬을 적용하려면 꽤 많은 코드가 필요하기 때문에 이 책에서는 여러분의 명확한 이해를 위해 왼쪽 차선에 대해서만 예를 들겠다. 하지만 실제 시스템을 구현할 때에는 오른쪽 차선에 대해서도 동일한 작업이 필요하다.

초기화

슬라이딩 윈도우 알고리듬을 적용하기 앞서 활용할 이미지에 대한 전처리가 필요하다. 이를 위해 임곗값 작업을 통해 얻은 픽셀에 대해 넘파이의 nonzero() 함수를 사용한다.

```
non_zero = binary_warped.nonzero()
non_zero_y = np.array(non_zero[0])
non_zero_x = np.array(non_zero[1])
```

이때 non_zero 변수는 흰색을 나타내는 픽셀의 좌표 정보를 저장하고 있는데 non_zero_y 변수의 경우는 Y 좌표를, non_zero_x 변수는 X 좌표를 포함한다.

또한 차로 인식 시 윈도우가 얼마나 이동할 수 있는지를 나타내는 마진 값(예. 슬라이딩 윈도우 너비의 반)과 슬라이딩 윈도우가 이동하며 새롭게 감지할 수 있는 최소 픽셀의 수를 나타내는 min_pixels를 설정해야 한다.

3장에서는 아래 설정 값을 더 이상 수정해 적용하지는 않는다.

```
margin = 80
min_pixels = 50
```

슬라이딩 윈도우의 좌표

left_x 변수는 차로의 왼쪽 차선의 위치 정보를 저장하고 있으며 이 변수를 히스토그램을 통해 얻은 값으로 초기화한다.

이후 슬라이딩 윈도우를 idx_window 인덱스를 사용해 이동시켜 가며 적용할 수 있다. 이때 변수 X가 갖게 되는 값의 범위는 마지막으로 차로를 인식한 위치에 대한 계산 값이며 이 값에는 앞서 설정한 마진이 포함된다.

```
win_x_left_min = left_x - margin
win_x_left_max = left_x + margin
```

변수 Y는 슬라이딩 윈도우 알고리듬으로 분석하고 있는 위치의 인덱스로 결정된다.

```
win_y_top = img_height - idx_window * window_height
win_y_bottom = win_y_top + window_height
```

이제 분석 중인 윈도우 내에서 흰색으로 표현되는 픽셀(non_zero_x와 non_zero_y를 사용해서 선택한다)을 선택해야 한다.

이때 넘파이가 지원하는 배열 연산인 연산자 오버로딩을 통해 우리가 원하는 데이터를 필터링할 수 있다. 따라서 win_y_bottom보다 위쪽에 위치하는 Y값에 대한 모든 좌표를 카운트하는 코드는 다음과 같이 간단하게 표현된다.

```
non_zero_y >= win_y_bottom
```

위 코드를 실행하면 필터를 통해 선택된 픽셀은 True로 표현되고 선택되지 못한 픽셀은 False를 나타낸다. 이때 중요한 점은 우리가 원하는 데이터가 win_y_top과 win_y_bottom의 사이에 위치하고 있는 픽셀이므로 다음의 코드를 통해 원하는 데이터를 얻을 수 있다.

```
(non_zero_y >= win_y_bottom) & (non_zero_y < win_y_top)
```

또한 win_x_left_min과 win_x_left_max 사이에 존재하는 X에 대한 좌표 정보도 필요하다. 해당 값은 우리가 원하는 영역에 몇 개가 있는지를 단순히 더하면 되기 때문에 nonzero() 함수를 활용해 다음과 같은 코드를 추가해 준다.

```
non_zero_left = ((non_zero_y >= win_y_bottom) &
                 (non_zero_y < win_y_top) &
                 (non_zero_x >= win_x_left_min) &
                 (non_+zero_x < win_x_left_max)).nonzero()[0]
```

위 과정을 통해 얻은 데이터는 하나의 요소가 여러 배열로 이뤄져 있음에 따라 데이터의 첫 번째 값을 선택해 줘야 한다.

더불어 이 값은 인식된 차로에 차선을 그려 주는 데 사용할 수 있도록 다음과 같이 저장해 두도록 한다.

```
left_lane_indexes.append(non_zero_left)
```

위 과정을 위치를 조금씩 조금씩 옮겨 가며 수행하면 된다. 단, 이때 윈도우가 슬라이딩해 위치한 곳에 차로 인식을 수행하기에 충분한 데이터가 모여 있어야만 한다.

```
if len(non_zero_left) > min_pixels:
left_x = np.int(np.mean(non_zero_x[non_zero_left]))
```

다항식을 이용한 피팅 기법

앞서 공부한 내용들을 통해 수천 수만 개의 점으로 구성된 정보를 얻을 수 있게 됐다. 하지만 이 정보들이 무의미한 데이터로 버려지지 않게 하려면 점들이 어떻게 구성돼 어떻게 차선을 이루는지를 알아내야 한다. 이를 위해 지정된 차수로 다항식 연산을 수행하고 그 값을 근사치로 반환하는 polyfit()이라는 함수를 사용할 수 있다. 이때 차로 인식을 위해 이 함수를 사용할 때는 다음과 같이 2차 연산만 수행하면 충분히 만족할 만한 결과를 얻을 수 있게 된다.

```
x_coords = non_zero_x[left_lane_indexes]
y_coords = non_zero_y[left_lane_indexes]
left_fit = np.polynomial.polynomial.polyfit(y_coords, x_coords, 2)
```

polyfit() 함수는 (X, Y) 순서로 파라미터를 입력받는다. 반면 우리가 계산하고자 하는 다항식에서는 (Y, X) 순서로 값을 입력하는데 그 이유는 일반적으로 X는 수학적 규칙에 따라 이미 알려진 값이지만 Y는 X를 기반으로 계산돼야 하기 때문이다(예: Y = X^2 + 3*X+5). 하지만 우리의 경우 Y를 알고 있는 값이고 X를 계산해야 하는 값이기 때문에 (X, Y) 순서가 아닌 (Y, X) 순서로 polyfit 함수에 파라미터를 입력한다.

이제 다항식을 활용한 피팅^fitting 기법의 마지막 몇 단계만 남았다.

Y 좌표 데이터의 경우는 범위만 갖기 때문에 다음과 같이 간단하게 구현된다.

```
ploty = np.array([float(x) for x in range(binary_warped.shape[0])])
```

이후 X에 좌표에 대한 정보는 Y값을 다음의 2차 일반 다항식에 대입해 계산한다(이때 X와 Y는 역수를 취한다).

$$x = Ay^2 + By + C$$

위 수식을 코드로 작성하면 다음과 같다.

```
Left_fitx = left_fit[2] * ploty ** 2 + left_fit[1] * ploty + left_fit[0]
```

그림 3.28은 지금까지 공부한 결과다.

그림 3.28 계산된 차선이 그려진 이미지

이제 perspectiveTransform() 함수를 통해 원근 변환을 역으로 수행, 픽셀을 해당되는 이미지 위치로 이동시킬 수 있다. 그림 3.29는 perspectiveTransform()까지 수행한 최종 결과다.

그림 3.29 이미지에서 차로가 인식된 결과

축하한다! 드디어 쉽지 않은 과정을 통해 이상적인 환경에서 차로를 인식할 수 있게 됐다. 하지만 아쉽게도 지금까지 공부한 내용만으로는 실제 환경에 적용하기에는 다소 불안정적이고 만족스러운 결과를 얻을 수는 없다. 이제부터 비디오 스트림을 사용해 차로 인식 정밀도를 드라마틱하게 올릴 수 있는 방법을 공부해 보도록 하자.

비디오를 활용한 차로 인식 성능 향상

컴퓨터에게 실시간 비디오 스트림을 분석하고 처리하는 것은 상당히 어려운 일이다. 하지만 연속된 프레임이라는 데이터 특성으로 인해 이전 프레임에서 학습한 데이터를 바탕으로 현재 인식한 프레임을 필터링할 수 있어 차로 인식률을 높일 수 있는 가능성을 제공한다.

지금부터는 비디오 스트림을 활용해 정밀하게 차로를 인식하는 기법 두 가지를 알아보자.

부분 히스토그램

먼저 이전 몇몇 프레임에서 차로 인식을 올바르게 했다고 가정하면 차량이 인식한 현재 위치의 차로는 앞서 인식한 차로와 유사한 위치에 있어야 한다. 단, 이 가정은 이동 중인 차량의 속도와 차로 인식에 사용되는 카메라의 초당 프레임 수에 영향을 받는다. 즉 차량이 빨리 이동할수록 차로의 변화는 많아지게 된다. 반면 카메라의 초당 프레임 수가 많을수록 연속된 두 프레임 간 차로의 변화는 적어지게 된다. 이 두 가지 고려 사항의 경우 실 자율주행차량에서는 개발 간 이 두 값을 이미 알고 있기 때문에 필요에 따라 취사 선택할 수 있다.

따라서 계산 효율성 측면에서 차로 오탐률을 줄이기 위한 방법으로 비디오 정보를 사용하고 히스토그램을 이전 프레임 중 일부분에 대한 평균과 같이 부분적으로 적용할 수 있음을 의미한다(예. 30).

롤링 평균

지금까지 적용한 차로 인식 기법은 인식된 각 차로에 대한 다항식 피팅 데이터 세 가지로 구성된다. 이때 앞의 동일한 개념을 적용해 '인접한 각각의 프레임이 갖는 정보는 큰 변동 사항이 없다'는 점을 사용하면 이전 프레임으로부터 얻은 정보의 평균을 노이즈 제거에 사용할 수 있다.

이를 위한 방법으로 **지수적 이동 평균 가중법**exponentially weighted moving average(또는 롤링 평균)이 있다. 이 평균 기법을 스트림 데이터의 마지막 값의 근사 평균을 손쉽게 계산하는 데 사용할 수 있다.

0보다 크고 일반적으로 1에 가까운 beta 파라미터가 주어졌을 때의 이동 평균 값은 다음과 같이 계산된다.

```
moving_average = beta * prev_average + (1-beta)*new_value
```

이때 평균값에 가장 큰 영향을 미치는 프레임 수는 다음과 같다.

```
1 / (1 - beta)
```

따라서 beta=0.9면 10개의 프레임이고 beta=0.95면 20개의 프레임을 의미한다.

이것을 마지막으로 3장을 마치고자 한다. 지금까지 공부한 전체 코드를 깃허브에서 꼭 살펴보길 권하며, 실제 영상을 찾아 그 영상 내부에서 차로를 직접 인식해 보길 바란다. 아울러 가능하다면 1장에서 공부했던 **카메라 보정**도 함께 적용해 보길 바란다.

⁝⁝ 요약

3장에서는 차로를 인식하기 위한 기법을 공부했다. 가장 먼저 RGB, HLS, HSV와 같은 다양한 색상 공간에서 어떤 채널이 차로 인식에 도움을 줄 수 있는 유용한 채널인지 알아 봤다. 이후 getPerspectiveTransform() 함수를 사용해서 분석할 이미지를 하늘에서 차로를 바라봤을 때처럼 평행하게 보이도록 하는 원근 수정 방법을 배웠다.

또한 Scharr() 함수를 활용한 경계 인식 기법을 알아봄으로써 색상과 임곗값 처리만 사용할 때보다 더 안정적으로 차로 인식이 가능하도록 경계 인식과 색상 임곗값 조정을 결합해 봤다. 이후 히스토그램을 사용해 차로의 시작 지점을 검출해 내고 '슬라이딩 윈도우' 알고리듬을 사용해 이미지의 차선을 '따라가도록' 해봤다.

아울러 polyfit() 함수를 2차 다항식을 계산에 활용해 계산된 계수로 곡선을 생성하고 원근 보정 기법을 역으로 적용해 커브 인식에 활용했다. 마지막으로는 비디오 스트림을 활용해 차로 인식률을 높일 수 있는 두 가지 방법인 부분 히스토그램 기법과 롤링 평균 기법에 대해 공부했다.

이 모든 기법을 종합하면 이제 여러분만의 차로 인식 기법을 도로에서 구현할 수 있을 것이다.

4장에서는 지금까지 다룬 컴퓨터 비전보다 더 복잡한 정보를 처리하는 데 강력한 도구가 될 딥러닝과 신경망을 공부한다.

⁝▷ 질문

1. RGB를 제외한 다른 색상 공간은 어떤 것이 있는가?

2. 왜 원근 수정을 적용해야 하는가?

3. 어떻게 차로의 시작점을 탐지할 수 있는가?

4. 어떤 방법을 사용해 이미지 내부의 차로를 따라가도록 할 수 있는가?

5. 차로를 구성하는 점들이 많이 또는 적게 인식됐을 때 이 점들을 차선으로 변환하는 방법은?

6. 경계 인식에 활용할 수 있는 함수는?

7. 차로의 마지막 N 지점 평균을 계산할 수 있는 방법은?

2부

자율주행차가 딥러닝과 신경망으로 작동하는 방식 개선하기

2부에서는 딥러닝의 세계로 초대한다. 아마도 비교적 단순하고 짧은 코드로 무엇을 할 수 있는지 놀라게 될 것이다.

2부는 다음의 장으로 이뤄져 있다.

- 4장, 신경망을 통한 딥러닝

- 5장, 딥러닝 워크플로

- 6장, 신경망 개선하기

- 7장, 보행자 및 신호등 감지

- 8장, 행동 복제

- 9장, 시맨틱 세그멘테이션

04

신경망을 통한 딥러닝

4장에서는 케라스^{keras}를 통한 신경망을 소개한다. 만약 MNIST나 CIFAR-10 이미지 분류 데이터셋을 갖고 작업해 본 경험이 이미 있다면 4장을 건너뛰어도 상관없다. 그러나 신경망을 학습시켜 본 적이 없는 사람들에게 4장은 놀랄 만한 내용을 선사할지도 모른다.

여기에서는 손글씨 숫자(한 자리 숫자로 구성된)를 인식하는 방법에 대해 알아볼 것이며, 곧장 다뤄 볼 수 있는 실용적인 내용을 담기 위해 가능한 한 많은 이론적인 내용을 건너뛸 것이다. 이와 관련된 이론은 5장에서 다룰 것이다.

4장에서는 다음과 같은 내용을 다룬다.

- 머신러닝
- 신경망 및 관련 파라미터
- 컨볼루션 신경망
- 딥러닝 프레임워크 케라스

- MNIST 데이터셋

- 신경망 구축 및 학습 방법

- CIFAR-10 데이터셋

⁝⁝ 기술 요구 사항

4장의 설명과 코드를 보려면 다음과 같은 것들이 필요하다.

- 파이썬 3.7

- 넘파이

- Matplotlib

- 텐서플로

- 케라스

- OpenCV-파이썬 모듈

- GPU(권장)

4장에서 사용한 코드는 다음 사이트에서 확인할 수 있다.

https://github.com/PacktPublishing/Hands-On-Vision-and-Behavior-for-Self-Driving-Cars/tree/master/Chapter4

4장의 실행 영상에 대한 코드는 다음 사이트에서 확인할 수 있다.

https://bit.ly/3jfOoWi

머신러닝과 신경망 이해하기

위키피디아에 따르면 **머신러닝**^{machine learning}은 '경험을 통해 자동으로 개선하는 컴퓨터 알고리듬의 연구'다.

실제로 이는 알고리듬 자체가 덜 중요하다는 것을 의미하며, 알고리듬을 **학습**^{train}시키기 위한 데이터의 제공이 중요하다는 것을 명심해야 한다. 다시 말하면 수행할 작업을 위한 적절한 데이터가 제공되는 한 다양한 상황에서 동일한 알고리듬을 사용할 수 있다.

예를 들어, 4장에서는 0에서 9 사이의 손글씨 숫자를 인식할 수 있는 신경망을 개발할 것이다. 대부분의 경우 완전히 동일한 신경망을 사용해 10개의 문자를 인식할 수 있으며, 약간의 수정만으로 모든 문자, 심지어는 물체까지도 인식할 수 있다. 실제로 10개의 개체를 인식하기 위한 신경망을 기본적으로 재사용할 것이다.

이것은 각 작업마다 다른 코드가 필요한 일반적인 프로그래밍과는 완전히 다르다. 일반적인 프로그래밍^{normal programming}에서는 결과를 개선하려면 코드를 개선해야 하며, 알고리듬을 사용 가능하도록 만드는 데 데이터(실제 데이터 포함)가 전혀 필요하지 않을 수도 있다.

그러나 좋은 데이터가 제공된다고 해서 신경망의 결과가 항상 좋은 것만은 아니다. 어려운 작업을 보다 잘 수행하려면 더욱 고급 신경망이 필요하다.

명확히 말하면 알고리듬(신경망 모델을 의미)은 기존 프로그래밍에서의 코드보다 덜 중요하지만 매우 좋은 결과를 얻고자 한다면 여전히 중요하다는 뜻이다. 실제로 아키텍처가 잘못되면 신경망이 전혀 학습을 하지 못할 수도 있다.

신경망은 머신러닝 모델을 개발하는 데 사용할 수 있는 도구 중 하나일 뿐이지만, 이것이 여기에서 중점을 두는 이유다. 딥러닝의 정확도는 일반적으로 상당히 높으며, 덜 정확한 머신러닝 기술을 사용하는 응용 프로그램의 경우 데이터 양과 프로세싱 비용에 상당한 제약이 있다는 것을 알 수 있다.

딥러닝^{deep learning}은 머신러닝의 하위 집합으로 간주할 수 있으며, 심층^{deep}이라는 이름이 뜻하는 몇 가지의 계산층에서 계산을 수행한다. 구현 관점에서 보면, 딥러닝은 신경망을 사용해 구성한다.

여기에서 다음과 같은 의문점이 생긴다. 신경망이란 정확히 무엇일까?

신경망

신경망은 우리 뇌에서 어느 정도 영감을 받았다. 우리 뇌의 뉴런[neuron]은 다른 뉴런들과 연결된 '계산 노드'다. 계산을 수행할 때 우리 뇌의 각 뉴런은 연결된 뉴런의 흥분 상태[excited state]를 '감지'하고 이러한 외부 상태를 사용해 자신의 상태를 계산한다. 신경망[퍼셉트론]의 뉴런은 이와 기본적으로는 동일하지만 유사성이 없는 부분도 다소 있다. 명확히 말하면 퍼셉트론은 뉴런의 시뮬레이션이 아니라 단지 영감을 받은 것일 뿐이다.

다음은 뉴런을 갖는 작은 신경망이다.

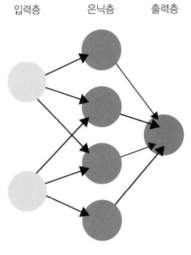

그림 4.1 신경망

첫 번째 층은 입력[예: 이미지의 픽셀들]이고 출력층은 결과[예: 분류]다. 은닉층은 계산이 일어나는 곳이다. 일반적으로는 1개가 아닌 더 많은 수의 은닉층을 가진다. 모든 입력은 피처[feature]라고도 할 수 있으며, RGB 이미지의 경우 피처는 일반적으로 픽셀의 단일 채널이다.

순방향 신경망에서 층 내의 뉴런들은 이전 및 다음 층의 뉴런들에만 연결된다.

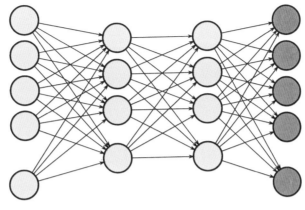

그림 4.2 신경망

그렇다면 뉴런이란 정확히 무엇일까?

뉴런

뉴런은 몇 가지 입력이 주어지면 출력을 생성하는 계산 노드다. 이러한 입력과 출력이 무엇인지는 그때 그때 다르므로 나중에 여기로 다시 되돌아와 설명하기로 한다.

다음은 신경망의 대표적인 뉴런을 나타낸다.

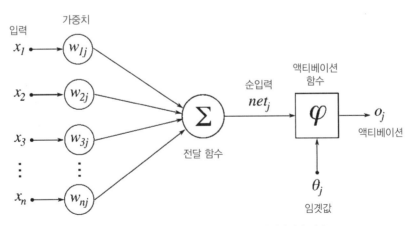

그림 4.3 신경망의 단일 뉴런 도식화. ©2016 위키미디어 커먼즈

이 부분은 약간의 설명이 필요하다. 뉴런이 수행하는 계산은 두 부분으로 나눌 수 있다.

- 전달 함수는 가중치(오직 숫자)를 곱한 모든 입력의 합을 계산하는데, 이는 뉴런의 상태가 입력 뉴런의 상태에 의존적이지만 뉴런마다 기여 정도가 서로 다르다는 것을 의미한다. 이것은 단순히 선형 연산이다.

$$u = \sum_{1=1}^{n} w_i x_i$$

- 액티베이션 함수는 전달 함수의 결과에 적용되며, 일반적으로 임곗값을 가진 **비선형**non-linear 연산이어야 한다. 성능이 좋으므로 여기에서 주로 사용할 함수는 **ReLU**Rectified Linear Unit다.

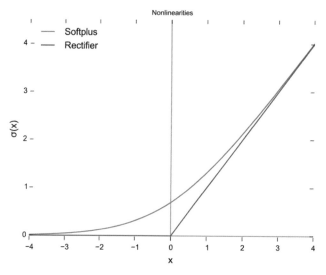

그림 4.4 두 가지 액티베이션 함수 Softplus와 ReLU

일반적으로 액티베이션 함수 값을 이동시키는 데 사용하는 값인 **바이어스**bias도 있다.

선형 함수와 비선형 함수의 조합은 비선형이지만, 두 가지 선형 함수의 조합은 여전히 선형이다. 액티베이션이 선형이면 뉴런의 출력이 선형이며, 이는 다른 층과의 조합 또한 선형이 됨을 의미하기 때문에 매우 중요하게 고려해야 한다. 전체 신경망이 선형이면 단일 층과 동일하게 된다.

액티베이션에 비선형 연산을 도입하는 것은 네트워크가 층 수의 증가에 따라 점점 더 복잡해지는 비선형 함수를 계산 가능하도록 만든다. 이는 가장 정교한 신경망이 그야말로 수백 개의 층을 갖게 되는 이유 중 하나다.

파라미터

바이어스와 가중치는 고정된 값이 아니라 작업 수행 중에 변하기 때문에 **파라미터** parameter라 한다. 값의 변화는 **학습**training 단계에서 일어난다. 명확히 말하면 학습 단계의 전체적인 목적은 수행하는 작업에 있어 이러한 파라미터들이 가질 수 있는 최적값을 찾는 것이다.

이는 서로 다른 파라미터를 가진 동일한 신경망이 서로 다른 문제(매우 다른 문제 포함)를 해결할 수 있다는 심오한 의미를 가진다. 물론 그 해법은 파라미터들에 대한 **최적값**(또는 근사값)을 찾는 것이다. 일반적인 신경망은 몇 개의 파라미터를 갖는지 궁금할 텐데 그 답은 수백만 개라 할 수 있다. 다행히도 학습이라고 하는 프로세스는 자동화할 수 있다.

신경망을 떠올려 볼 또 다른 방법은 이를 거대한 방정식 시스템으로 간주해 학습 단계에서 해당 방정식의 근사적 해를 찾고자 시도하는 것이다.

딥러닝의 성공

아마 지난 몇 년 동안 딥러닝이 폭발적으로 성장했다는 것을 알고 있을 것이다. 그러나 신경망은 실제로 전혀 새로운 것이 아니다. 나는 20년 이상 전에 신경망에 대한 책을 읽은 후 신경망을 책으로 쓰려고 시도했으나 비참하게 실패했던 것을 기억한다. 실제로 신경망의 일부 이론은 20년보다도 훨씬 이전인 1965년으로 거슬러 올라간다.

수년 전 신경망은 실용화되기에는 너무 많은 계산을 요구했기 때문에 근본적인 호기심 정도에만 그쳤었다.

그러나 수십 년이 흐르는 동안 다음과 같은 몇 가지 중대한 발전을 거친 덕분에 딥러닝은 현재 대세가 됐다.

- 컴퓨터가 훨씬 더 빨라졌으며 훨씬 더 많은 RAM을 사용할 수 있다.

- GPU를 사용해 계산 속도가 훨씬 빨라졌다.

- 신경망을 학습시키기 위한 많은 데이터셋을 인터넷상에서 쉽게 이용할 수 있다.

- 현재는 수많은 딥러닝 전용 튜토리얼 및 온라인 강좌가 있다.

- 신경망을 위한 몇 가지의 좋은 오픈소스 라이브러리가 있다.

- 아키텍처가 더욱 좋아지고 효율적으로 됐다.

이러한 발전은 신경망을 훨씬 더 매력적으로 만드는 거스를 수 없는 흐름이며, 여기에는 음성 비서, 자율주행차량과 같은 마치 딥러닝을 기다리기라도 한 것처럼 보이는 많은 응용 프로그램이 있다.

이 책에서는 이미지의 내용을 이해하는 데 특히 좋은 특수한 유형의 신경망인 컨볼루션 신경망에 크게 주목할 것이다.

컨볼루션 신경망에 대해 알아보기

고전적인 신경망을 살펴보면 첫 번째 층은 입력으로서 일직선상으로 구성돼 있음을 알 수 있다. 고전적인 신경망에서 입력은 입력 자체로서 다른 것들과 독립돼야 하는데 이는 그래프 표현이 아니다. 만약 크기, 우편 번호, 층수를 기반으로 아파트 가격을 예측하고자 한다면 고전적인 신경망을 사용해도 괜찮겠지만, 이웃한 픽셀을 가지며 이러한 근접 정보를 중요하게 고려해야 하는 이미지의 경우에는 적합하지 않다.

컨볼루션 신경망CNN, Convolutional Neural Network은 이 문제를 정확히 해결하며, 이미지를 효율적으로 처리할 수 있을 뿐만 아니라 자연어 처리에도 성공적으로 사용할 수 있다.

CNN은 개별 뉴런이 작은 시야 영역의 자극에만 반응하는 동물의 시각 피질에서 영감을 받아 1개 이상의 컨볼루션 층으로 구성한 신경망이다. 컨볼루션이 실제로 무엇인지 살펴보도록 하자.

컨볼루션

컨볼루션은 새로운 단일 픽셀을 얻고자 일부 픽셀에 적용하는 행렬인 커널^{kernel}이라는 개념을 기반으로 한다. 커널은 에지^{edge} 탐지 또는 이미지에 필터를 적용하는 데 사용할 수 있으며, 필요할 때 사용할 수 있도록 보통은 이미지 처리 프로그램 내에 커널을 정의하는 옵션이 있다. 그림 4.5는 이미지를 있는 그대로 복제하는 3x3 항등 커널^{identity kernel}이며, 여기에서는 작은 이미지에 적용한다.

$$
\begin{matrix} 31 & 32 & 33 \\ 41 & 42 & 43 \\ 51 & 52 & 53 \end{matrix}
\quad + \quad
\begin{bmatrix} 0 & 0 & 0 \\ 0 & 1 & 0 \\ 0 & 0 & 0 \end{bmatrix}
\quad ==> \quad 42
$$

그림 4.5 이미지 일부에 3x3 항등 커널 적용 결과

커널의 각 요소 뒤에 픽셀을 배치해 서로 곱한 뒤 해당 결과들을 더해 새로운 픽셀 값을 얻는다고 생각해 보자. 이때 중앙 픽셀을 제외한 모든 픽셀이 0이 된다는 사실은 변함이 없다. 명확히 말하면 이 커널은 중앙 픽셀의 값만 유지하고 나머지는 모두 버린다. 만약 이 컨볼루션 커널을 전체 그림을 따라 이동시킨다면 다시 원본 이미지를 얻을 것이다.

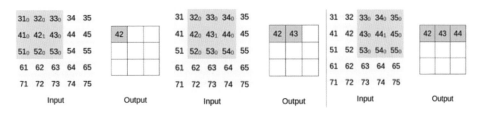

그림 4.6 항등 컨볼루션을 통한 간단한 이미지 복사

컨볼루션 커널이 이미지를 따라 이동하면서 픽셀들이 변경 없이 복제되는 것을 확인할 수 있다. 또한 valid 패딩을 사용하므로 해상도가 감소하는 것도 확인할 수 있다.

그림 4.7은 또 다른 예다.

$$
\begin{matrix} 2 & 2 & 2 \\ 2 & 3 & 2 \\ 2 & 2 & 2 \end{matrix}
\quad + \quad
\begin{bmatrix} 0 & -1 & 0 \\ -1 & 5 & -1 \\ 0 & -1 & 0 \end{bmatrix}
\quad ==> \quad 7
$$

그림 4.7 이미지 일부에 3x3 커널 적용 결과

다른 커널은 항등 커널보다 더 흥미로울지도 모른다. 그림 4.8의 커널(왼쪽)은 오른쪽 그림에서 볼 수 있듯이 에지를 탐지할 수 있다.

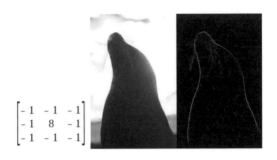

그림 4.8 에지를 탐지하는 커널

커널에 대해 더 궁금하다면 OpenCV를 통해 즐겁게 진행해 보자.

```
img = cv2.imread("test.jpg")
kernel = np.array(([-1, -1, -1], [-1, 8, -1], [-1, -1, -1]))
dst = cv2.filter2D(img,-1,kernel)
cv2.imshow("Kernel", cv2.hconcat([img, dst]))
cv2.waitKey(0)
```

커널은 3x3일 필요는 없으며 더 클 수도 있다.

이미지의 첫 번째 픽셀에서 시작한다고 생각해 보면 그 위나 왼쪽에는 픽셀이 없으므로 어떤 일이 발생할지 궁금할 수도 있다. 만약 이미지의 왼쪽 위 픽셀에 커널의 왼쪽 윗부분을 배치하면 이미지의 각 가장자리에서 한 픽셀씩 손실되는데, 이는 커널이 중앙에서 픽셀 값을 내보내기^{emitting a pixel} 때문이라고도 생각할 수 있다. 그러나 대개 신경망 내의 각 층 통과 후 이미지가 점점 더 작아지도록 설계하고자 하므로 이것이 항상 문제가 되는 것은 아니다.

이에 대한 대안은 패딩을 사용하는 것인데, 이미지 주위에 검은색 픽셀들이 있는 것처럼 꾸미는 것이다.

다행인 점은 커널의 값을 직접 찾을 필요는 없다는 것이며, 해당 값은 CNN이 학습 단계에서 찾을 것이다.

컨볼루션은 왜 대단한 것일까?

컨볼루션은 몇 가지 큰 장점을 가진다. 앞에서 이미 언급했듯이 컨볼루션은 픽셀의 근접성을 유지한다.

```
31  32  33
41  42  43        31  32  33  41  42  43  51  52  53
51  52  53
```

그림 4.9 컨볼루션 층(노란색)과 밀집 층(초록색)

그림 4.9에서 볼 수 있듯이 컨볼루션은 이미지의 토폴로지를 알고 있다. 예를 들면, 숫자가 43인 픽셀은 숫자가 42인 픽셀 바로 옆, 33인 픽셀 아래, 53인 픽셀 위에 있다는 것도 알 수 있다. 반면, 해당 그림의 밀집 층은 이러한 정보를 갖고 있지 않으며, 숫자가 43인 픽셀과 51인 픽셀이 서로 가깝다고 생각할 수 있다. 이뿐만 아니라 해상도가 3×3인지, 9×1인지, 1×9인지조차도 알지 못한다. 픽셀들의 토폴로지topology를 직관적으로 알 수 있다는 것이 컨볼루션의 장점이다.

추가적인 중요한 장점으로는 계산이 효율적이라는 것이 있다.

컨볼루션의 또 다른 큰 특징은 대각선이나 원과 같은 패턴을 매우 잘 인식한다는 점이다. 사실상 이러한 작은 규모에서만 인식 가능하다고 말할 수 있겠지만, 다수의 컨볼루션을 결합하면 큰 규모의 패턴들도 놀랄 만큼 좋은 성능으로 탐지할 수 있다.

또한 컨볼루션은 이미지의 서로 다른 부분에서 패턴을 탐지할 수도 있다.

이러한 모든 특성은 컨볼루션이 이미지 작업에 적합하도록 만들기 때문에, 개체 탐지를 위해 컨볼루션을 매우 많이 사용한다는 점은 그리 놀랄 만한 것이 아니다.

이론은 여기까지 하고, 이제부터 본격적으로 첫 신경망을 구성해 보자.

⁝⁝ 케라스와 텐서플로 시작하기

다양한 딥러닝 전용 라이브러리가 존재하는데, 여기에서는 다수의 백엔드를 사용하는 파이썬 라이브러리인 케라스를 사용할 것이다. 또한 백엔드로는 텐서플로를 사용할 것이다. 코드는 케라스 전용이지만 원리적으로는 다른 라이브러리에도 적용할 수 있다.

요구 사항

시작하기 전에 최소한 pip를 사용해 텐서플로와 케라스를 설치해야 한다.

```
pip install tensorflow
pip install keras
```

여기에서는 통합 GPU 지원 기능이 있는 텐서플로 2.2를 사용하고 있지만, 만약 텐서플로 1.15 이하의 버전을 사용하는 경우에는 GPU 활용을 위해 별도의 패키지를 설치해야 한다.

```
pip install tensorflow-gpu
```

텐서플로와 케라스 모두 최신 버전을 사용하는 것을 권장한다.

시작하기 전에 모든 것이 정상인지 확인해 보자. 아마도 학습 속도를 높이고자 GPU를 사용하고자 할 것이다. 안타깝게도 텐서플로에서 GPU를 사용하는 것이 그리 간단하지만은 않다. 예를 들면, CUDA는 버전에 매우 민감한데 CUDA 10.1이라 명시된다면 실제로 10.1에서만 동작하며 10.0이나 10.2에서는 동작하지 않을 것이다. 부디 이러한 점이 작업에 영향을 미치지 않기를 바란다.

텐서플로 버전을 출력하려면 다음 코드를 사용할 수 있다.

```
import tensorflow as tf
print("TensorFlow:", tf.__version__)
print("TensorFlow Git:", tf.version.GIT_VERSION)
```

내 컴퓨터에서는 다음과 같이 출력된다.

```
TensorFlow: 2.1.0
TensorFlow Git: v2.1.0-rc2-17-ge5bf8de410
```

GPU 지원을 확인하려면 다음 코드를 사용할 수 있다.

```
print("CUDA ON" if tf.test.is_built_with_cuda() else "CUDA OFF")
print("GPU ON" if tf.test.is_gpu_available() else "GPU OFF")
```

만약 모든 것이 정상이라면 텐서플로 버전이 CUDA 지원으로 빌드됐음을 의미하는 **CUDA ON**과 텐서플로가 GPU를 사용 가능함을 의미하는 **GPU ON**을 보게 될 것이다.

엔비디아^{NVIDIA} GPU가 아닌 경우 일부 작업이 더 필요할 수는 있지만, ROCm을 사용해 AMD 그래픽 카드상에서 실행되도록 텐서플로를 설정할 수 있다.

이제 모든 소프트웨어를 올바르게 설치했으므로 첫 신경망에서 사용해 볼 시간이다. 첫 번째 작업은 MNIST라는 데이터셋을 사용해 손글씨 숫자를 인식하는 것이다.

⠶ MNIST 손글씨 숫자 탐지하기

신경망의 설계는 보통 해결하고자 하는 문제를 갖고 시작하며, 그와 유사한 작업을 잘 수행하는 알려진 설계를 갖고 시작할 수도 있다. 기본적으로는 얻을 수 있는 가능한 한 큰 데이터셋이 필요하다. 실제로 정해진 규칙은 없지만 여기에서는 신경망을 학습시키는 데 최소한 약 3,000개의 이미지가 필요하다고 말할 수 있다. 그러나 오늘날 세계적 수준의 CNN은 그야말로 수백만 개의 사진을 사용해 학습한다.

첫 번째 작업은 CNN의 고전적인 작업인 손글씨^{handwritten} 숫자 탐지다. 이를 위한 데이터셋인 MNIST 데이터셋(Yann LeCun, Corinna Cortes의 저작권)이 있는데, 이것은 케라스에서 편리하게 제공한다. MNIST 탐지는 쉬운 작업이므로 좋은 결과를 얻을 수 있다.

데이터셋을 불러오는 것은 간단하다.

```
from keras.datasets import mnist
(x_train, y_train), (x_test, y_test) = mnist.load_data()
x_train = np.reshape(x_train, np.append(x_train.shape, (1)))
x_test = np.reshape(x_test, np.append(x_test.shape, (1)))
```

reshape는 단지 케라스가 4차원을 필요로 하기 때문에 이미지 모양을 (60000, 28, 28)에서 (60000, 28, 28, 1)로 재해석한 것이다.

방금 불러온 데이터는 무엇일까?

load_data() 메서드는 다음과 같은 네 가지를 반환한다.

- x_train: 학습에 사용하는 이미지
- y_train: 학습에 사용하는 레이블(즉 각 손글씨 숫자에 대한 올바른 숫자)
- x_test: 테스트에 사용하는 이미지
- y_test: 테스트에 사용하는 레이블(즉 각 손글씨 숫자에 대한 올바른 숫자)

학습 샘플 및 레이블

학습 샘플 (x)와 레이블 (y)의 차원을 출력해 보자.

```
print('X Train', x_train.shape, ' - X Test', x_test.shape)
print('Y Train', y_train.shape, ' - Y Test', y_test.shape)
```

다음과 같이 출력돼야 한다.

```
X Train (60000, 28, 28, 1) - X Test (10000, 28, 28, 1)
Y Train (60000,) - Y Test (10000,)
```

변수 x는 CNN에 대한 입력을 나타내는데, 이는 학습용과 테스트용이라는 두 가지 세트로 나눈 이미지 모두를 포함한다는 의미다.

- x_train은 60,000개의 학습용 이미지를 포함하며, 각 이미지는 28x28 픽셀의 회색조(1채널)다.
- x_test는 10,000개의 테스트용 이미지를 포함하며, 각 이미지는 28x28 픽셀의 회색조(1채널)다.

여기에서 알 수 있듯이 학습용과 테스트용 이미지는 해상도와 채널 수가 동일하다.

변수 y는 CNN의 기대 출력을 나타내며, 레이블이라고도 한다. 누군가는 수많은 데이터셋에 대해 수작업으로 모든 이미지 각각이 무엇인지 레이블링해야 한다. 만약 데이터셋이 인공적이라면 레이블링을 자동화할 수도 있다.

- y_train은 0부터 9까지의 10개 클래스에 속하는 60,000개의 숫자로 구성된다.
- y_test는 0부터 9까지의 10개 클래스에 속하는 10,000개의 숫자로 구성된다.

각 이미지는 하나의 레이블을 가진다.

일반적으로 말하면 신경망은 하나 이상의 출력을 가질 수 있으며 모든 출력은 숫자다. MNIST와 같은 분류 작업의 경우에는 출력이 단일 정수인데, MNIST는 출력값이 실제 의미를 갖는 숫자이므로 특히 운이 좋은 경우다(예: 0은 숫자 0을 의미, 1은 숫자 1을 의미). 대부분은 숫자를 레이블로 변환해야 한다(예: 0 -> 고양이, 1 -> 개, 2 -> 오리).

정확히 말하면 CNN은 0부터 9까지의 정수 결과 1개를 출력하는 것이 아니라 10개의 부동 소수점 수를 출력하며, 가장 큰 값의 위치가 레이블이 된다. 예를 들어, 위치 3의 출력이 가장 큰 값이라면 출력은 3이다. 여기에 대해서는 5장에서 더 논의할 것이다.

MNIST를 더욱 잘 이해하고자 5개의 학습 데이터셋 샘플과 5개의 테스트 데이터셋 샘플을 살펴보자.

그림 4.10 MNIST 학습 및 테스트 데이터셋 샘플. Yann LeCun, Corinna Cortes의 저작권

예상했겠지만 해당 이미지의 레이블은 다음과 같다.

- 학습 샘플(y_train)의 경우 5, 0, 4, 1, 9

- 테스트 샘플(y_test)의 경우 7, 2, 1, 0, 4

다음으로 신경망이 더 나은 결과를 내도록 만들려면 샘플의 크기를 0~255 범위가 아닌 0~1 범위로 조정해야 한다.

```
x_train = x_train.astype('float32')
x_test = x_test.astype('float32')
x_train /= 255
x_test /= 255
```

원 핫 인코딩

레이블은 그대로 사용할 수 없으며, 원 핫 인코딩one-hot encoding을 통해 벡터로 변환해야 한다. 이름에서 알 수 있듯이 하나의 요소만 hot(예: 값이 1)이고 다른 모든 요소는 cold(예: 값이 0)인 벡터를 얻게 된다. hot 요소는 위치할 수 있는 모든 요소를 포함하는 벡터 내에서 레이블의 위치를 나타낸다. 다음 예를 통해 쉽게 이해해 보자.

MINST의 경우에는 10개의 레이블인 0, 1, 2, 3, 4, 5, 6, 7, 8, 9가 있다. 따라서 원 핫 인코딩은 10개의 항목을 사용한다. 다음은 처음 세 항목의 인코딩을 나타낸다.

- 0 ==> 1 0 0 0 0 0 0 0 0 0

- 1 ==> 0 1 0 0 0 0 0 0 0 0

- 2 ==> 0 0 1 0 0 0 0 0 0 0

만약 Dog, Cat, Fish라는 3개의 레이블이 있다면 원 핫 인코딩은 다음과 같다.

- Dog ==> 1 0 0

- Cat ==> 0 1 0

- Fish ==> 0 0 1

케라스는 변환할 레이블 목록과 총 레이블 수를 받아들이는 to_categorical()이라는 유용한 함수를 제공한다.

```
print("One hot encoding: ", keras.utils.to_categorical([0, 1, 2], 10))
```

만약 레이블이 숫자가 아니라면, index()를 사용해 특정 레이블의 인덱스에 접근하고 이를 사용해 to_categorical()을 호출할 수 있다.

```
labels = ['Dog', 'Cat', 'Fish']
print("One hot encoding 'Cat': ", keras.utils.to_
categorical(labels.index('Cat'), 10))
```

학습 및 테스트 데이터셋

변수 x가 모든 이미지를 포함하는데, 왜 x_train과 x_test가 있어야만 할까?

5장에서 모든 것을 자세히 설명하겠지만, 지금은 그냥 케라스가 두 가지의 데이터셋을 필요로 한다고 생각하자. 하나는 신경망 학습용이며, 다른 하나는 하이퍼파라미터를 조정하고 신경망의 성능을 평가하는 데 사용한다.

이는 선생님이 먼저 당신에게 무엇을 설명하고 질문을 던진 뒤 이해하지 못한 것을 더 잘 설명하고자 당신의 대답을 분석하는 것과 비슷하다.

⫸ 신경망 모델 정의하기

이제는 학습 가능한 모델이라 할 수 있는 신경망을 구성해 보고자 한다. 컨볼루션을 사용해야 한다는 것은 알고 있지만, 아직 그 이상은 알지 못한다. 오래됐지만 매우 영향력 있는 CNN인 **LeNet**으로부터 아이디어를 얻어 보자.

LeNet

LeNet은 최초의 CNN 중 하나였다. 1998년으로 거슬러 올라가 보면 LeNet은 오늘날의 규격에 비해 아주 작고 간단하지만 이번 작업을 수행하기에는 충분하다.

아키텍처는 다음과 같다.

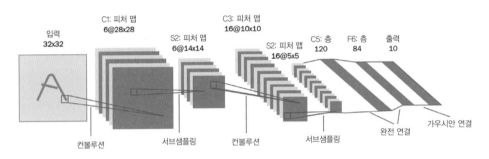

그림 4.11 LeNet

LeNet은 32x32 이미지를 수용하며 다음과 같은 층들이 있다.

- 첫 번째 층은 6개의 5x5 컨볼루션으로 구성되며 28x28 픽셀의 이미지를 내보낸다.

- 두 번째 층은 이미지를 서브샘플링^(예: 4개 픽셀의 평균 계산)해 14x14 픽셀의 이미지를 내보낸다.

- 세 번째 층은 16개의 5x5 컨볼루션으로 구성되며 10x10 픽셀의 이미지를 내보낸다.

- 네 번째 층은 이미지를 서브샘플링(예: 4개 픽셀의 평균 계산)해 5x5 픽셀의 이미지를 내보낸다.

- 다섯 번째 층은 120개의 뉴런으로 구성된 완전 연결 밀집 층이다. 즉 이전 층의 모든 뉴런이 이 층의 모든 뉴런에 연결된다.

- 여섯 번째 층은 84개의 뉴런으로 구성된 완전 연결 밀집 층이다.

- 일곱 번째와 마지막 층은 10개의 뉴런으로 구성된 완전 연결 밀집 층인 출력이다. 이는 이미지를 10개의 숫자에 대해 10개의 클래스로 분류하는 데 필요하다.

여기에서는 LeNet을 정밀하게 재현하려고 하는 것이 아니므로 입력 이미지 크기가 약간 더 작지만 참고용으로 활용할 것이다.

코드

첫 번째 단계는 생성할 신경망의 유형을 정의하는 것인데, 케라스에서는 보통 Sequential이다.

```
model = Sequential()
```

이제 첫 번째 컨볼루션 층을 추가할 수 있다.

```
model.add(Conv2D(filters=6, kernel_size=(5, 5),
    activation='relu', padding='same',
    input_shape=x_train.shape[1:]))
```

다음과 같은 파라미터를 수용한다.

- 6개의 커널을 얻기 위한 6개의 필터. 이는 여섯 번의 컨볼루션을 의미.

- 5x5 커널 크기.

- ReLU 액티베이션.

- 이미지 크기를 너무 일찍 줄이지 않고 LeNet에 더 가깝게 하는 same 패딩(예: 이미지 주 위에 검은색 픽셀 사용).

- input_shape는 이미지의 모양을 포함.

다음으로 MaxPooling(default size=2x2)을 사용하는 서브샘플링을 추가함으로써 최대 **액티베이션**^{activation}(예: 최댓값)으로 픽셀 값을 내보낸다.

```
model.add(MaxPooling2D())
```

그리고 나서 다음 컨볼루션 층과 다음 맥스 풀링 층을 추가할 수 있다.

```
model.add(Conv2D(filters=16, kernel_size=(5,5),
activation='relu'))
model.add(MaxPooling2D())
```

그다음은 밀집 층을 추가할 수 있다.

```
model.add(Flatten())
model.add(Dense(units=120, activation='relu'))
model.add(Dense(units=84, activation='relu'))
model.add(Dense(units=num_classes, activation='softmax'))
```

Flatten()은 컨볼루션 층의 2D 출력을 밀집 층에 필요한 단일 행 출력(1D)으로 평탄화하는 데 사용한다. 명확하게 말하면 이번 예제에서는 컨볼루션 필터의 입력이 회색조 이미지, 출력이 또 다른 회색조 이미지다.

마지막 액티베이션인 softmax는 편의를 위해 예측을 확률로 변환하며, 확률이 가장 높은 출력은 신경망이 해당 이미지를 연관 짓는 레이블을 나타낸다.

손글씨 숫자를 인식할 수 있는 CNN을 구축하기 위한 단 몇 줄의 코드는 이것이 전부다. 머신러닝 없이도 똑같이 해볼 수 있길 응원한다!

아키텍처

모델 정의가 매우 간단하더라도 이를 시각화해 차원이 예상대로인지 등을 확인하는 것은 유용할 수가 있다.

케라스에는 이럴 때 매우 유용한 함수인 summary()가 있다.

```
model.summary()
```

결과는 다음과 같다.

Layer (type)	Output Shape	Param #
conv2d_1 (Conv2D)	(None, 28, 28, 6)	156
max_pooling2d_1 (MaxPooling2	(None, 14, 14, 6)	0
conv2d_2 (Conv2D)	(None, 10, 10, 16)	2416
max_pooling2d_2 (MaxPooling2	(None, 5, 5, 16)	0
flatten_1 (Flatten)	(None, 400)	0
dense_1 (Dense)	(None, 120)	48120
dense_2 (Dense)	(None, 84)	10164
dense_3 (Dense)	(None, 10)	850

```
Total params: 61,706
Trainable params: 61,706
Non-trainable params: 0
```

이 결과는 매우 흥미롭다. 먼저 컨볼루션 층의 출력 차원이 28x28, 10x10으로 LeNet의 경우와 동일하다는 것을 알 수 있다. 이것은 반드시 중요한 것은 아니며, 단지 신경망이 예상했던 차원을 가진다는 것을 의미한다.

또한 여기에서는 층의 순서가 올바르다는 것을 확인할 수 있다. 흥미로운 점은 각 행의 세 번째 값인 파라미터의 개수다. 파라미터는 신경망이 실제로 무언가를 학습하고자 계산해 내야 하는 변수로서 구성한 거대한 방정식 시스템의 변수다.

완전 연결 밀집 층의 경우 파라미터 개수는 이전 층의 뉴런 수에 1을 더한 값을 현재 층의 뉴런 수와 곱함으로써 얻을 수 있다. 연결된 뉴런마다 가중치가 하나씩 있었던 뉴런의 모습을 떠올려 본다면 각 뉴런이 학습할 수 있는 파라미터라는 것은 직관적이다. 여기에는 추가적으로 액티베이션의 임곗값(바이어스)에 대한 파라미터가 있다. 따라서 마지막 층은 다음과 같다.

- 84개의 입력 ==〉 84개의 가중치 + 1개의 바이어스 ==〉 85개의 파라미터

- 10개의 출력

- 85 x 10 ==〉 850개의 파라미터

컨볼루션 층의 경우 파라미터 개수는 커널의 넓이에 액티베이션의 바이어스 1을 더한 값으로 주어진다. 첫 번째 층은 다음과 같다.

- 5x5 커널 ==〉 25 + 1개의 바이어스 ==〉 26개의 파라미터

- 6개의 필터

- 26 x 6 ==〉 156개의 파라미터

여기에서 구성한 신경망에는 61,706개의 파라미터가 있는 것을 알 수 있다. 이것이 많은 것처럼 보일 수는 있지만, 신경망에 수백만 개의 파라미터가 있는 것은 드문 일이 아니다. 이것은 학습에 어떤 영향을 미치는 것일까? 가장 먼저 추정하건대 더 많은 파라미터를 사용하면 신경망이 더 많은 것을 학습할 수 있지만 그와 동시에 속도가 느려지고 모델의 크기와 사용하는 메모리 양이 증가한다고 말할 수 있다. 모든 파라미터가 동일하게 생성되는 것이 아니기 때문에, 파라미터 개수에 집착하지 말고 너무 많은 파라미터를 가진 층이 있는지 주의하도록 하자. 밀집 층은 많은 파라미터를 사용하는 경향을

볼 수 있는데, 여기에서는 95% 이상을 차지한다.

신경망 학습하기

신경망을 구성했으니 이제 학습을 해야 한다. 학습에 대해서는 5장에서 더 자세히 언급하겠지만, 이름에서 알 수 있듯이 학습은 신경망이 학습 데이터셋을 공부해 실제로 배우는 단계다. 얼마나 잘 배우게 될지는 조건에 따라 다르다.

개념을 빠르게 설명하고자 여기에서는 시험에 대비해 책으로 배우려는 학생과의 부적절한 비교를 해보려고 한다.

- 책은 학생이 배워야 하는 학습 데이터셋이다.

- 학생이 매번 책 전체를 다 읽었을 때를 에포크(epoch)라고 한다. 학생은 책을 두 번 이상 읽고자 할 수도 있는데, 이는 신경망이 두 번 이상의 에포크로 학습하는 것과 동일하며 매우 일반적이다.

- 옵티마이저(optimizer)는 학생이 얼마나 잘 학습하고 있는지 알아보기 위해 문제집(검증 데이터셋, 이번 예제에서는 검증을 위해 테스트 데이터셋을 사용)을 통해 학생에게 질문을 던지는 사람과 같다. 한 가지 주요 차이점은 신경망이 검증 데이터셋으로는 학습하지 않는다는 것이다. 5장에서는 이 방법이 매우 좋은 이유를 살펴볼 것이다.

- 진도를 따라가며 더 짧은 시간에 학습하고자 학생은 옵티마이저에게 특정 페이지 이후에 질문을 던지도록 요청할 수 있다. 그 페이지 수는 배치 크기가 된다.

가장 먼저해야 할 일은 compile()을 사용해 모델을 구성하는 것이다.

```
model.compile(loss=categorical_crossentropy, optimizer=Adam(),
    metrics=['accuracy'])
```

케라스에는 사용할 수 있는 다양한 손실 함수가 있다. 손실은 기본적으로 모델의 결과가 이상적인 출력에서 얼마나 멀리 떨어져 있는지 측정한 것이다. 분류 작업의 경우

categorical_crossentropy를 손실 함수로 사용할 수 있다. optimizer는 신경망을 학습시키는 데 사용하는 알고리듬이다. 신경망을 거대한 방정식 시스템이라 가정한다면 옵티마이저는 결과를 개선하려고 파라미터를 변경하는 방법을 알아내는 것이다. 여기에서는 대부분의 경우 좋은 선택지가 되는 **Adam**을 사용할 것이다. metrics는 학습 중에 계산된 몇 가지 값일 뿐이며, 옵티마이저에서 사용되지 않고 참조용으로만 제공된다.

이제 몇 분 정도 걸릴 수도 있는 학습을 시작할 수 있으며, 학습을 수행하는 중에는 진행 상황이 출력된다.

```
history = model.fit(x_train, y_train, batch_size=16,
    epochs=5, validation_data=(x_test, y_test), shuffle=True)
```

여기에서는 몇 가지 파라미터를 제공해야 한다.

- x_train: 학습 이미지.

- y_train: 학습 레이블.

- batch_size: 기본값은 32이며, 보통은 16에서 256까지 2의 거듭제곱을 시도해 볼 만 하다. 배치 크기는 속도와 정확도 모두에 영향을 미친다.

- epochs: CNN이 데이터셋을 통과하는 횟수.

- validation_data: 앞에서 설명했듯이 여기에서는 검증을 위해 테스트 데이터셋을 사용한다.

- shuffle: 각 에포크 전에 학습 데이터를 섞고자 할 때 사용한다.

학습의 결과는 많은 유용한 정보를 포함하고 있는 history다.

```
print("Min Loss:", min(history.history['loss']))
print("Min Val. Loss:", min(history.history['val_loss']))
print("Max Accuracy:", max(history.history['accuracy']))
print("Max Val. Accuracy:", max(history.history['val_
accuracy']))
```

여기에서 최댓값과 최솟값은 각 에포크 동안 측정한 값인데 이 값들은 항상 개선되는 방향으로만 나아가는 것이 아니다.

다음 내용을 살펴보자.

- 최소 손실은 학습 데이터셋 내의 이상적인 출력에 얼마나 근접했는지, 또는 신경 망이 학습 데이터셋을 얼마나 잘 학습했는지에 대한 척도다. 일반적으로 이 값은 가능한 한 작을수록 좋다.

- 최소 검증 손실은 검증 데이터셋 내의 이상적인 출력에 얼마나 근접했는지, 또는 신경망이 학습 후 검증 데이터셋을 통해 얼마나 잘 동작하는지에 대한 척도다. 이 값은 가능한 한 작을수록 좋으며, 아마도 우리가 최소화시키고자 하는 가장 중요한 값이 아닐까 싶다.

- 최대 정확도는 CNN이 학습 데이터셋을 사용해 제공할 수 있는 최대 정답(예측)률이다. 이전의 학생 예시에서는 책을 얼마나 잘 암기했는지 알려 주는 것이라 할 수 있다. 책을 외워서 아는 것은 그 자체로 나쁘지 않고 실제로도 바람직하지만, 여기에서의 목표는 책을 암기하는 것이 아니라 책으로부터 배우는 것이다. 이 값은 가능한 한 높으면 좋겠지만 오해의 소지가 될 수 있다.

- 최대 검증 정확도는 CNN이 검증 데이터셋을 사용해 제공할 수 있는 최대 정답(예측)률이다. 이전의 학생 예시에서는 책에 없는 질문에 답하려고 책의 내용을 얼마나 잘 배웠는지 알려 주는 것이라 할 수 있다. 이 값은 신경망이 실생활에서 얼마나 잘 수행될 수 있는지를 나타내는 지표가 될 것이다.

다음은 구성한 CNN의 결과를 나타낸다.

```
Min Loss: 0.054635716760404344
Min Validation Loss: 0.05480437679834067
Max Accuracy: 0.9842833
Max Validation Accuracy: 0.9835000038146973
```

컴퓨터마다 약간씩 다를 수 있으며 실제로도 실행할 때마다 조금씩 바뀐다.

여기에서는 손실이 0에 가까우므로 좋다는 것을 알 수 있다. 정확도와 검증 정확도 모두 거의 98.5%이며, 이는 일반적으로 매우 좋은 수치다.

시간 경과에 따른 파라미터의 진전을 플롯할 수도 있다.

```
plt.plot(history_object.history['loss'])
plt.plot(history_object.history['val_loss'])
plt.plot(history_object.history['accuracy'])
plt.plot(history_object.history['val_accuracy'])
plt.title('model mean squared error loss')
plt.ylabel('mean squared error loss')
plt.xlabel('epoch')
plt.legend(['T loss', 'V loss', 'T acc', 'V acc'], loc='upper left')
plt.show()
```

그림 4.12는 그 결과를 나타낸다.

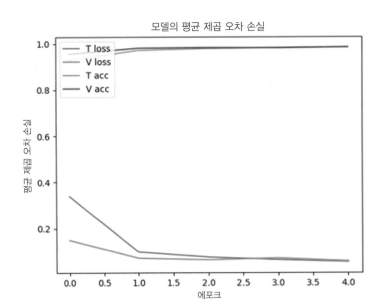

그림 4.12 MNIST에 대해 시간 경과에 따른 손실 및 정확도 플롯

손실과 정확도는 모두 첫 번째 에포크 이후 매우 좋으며 계속 개선된다.

지금까지는 그런 대로 잘 동작했으므로 쉽다고 생각했을 수도 있다. 그러나 MNIST는 단순한 데이터셋이다. 이제 CIFAR-10으로 넘어가 보자.

CIFAR-10

CIFAR-10을 사용하려면 단지 케라스가 다른 데이터셋을 사용하도록 요청하기만 하면 된다.

```
(x_train, y_train), (x_test, y_test) = cifar10.load_data()
```

CIFAR-10은 더 어려운 데이터셋이다. 이는 열 가지 유형의 개체를 포함하는 32x32 RGB 이미지 세트다.

```
X Train (50000, 32, 32, 3) - X Test (10000, 32, 32, 3)
Y Train (50000, 1) - Y Test (10000, 1)
```

CIFAR-10은 MNIST와 비슷해 보인다.

GitHub상의 코드에서 CIFAR-10을 사용하려면 간단히 use_mnist 변수를 False로 변경하면 된다.

```
use_mnist = False
```

CIFAR-10은 RGB 이미지를 사용하므로 너비, 높이, 채널이라는 세 가지 차원을 이미 갖고 있기 때문에 코드에서 reshape() 호출을 제거하는 것 외에는 아무것도 변경할 필요가 없다. 케라스가 모델을 서로 다른 차원과 채널에 맞게 조정하면 신경망은 그저 새로운 데이터셋을 학습하기만 하면 된다!

새로운 모델을 살펴보자.

```
Layer (type)                     Output Shape             Param #
=================================================================
conv2d_1 (Conv2D)                (None, 32, 32, 6)        456
_____
max_pooling2d_1 (MaxPooling2     (None, 16, 16, 6)        0
_____
conv2d_2 (Conv2D)                (None, 12, 12, 16)       2416
_____
max_pooling2d_2 (MaxPooling2     (None, 6, 6, 16)         0
_____
flatten_1 (Flatten)              (None, 576)              0
_____
dense_1 (Dense)                  (None, 120)              69240
_____
dense_2 (Dense)                  (None, 84)               10164
_____
dense_3 (Dense)                  (None, 10)               850
=================================================================
Total params: 83,126
Trainable params: 83,126
Non-trainable params: 0
```

이미지가 약간 더 크고 RGB 형식이기 때문에 모델 역시 조금 더 크다. 이 모델이 어떻게 동작하는지 살펴보자.

```
Min Loss: 1.2048443819999695
Min Validation Loss: 1.2831668125152589
Max Accuracy: 0.57608
Max Validation Accuracy: 0.5572999715805054
```

손실이 높고 검증 정확도가 약 55% 정도이므로 이 모델은 그다지 좋지 않다.

다음 그래프는 매우 중요하며 앞으로 여러 번 보게 될 것이므로 시간을 내어 익숙해지길 바란다. 이 그래프는 모델에 대해 시간 경과에 따른 각 에포크별 손실(평균 제곱 오차 사용)과 정확도의 진전을 보여 준다. 에포크 수인 X 축상에서 다음과 같은 네 가지를 나타낸다.

- T loss: 학습 손실

- V loss: 검증 손실

- T acc: 학습 정확도

- V acc: 검증 정확도

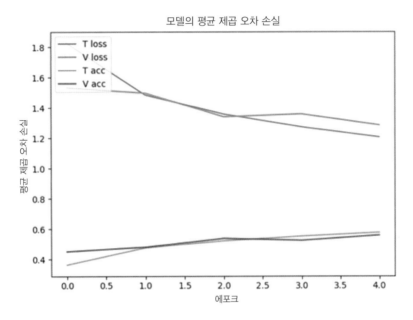

그림 4.13 CIFAR-10에 대해 시간 경과에 따른 손실 및 정확도 플롯

손실이 줄어드는 것을 볼 수 있지만, 아직 최솟값에 도달하지는 않았으므로 더 많은 에 포크가 유리할 수도 있다는 것을 의미한다. 모델이 충분한 파라미터를 갖고 있지 않기 때문에 정확도가 계속 낮게 유지되는 것이라 추측할 수 있다.

열두 번의 에포크에 대한 결과를 살펴보자.

```
Min Loss: 1.011266466407776
Min Validation Loss: 1.3062725918769837
Max Accuracy: 0.6473
Max Validation Accuracy: 0.5583999752998352
```

손실이 줄어들고 정확도가 개선됐다는 것은 좋은 소식이다. 그러나 검증 손실과 검증 정확도가 개선되지 않았다는 것은 나쁜 소식이라 할 수 있다. 실제로 이 신경망은 학습 데이터셋을 암기식으로 학습해 일반화하지 못했으므로 검증 데이터셋에 대해 잘 수행되지 않은 것이다.

신경망의 크기도 엄청나게 늘려 보도록 하자.

```python
model.add(Conv2D(filters=64, kernel_size=(3, 3),
activation='relu', input_shape=x_train.shape[1:]))
model.add(AveragePooling2D())
model.add(Conv2D(filters=256, kernel_size=(3, 3),
activation='relu'))
model.add(AveragePooling2D())

model.add(Flatten())
model.add(Dense(units=512, activation='relu'))
model.add(Dense(units=256, activation='relu'))
model.add(Dense(units=num_classes, activation = 'softmax'))
```

새로운 모델이 탄생했다.

Layer (type)	Output Shape	Param #
conv2d_1 (Conv2D)	(None, 30, 30, 64)	1792
average_pooling2d_1 (Average	(None, 15, 15, 64)	0
conv2d_2 (Conv2D)	(None, 13, 13, 256)	147712
average_pooling2d_2 (Average	(None, 6, 6, 256)	0
flatten_1 (Flatten)	(None, 9216)	0
dense_1 (Dense)	(None, 512)	4719104
dense_2 (Dense)	(None, 256)	131328
dense_3 (Dense)	(None, 10)	2570

```
================================================================
Total params: 5,002,506
Trainable params: 5,002,506
Non-trainable params: 0
```

파라미터 개수가 83,000개에서 5,000,000개로 급증했다! 첫 번째 밀집 층이 점점 커지고 있다.

개선된 사항이 있는지 살펴보자.

```
Min Loss: 0.23179266978245228
Min Validation Loss: 1.0802633233070373
Max Accuracy: 0.92804
Max Validation Accuracy: 0.65829998254776
```

이제 모든 값이 개선됐다. 그러나 학습 정확도가 90% 이상인 데 반해 검증 정확도는 65%에 불과하다.

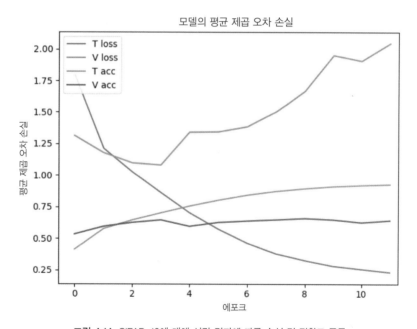

그림 4.14 CIFAR-10에 대해 시간 경과에 따른 손실 및 정확도 플롯

여기에는 약간 걱정스러운 점이 있는데, 시간 경과에 따라 학습 손실은 줄어들지만 검증 손실이 높아진다는 것이다. 이 상황을 오버피팅^{overfitting}이라고 하며, 신경망이 일반화되기에 좋지 않다는 것을 의미한다. 또한 너무 많은 에포크를 헛되이 사용했다는 것을 의미한다.

뿐만 아니라 최종적으로 최상의 모델을 저장할 수 없게 된다. 최상의 모델(예: 가장 낮은 검증 손실을 가진 모델)을 저장하는 방법이 무엇인지 궁금할 텐데 케라스에서는 다음과 같이 수행할 수 있다.

```
checkpoint = ModelCheckpoint('cifar-10.h5', monitor='val_loss',
mode='min', verbose=1, save_best_only=True)
```

여기에서는 케라스가 다음과 같은 작업을 수행하도록 한다.

- 'cifar-10.h5'라는 이름으로 모델 저장.

- 검증 손실 모니터링.

- 최소 손실 기반의 모델 선택(예: 검증 손실이 감소하는 경우에만 저장).

- 최상의 모델만 저장.

다음과 같이 체크포인트 객체를 model.fit()에 전달할 수 있다.

```
history_object = model.fit(x_train, y_train, batch_size=batch_
size, epochs=epochs, validation_data=(x_test, y_test),
shuffle=True, callbacks=[checkpoint])
```

이 과정이 도움은 되지만 아직 모델이 충분하지는 않다. 근본적으로 더 나은 무언가가 필요하다.

5장에서는 더 나은 결과를 얻는 데 도움이 될 만한 많은 것에 대해 배울 것이다. 또한 6장 '신경망 개선하기'에서는 이러한 지식을 적용해 결과를 개선할 것이다. 이제 필요할 때 시간을 들여 크기 변경, 필터 및 레이어 추가, 성능 확인을 통해 신경망을 조정하며 개선할 수 있게 됐다.

요약

4장에는 정말 많은 내용이 담겨 있었다! 일반적인 머신러닝, 특히 딥러닝에 대해 논의했는데, 픽셀 근접성에 대한 지식을 활용해 보다 빠르고 정확한 신경망을 만들고자 컨볼루션을 사용하는 방법에 대해 이야기했다. 가중치, 바이어스, 파라미터도 배웠으며, 주어진 작업을 학습하기 위한 모든 파라미터 최적화가 학습 단계의 목표라는 것을 알았다. 케라스와 텐서플로의 설치를 확인한 후에는 MNIST에 대해 설명하고 케라스를 통해 LeNet과 유사한 신경망을 구축해 MNIST 데이터셋에서 98% 이상의 정확도를 달성했다. 이는 이제 손글씨 숫자를 쉽게 인식할 수 있다는 것을 의미한다. 그다음엔 CIFAR-10에서 에포크 수와 신경망 크기가 증가함에도 동일한 모델이 잘 수행되지 않음을 확인했다.

6장 '신경망 개선하기'에서는 4장에서 소개했던 많은 개념을 신경망 학습의 최종 목표와 엮어 심도 있게 공부할 것이다.

질문

4장을 읽고 나면 다음 질문들에 답할 수 있다.

1. 퍼셉트론이란 무엇인가?

2. 대부분의 작업에서 잘 동작하는 옵티마이저의 이름을 말할 수 있는가?

3. 컨볼루션이란 무엇인가?

4. CNN이란 무엇인가?

5. 밀집 층이란 무엇인가?

6. `Flatten()` 층이 수행하는 것은 무엇인가?

7. 케라스에서 사용하는 백엔드는 무엇인가?

8. 최초의 CNN 중 하나의 이름은 무엇인가?

⠿ 더 읽어 보기

- LeNet 논문 원문: http://yann.lecun.com/exdb/publis/pdf/ lecun-01a.pdf

- MNIST: http://yann.lecun.com/exdb/mnist/

- CNN: https://towardsdatascience.com/a-comprehensive-guideto-convolutional-neural-networks-the-eli5-way-3bd2b1164a53

05

딥러닝 워크플로

5장에서는 신경망을 학습시키는 동안 수행할 것과 및 실제 제품 적용 시 수행할 것에 대해 알아본다. 여기에서는 4장 '신경망을 통한 딥러닝'에서 실제로 수행했던 것에 대해 보다 자세히 설명하고자 딥러닝의 이론을 더 많이 다룰 예정이지만, 대부분은 자율주행차량과 관련된 논의에 초점을 맞출 것이다. 또한 유명한 작은 이미지 데이터셋인 CIFAR-10에서 더 나은 정밀도를 달성하는 데 도움이 되는 몇 가지의 개념을 소개할 것이다. 5장에서 접하게 될 이론과 더불어 4장 '신경망을 통한 딥러닝' 및 6장 '신경망 개선하기'와 관련된 보다 실용적인 지식은 자율주행차량 분야에서 일반적인 작업을 수행 가능하게 하는 데 충분한 도구를 제공할 것이라 확신한다.

5장에서는 다음과 같은 내용을 다룬다.

- 데이터셋의 수집 및 생성

- 학습, 검증, 테스트 데이터셋

- 분류기

- 데이터 증강

- 모델 정의

- 컨볼루션 층, 맥스 풀링 층, 밀집 층 조정

- 학습과 무작위성의 역할

- 언더피팅, 오버피팅

- 액티베이션의 시각화

- 추론 실행

- 재학습

⠿ 기술 요구 사항

5장에서 설명하는 코드를 사용하려면 다음과 같은 툴과 모듈의 설치가 필요하다.

- 파이썬 3.7

- 넘파이 모듈

- Matplotlib 모듈

- 텐서플로 모듈

- 케라스 모듈

- OpenCV-파이썬 모듈

5장에서 사용한 코드는 다음 사이트에서 확인할 수 있다.

https://github.com/PacktPublishing/Hands-On-Vision-and-Behavior-for-Self-Driving-Cars/tree/master/Chapter5

5장의 실행 영상에 대한 코드는 다음 사이트에서 확인할 수 있다.

https://bit.ly/3dJrcys

⠿ 데이터셋 수집하기

신경망을 통해 수행하고자 하는 작업이 있다면, 첫 번째 단계는 일반적으로 신경망에 입력해야 할 데이터인 데이터셋을 수집하는 것이다. 이 책에서 수행하는 작업에서는 데이터셋이 보통 이미지나 비디오로 구성되지만, 이미지와 기타 데이터의 혼합일 수도 있으며 어떤 것이든 가능하다.

데이터셋은 신경망에 입력하는 입력값을 나타내지만, 알다시피 출력하고자 하는 값인 레이블도 포함한다. x를 신경망에 대한 입력, y를 출력이라 한다. 데이터셋은 입력/피처(예: MNIST 데이터셋의 이미지)과 출력/레이블(예: 각 이미지와 관련된 번호)로 구성된다.

여기에서는 서로 다른 몇 가지의 데이터셋 유형을 다룰 것이다. 케라스에 포함된 가장 쉬운 데이터셋부터 시작해 보자.

케라스 모듈의 데이터셋

일반적으로 데이터셋은 수많은 데이터를 뜻한다. 수만 개의 이미지를 갖고 신경망을 학습시키는 것이 일반적이지만, 가장 좋은 신경망은 수백만 개의 이미지를 갖고 학습된다. 그렇다면 이미지들을 어떻게 사용하는 것일까?

가장 쉬우며 일반적으로 실험에 가장 도움이 되는 방법은 다음과 같이 load_data()를 사용해 4장 '신경망을 통한 딥러닝'에서 했던 것처럼 케라스에 포함된 데이터셋을 사용하는 것이다.

```
from keras.datasets import mnist
(x_train, y_train), (x_test, y_test) = mnist.load_data()
```

케라스는 다양한 데이터셋을 제공한다.

- MNIST – 숫자 분류

- CIFAR-10 – 작은 이미지 분류

- CIFAR-100 – 작은 이미지 분류

- IMDB 영화 리뷰 감정 분류

- 로이터 뉴스와이어 분류

- 패션 MNIST 데이터셋

- 보스턴 주택 가격

이러한 데이터셋은 일반적으로 신경망을 구축하는 방법을 배우는 데 유용하다. 다음 절에서는 자율주행차량을 위해 더욱 유용한 몇 가지 데이터셋을 살펴볼 것이다.

기존 데이터셋

다행히 사용할 수 있는 흥미로운 공개 데이터셋이 몇 가지 있지만, 사용 허가 범위를 알아보고자 항상 신중하게 라이선스를 확인해야 하며, 최종적으로는 퍼미시브 라이선스 permissive license를 획득해야 한다.

다음은 라이선스를 확인하고자 할 것 같은 자율주행차량과 관련된 몇 가지 데이터셋이다.

- BDD100K, 대규모의 각종 주행 영상 데이터베이스, https://bdd-data.berkeley.edu/ 참조.

- Bosch, 소형 신호등 데이터베이스, https://hci.iwr.uni-heidelberg.de/content/bosch-small-traffic-lights-dataset 참조.

- CULane, 차로 탐지 관련 학술 연구를 위한 대규모 데이터셋, https://xingangpan.github.io/projects/CULane.html 참조.

- KITTI, 비전 벤치마크 모음, http://www.cvlibs.net/datasets/kitti/ 참조.

- Mapillary, 교통 표지 데이터셋, https://www.mapillary.com/dataset/trafficsign 참조.

뿐만 아니라 흥미로움을 느낄 수 있는 더욱 일반적인 데이터셋인 ImageNet, http://www.image-net.org/도 있는데, 이는 특히 WordNet 구조에 따라 구성된 이미지 데이터셋이다.

이 데이터셋은 인터넷상의 이미지를 가리키는 수백만 개의 URL을 포함하며, 신경망 개발에 매우 큰 영향을 미쳤다. ImageNet에 대해서는 이후에 더 다룰 것이다.

공개 데이터셋은 훌륭하지만 일부 이미지가 잘못 분류돼 있는 것이 흔한 일이므로 내용물을 직접 다뤄 보고자 할지도 모른다. 이것은 신경망에 대해 반드시 큰 문제라 할 수는 없지만, 가능한 한 좋은 데이터셋을 얻고 싶을 수도 있다.

만약 만족스러운 데이터셋을 찾을 수 없다면 언제든지 생성할 수 있다. 자율주행차량 작업을 위한 좋은 데이터셋을 빠르게 구축할 수 있는 방법에 대해 살펴보자.

합성 데이터셋

가능하다면 충분히 좋은good enough 이미지를 생성할 수 있는 프로그램으로부터 데이터셋을 생성하고자 할 것이다. 이를 위해 3장 '차로 인식'에서 Carla와 오픈소스 비디오 게임 스피드 드림스Speed Dreams의 이미지로부터 보행자를 탐지했던 기술을 사용했으며, 3D 엔진이나 3D 모델링 소프트웨어를 사용해 자신만의 제너레이터generator를 구현할 수 있다.

이는 거대한 데이터셋을 생성하기 위한 비교적 쉽고 빠르고 매우 저렴한 방법이며, 실제로 대부분의 경우 이미지에 자동으로 주석을 다는 것과 같이 많은 시간을 절약할 수 있으므로 종종 매우 유용하다. 그러나 합성 이미지는 실제 이미지보다 덜 복잡한 경향이 있으므로 어쩌면 신경망이 실제 시나리오에서 생각했던 결과를 내지 않을 수도 있다. 이와 관련된 기술은 8장 '행동 복제'에서 사용할 것이다.

사용 가능한 최고의 시뮬레이터 중 하나는 Carla다.

Carla는 자율주행 연구를 위한 오픈소스 시뮬레이터이며, 다음 웹사이트를 사용한다.

- https://carla.org/

- https://github.com/carla-simulator/carla

Carla를 사용해 작업에 필요한 이미지를 생성할 수 있다.

만약 이것이 충분하지 않다면 수작업이 뒤따른다.

커스텀 데이터셋

때로는 만족스러운 대안이 없어 이미지를 직접 수집해야 할 수도 있다. 이를 위해서는 자료 화면을 모으고 수천 개의 이미지를 분류해야 할지도 모른다. 비디오로부터 이미지를 추출하는 경우에는 비디오를 먼저 분류한 다음 수백 또는 수천 개의 이미지를 추출할 수 있다.

다른 경우로는 관련 없는 이미지가 존재해 수만 장의 이미지를 직접 살펴봐야 할 수도 있다. 아니면 이미지 레이블링 전문 업체의 서비스를 활용할 수도 있다.

또 다른 경우로는 이미지를 갖고 있지만 분류가 어려울 수도 있다. 차량 영상 화면에 액세스한 다음 이미지에 주석을 달고 차량이 있는 부분에 박스를 추가해야 한다고 상상해보자. 운이 좋으면 해당 작업을 수행 가능한 신경망에 액세스할 수도 있다. 결과를 수작업으로 살펴보고 일부 이미지의 재분류가 필요할 수도 있지만, 그렇다 해도 많은 작업을 절약할 수 있다.

다음으로 이러한 데이터셋에 대해 상세히 알아보도록 한다.

⫶ 세 가지 데이터셋 이해하기

실제로 데이터셋은 이론상 1개가 아닌 3개가 필요하며, 각각 학습, 검증, 테스트에 사용한다. 이를 정의하기 전에 안타깝게도 때로는 검증과 테스트의 의미와 관련해 약간의 혼동이 있을 수도 있음에 유의하자. 일반적인 예로는 검증 데이터셋과 테스트 데이터셋이 일치하는 것처럼 2개의 데이터셋만 사용하는 경우가 있다. 4장 '신경망을 통한 딥러닝'에서 테스트 데이터셋을 검증 데이터셋으로 사용했다.

이제 이러한 세 가지 데이터셋을 정의하고 나면 MNIST 데이터셋을 이론적으로 어떻게 테스트해야 하는지 설명할 수 있다.

- **학습 데이터셋**: 신경망을 학습시키는 데 사용하는 데이터셋이며, 일반적으로 세 가지 데이터셋 중 가장 크다.
- **검증 데이터셋**: 일반적으로 학습 데이터셋 중 학습에 사용하지 않은 나머지 부분이며, 모델의 성능을 평가하고 하이퍼파라미터[예: 신경망의 토폴로지, 옵티마이저의 학습률]를 조정하는 데만 사용한다.
- **테스트 데이터셋**: 이론적으로 모든 조정을 완료하고 나서 모델의 성능을 평가하는 데 사용하는 일회용 데이터셋이다.

학습 데이터셋은 옵티마이저가 신경망을 학습시키는 데 사용하기 때문에 학습 데이터셋을 사용한 최고의 시나리오상에서는 모델의 성능을 평가할 수 없다. 보통은 학습 데이터셋에서 잘 수행되는 신경망이 아닌 사용자가 입력하는 어떠한 데이터에서도 잘 수행되는 신경망을 원한다. 따라서 일반화 generalization 가능한 신경망이 필요하다. 4장 '신경망을 통한 딥러닝'에서의 학생 예시로 돌아가 보면 학습 데이터셋상의 높은 점수는 학생이 책[학습 데이터셋]을 암기했다는 것을 의미하나 정작 원하는 것은 학생이 책의 내용을 이해하고 해당 지식을 실제 상황[검증 데이터셋]에 적용 가능한 것이다.

만약 검증이 실제 상황을 대표한다면 테스트 데이터셋은 왜 필요할까? 문제는 신경망을 조정하는 동안 검증 데이터셋에 바이어스된 선택을 한다는 것이다[예: 검증 데이터셋상의 성능에 기반한 특정 모델 선택]. 결과적으로 검증 데이터셋의 성능은 여전히 실제보다 높을 수가 있다.

테스트 데이터셋은 모든 조정을 완료한 후에만 적용하므로 이러한 문제를 해결한다. 이는 또한 이론적으로 테스트 데이터셋을 한 번만 사용한 후에 버려야 하는 이유에 대해서도 설명한다.

이 방법은 비실용적일 수도 있지만 항상 그런 것은 아니다. 때로는 필요에 따라 일부 샘플을 쉽게 생성할 수 있기 때문이다.

그렇다면 MNIST 작업에서 3개의 데이터셋을 어떻게 사용할 수 있을까? 4장 '신경망을 통한 딥러닝'에서 MNIST 데이터셋에는 60,000개의 학습용 샘플과 10,000개의 테스트용 샘플이 있다고 했던 것을 기억할 것이다.

이상적으로는 다음과 같은 접근 방법을 사용할 수 있다.

- 학습 데이터셋은 학습용으로 전체 60,000개의 샘플을 사용할 수 있다.

- 검증 데이터셋은 테스트용으로 10,000개의 샘플을 사용할 수 있다(앞에서 했던 것처럼).

- 테스트 데이터셋은 즉석에서 숫자를 씀으로써 필요에 따라 생성할 수 있다.

세 가지 데이터셋에 대해 이해하고 나면 이제는 전체 데이터셋을 세 부분으로 분할하는 방법에 대해 알 수 있다. 이것은 쉬운 작업처럼 보이지만 진행할 때 주의를 기울여야 한다.

데이터셋 분할하기

전체 데이터셋이 주어지면 이를 학습, 검증, 테스트의 세 부분으로 분할해야 할 수도 있다. 앞서 언급했듯이 이상적으로는 테스트 데이터셋이 즉석에서 생성되길 원하지만, 만약 이것이 가능하지 않다면 전체 데이터셋의 15~20%를 테스트용으로 사용하도록 선택할 수도 있다.

나머지 데이터셋 중 15~20%를 검증용으로 사용할 수도 있다.

샘플이 많은 경우에는 검증 및 테스트에 더 적은 비율을 사용할 수도 있다. 만약 갖고 있는 데이터셋이 적다면 모델 성능에 만족한 후(예: 검증 및 테스트 데이터셋 모두에서 잘 수행돼 선택한 경우) 학습 데이터셋에 테스트 데이터셋을 추가해 더 많은 샘플을 얻을 수도 있다. 이렇게 하면 테스트 데이터셋상의 성능 평가에 아무런 영향 없이 효과적으로 학습 데이터의 일부가 된다. 이러한 경우에는 검증 데이터셋의 결과를 신뢰한다.

그러나 데이터셋 크기가 똑같더라도 모두 동일하게 분할하는 것은 아니다. 실용적인 예를 들어 보자.

고양이와 개를 탐지하고자 한다. 10,000장의 사진 데이터셋을 갖고 있다. 학습용 8,000개, 검증용 2,000개를 사용하고, 집에 있는 개 한 마리와 고양이 한 마리의 영상을 실시간으로 녹화해 테스트를 수행하기로 결정했다. 테스트를 할 때마다 새로운 영상을 제작했다. 이 과정은 완벽해 보인다. 잘못될 만한 부분이 있을까?

첫째, 각 데이터셋 내의 고양이와 개의 개수가 거의 동일해야 한다. 그렇지 않은 경우에는 신경망이 그중 하나에 바이어스된다. 직관적으로 말하면 신경망이 학습 중에 이미지의 90%가 개라는 것을 인지하면 항상 개가 90%의 정확도를 낼 것이라고 예측한다!

샘플 순서를 무작위로 정한 뒤 분할하는 것이 가장 좋다. 이제 모델이 학습, 검증, 테스트 데이터셋 모두에서 잘 수행된다. 모든 것이 좋아 보인다. 그다음 몇몇 친구들의 애완동물을 갖고 시도했지만 아무것도 작동하지 않는다. 어떻게 된 것일까?

한 가지 가능성은 일반화 측면에서 분할이 좋지 않다는 것이다. 10,000개의 이미지를 갖고 있더라도 100마리의 애완동물(본인 것 포함)만 포함된 것일 수도 있고, 모든 개와 고양이가 약간씩 다른 위치에서만(예: 하나의 영상에서) 100회씩 존재할 수도 있다. 샘플을 섞는다면 모든 개와 고양이가 모든 데이터셋에 있게 돼 신경망이 해당 애완동물을 이미 알고 있게(already knows) 되므로 검증과 테스트가 비교적 쉬워진다.

아니면 20마리의 검증용 애완동물을 유지한 채로 학습 또는 검증 데이터셋에 본인의 애완동물 사진이 포함되지 않도록 유의하면 훨씬 더 현실적인 추정과 훨씬 더 일반화된 신경망 구축이 가능해진다.

이제 세 가지의 데이터셋이 마련됐으므로 수행해야 하는 작업을 정의할 차례다. 이 작업은 일반적으로 이미지 분류일 것이다.

⠿ 분류기 이해하기

딥러닝은 다양한 작업에 사용될 수 있다. 이미지, CNN과 관련된 매우 일반적인 작업은 분류다. 이미지가 주어지면 신경망은 학습 중에 제공된 레이블 중 하나를 사용해 이미지를 분류해야 한다. 당연하게도 이러한 유형의 신경망을 분류기classifier라 한다.

이를 위해 신경망은 각 레이블에 대해 하나의 출력을 가지며(예: 10개 숫자에 대한 MNIST 데이터셋은 10개의 레이블을 가지므로 10개의 출력 존재), 단 하나의 출력만 1이어야 하고 다른 모든 출력은 0이어야 한다.

신경망은 이러한 상태를 어떻게 계산하는 것일까? 음, 계산하지 못한다. 신경망은 내부 곱과 합의 결과로 부동 소수점 출력을 생성하며, 그 상태와 유사한 출력을 거의 얻지 못한다. 그러나 가장 높은 값을 핫hot 값인 1로, 다른 모든 값은 콜드cold 값인 0으로 간주할 수 있다.

일반적으로는 신경망의 끝에 소프트맥스 층을 적용해 출력을 확률로 변환하는데, 이는 소프트맥스 이후 출력의 합은 1.0이 된다는 의미다. 신경망이 예측에 대해 얼마나 확신하는지 쉽게 알 수 있기 때문에 이 방법은 꽤 편리하다. 케라스는 모델에서 확률을 얻는 메서드인 predict()와 레이블을 얻는 메서드인 predict_classes()를 제공한다. 레이블은 필요한 경우 to_categorical()을 사용해 원 핫 인코딩 포맷으로 쉽게 변환할 수 있다.

만약 원 핫 인코딩에서 레이블로 변환이 필요하다면 넘파이 함수인 argmax()를 사용할 수 있다.

이제 이미지를 분류하는 작업이 무엇인지 알았다. 그러나 신경망이 실제 제품에 적용돼 탐지해야 할 것과 데이터셋이 유사한지 확인할 필요가 있다.

실제 데이터셋 생성하기

이미지나 기타 적절한 데이터로부터 데이터셋을 수집할 때는 해당 이미지를 실생활에서 접하게 될 수도 있다는 조건을 반영하는지 주의해야 한다. 예를 들면, 실생활에서 가장 마주하기 쉬운 다음과 같은 문제가 있는 이미지problematic image를 얻고자 해야 한다.

- 좋지 않은 빛(과다 노출 및 노출 부족)

- 강한 그림자

- 개체를 가리는 장애물

- 사진에서 부분적으로 벗어난 개체

- 회전된 개체

이러한 유형의 이미지를 쉽게 얻을 수 없다면 데이터 증강을 사용할 수 있다. 이것이 다음 절에서 설명할 내용이다.

데이터 증강

데이터 증강은 데이터셋의 샘플을 늘리고 이미 갖고 있는 사진으로부터 새로운 사진을 파생(예: 밝기 감소, 회전)시키는 과정이다.

케라스에는 특정 변환을 무작위로 적용해 데이터셋을 증강시키는 편리한 방법인 ImageDataGenerator()가 있지만, 안타깝게도 따로 잘 문서화돼 있지 않으며 파라미터 측면에서 일관성이 다소 부족하다. 따라서 지금부터는 몇 가지 가장 유용한 변환 기법에 대해 분석할 것이다. 효과를 명확하게 확인하고자 여기에서는 단 하나의 파라미터만 사용하는 제너레이터를 구축할 것이며, 이후 2개 이상의 파라미터를 사용해 보고자 한다.

ImageDataGenerator() 생성자는 다음과 같은 많은 파라미터를 수용한다.

- brightness_range: 이미지의 밝기를 변경시키며, 최소 및 최대 밝기를 나타내는 두 가지 인자 리스트(예: [0.1, 1.5])를 수용한다.

- rotation_range: 이미지를 회전시키며, 회전 각도를 나타내는 단일 파라미터(예: 60)를 수용한다.

- width_shift_range: 이미지를 수평으로 이동시키며, 별개의 파라미터를 수용한다. [-50, -25, 25, 50]과 같이 수용 가능한 값의 리스트 사용을 권장한다.

- `height_shift_range`: 이미지를 수직으로 이동시키며, 별개의 파라미터를 수용한다. [−50, −25, 25, 50]과 같이 수용 가능한 값의 리스트 사용을 권장한다.

- `shear_range`: 밀림 변환 강도를 나타내는 각도(예: 60)를 수용한다.

- `zoom_range`: 이미지를 확대 또는 축소시키며, 최소 및 최대 정도를 나타내는 두 가지 인자 리스트(예: [0.5, 2])를 수용한다.

- `horizontal_flip`: 이미지를 수평으로 플립시키며, 파라미터는 불리언이다.

- `vertical_flip`: 이미지를 수직으로 플립시키며, 파라미터는 불리언이다.

이 중 수평 플립은 일반적으로 매우 효과적이다.

그림 5.1은 밝기, 회전, 수평 이동, 수직 이동을 통해 이미지를 증강시킨 이미지를 보여 준다.

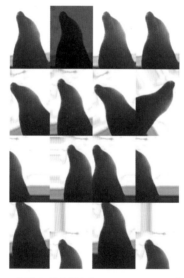

그림 5.1 ImageDataGenerator() 결과. 위에서부터: brightness_range=[0.1, 1.5], rotation_range=60, width_shift_range=[−50, −25, 25, 50], height_shift_range=[−75, −35, 35, 75]

그림 5.2는 밀림변환, 확대 및 축소, 수평 플립, 수직 플립을 통해 증강시킨 이미지를 보여 준다.

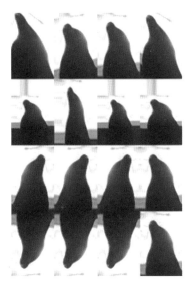

그림 5.2 ImageDataGenerator() 결과. 위에서부터: shear_range=60, zoom_range=[0.5, 2], horizontal_flip=True, vertical_flip=True

효과는 일반적으로 다음과 같이 결합한다.

```
datagen = ImageDataGenerator(brightness_range=[0.1, 1.5],
 rotation_range=60, width_shift_range=[-50, -25, 25, 50],
 horizontal_flip=True)
```

최종 결과는 다음과 같다.

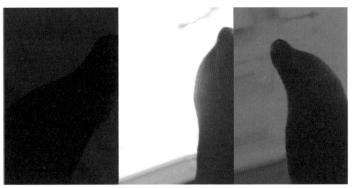

그림 5.3 ImageDataGenerator() 결과. 적용한 파라미터: brightness_range=[0.1, 1.5], rotation_range=60, width_shift_range=[-50, -25, 25, 50], horizontal_flip=True

직관적으로 신경망은 이미지의 다양성을 최대한 허용해 더욱 잘 일반화하는 방법을 학습해야 한다.

케라스의 데이터 증강은 원본 이미지를 대체하기 때문에 데이터 대체와 비슷하다는 점을 염두에 두도록 하자. 이것은 임의의 파라미터 조합 내에 변경하지 않고 그대로 둔 조합이 없는 한 원본 이미지는 신경망으로 전달되지 않음을 의미한다.

데이터 증강의 큰 효과는 샘플이 에포크마다 변경된다는 것이다. 명확하게 말하면 케라스의 데이터 증강은 에포크당 샘플 수를 증가시키지는 않지만 에포크마다 특정 변환에 따라 샘플을 변경시킨다. 아마 더 많은 에포크를 학습시키고 싶어질 수도 있다.

다음으로는 모델을 구축하는 방법에 대해 살펴보도록 한다.

⁝⁝ 모델

이미지 데이터셋이 있고 무엇을 해야 하는지(예: 분류) 알았으므로 이제는 모델을 구축할 차례다!

컨볼루션 신경망convolutional neural network을 통해 작업한다는 전제하에서는 단순히 컨볼루션 층, 맥스 풀링 층MaxPooling layer, 밀집 층dense layer을 사용하기만 하면 된다. 하지만 각 층의 크기를 어떻게 조절할까? 몇 개의 층을 사용해야 할까?

MNIST는 너무 쉽기 때문에 CIFAR-10을 통해 몇 가지 테스트를 수행하고 어떤 일이 발생하는지 살펴보자. 다른 파라미터의 변경 없이 컨볼루션 층, 맥스 풀링 층, 밀집 층만 조금씩 변경할 것이다.

또한 학습 속도를 높이고자 5 에포크 동안 학습할 것이다. 이는 최고의 신경망을 얻고자 하는 것이 아니며 몇 가지 파라미터의 영향을 측정하는 것이다.

다음과 같이 컨볼루션 층 1개, 맥스 풀링 층 1개, 밀집 층 1개를 갖고 시작한다.

```
model = Sequential()
model.add(Conv2D(8, (3, 3), input_shape=x_train.shape[1:],
```

```
activation='relu'))
model.add(MaxPooling2D())
model.add(Flatten())
model.add(Dense(units = 256, activation = "relu"))
model.add(Dense(num_classes))
model.add(Activation('softmax'))
```

위 코드를 요약하면 다음과 같다.

```
Layer (type)                    Output Shape           Param #
=================================================================
conv2d_1 (Conv2D)               (None, 30, 30, 8)       224

max_pooling2d_1 (MaxPooling2    (None, 15, 15, 8)       0

flatten_1 (Flatten)             (None, 1800)            0

dense_1 (Dense)                 (None, 256)             461056

dense_2 (Dense)                 (None, 10)              2570

activation_1 (Activation)       (None, 10)              0
=================================================================
Total params: 463,850
Trainable params: 463,850
Non-trainable params: 0
```

이것은 참 간단한 신경망이지만 파라미터 개수가 이미 약 463,000개나 된다는 것을 볼
수 있다. 층의 개수가 잘못됐다. 굳이 신경망이 느려지도록 많은 층을 구성할 필요는 없다.

이 신경망의 성능은 다음과 같다.

```
Training time: 90.96391367912292
Min Loss: 0.8851623952198029
Min Validation Loss: 1.142119802236557
Max Accuracy: 0.68706
Max Validation Accuracy: 0.6068999767303467
```

이제 다음 단계는 이 신경망을 조정하는 것이다. 그럼 지금부터 시작해 보자.

컨볼루션 층 조정하기

32채널의 컨볼루션 층을 사용해 보자.

```
Total params: 1,846,922

Training time: 124.37444043159485
Min Loss: 0.6110964662361145
Min Validation Loss: 1.0291267457723619
Max Accuracy: 0.78486
Max Validation Accuracy: 0.6568999886512756
```

나쁘지 않다! 정확도가 증가했으며, 이전보다 4배가 커졌음에도 50% 미만으로만 느려졌다.

이제 4개의 층을 쌓아 보도록 하자.

```
model.add(Conv2D(8, (3, 3), input_shape=x_train.shape[1:],
activation='relu'))
model.add(Conv2D(8, (3, 3), input_shape=x_train.shape[1:],
activation='relu', padding = "same"))
model.add(Conv2D(8, (3, 3), input_shape=x_train.shape[1:],
activation='relu', padding = "same"))
model.add(Conv2D(8, (3, 3), input_shape=x_train.shape[1:],
activation='relu', padding = "same"))
```

이전과 같이 model.summary()를 사용해 신경망의 크기를 확인해 보자.

```
Total params: 465,602
```

초기 모델보다 약간 커졌다! 그 이유는 대부분의 파라미터가 밀집 층에 존재하고 동일한 크기의 컨볼루션 층을 쌓아도 밀집 층에 필요한 파라미터가 변경되지 않기 때문이다. 결과는 다음과 같다.

```
Training time: 117.05060386657715
Min Loss: 0.6014562886440754
Min Validation Loss: 1.0268916247844697
Max Accuracy: 0.7864
Max Validation Accuracy: 0.6520000100135803
```

이전에 비해 약간 더 빠르고 정확도는 기본적으로 동일하므로 매우 유사하다고 할 수 있다. 신경망은 이제 여러 층을 갖고 있기 때문에 더 복잡한 기능을 학습할 수 있다. 그러나 밀집 층이 더 작으므로 정확도에 일부 손실이 있다.

패딩에 same 대신 valid를 사용해 컨볼루션 층마다 출력 크기를 줄여 보자.

```
model.add(Conv2D(8, (3, 3), input_shape=x_train.shape[1:],
activation='relu'))
model.add(Conv2D(8, (3, 3), input_shape=x_train.shape[1:],
activation='relu', padding="valid"))
model.add(Conv2D(8, (3, 3), input_shape=x_train.shape[1:],
activation='relu', padding="valid"))
model.add(Conv2D(8, (3, 3), input_shape=x_train.shape[1:],
activation='relu', padding="valid"))
```

파라미터 개수가 465,602개에서 크게 감소했다.

```
Total params: 299,714
```

이제 다음과 같이 300,000개 미만의 파라미터를 사용하고 있다.

```
Training time: 109.74382138252258
Min Loss: 0.8018992121839523
Min Validation Loss: 1.0897881112098693
Max Accuracy: 0.71658
Max Validation Accuracy: 0.6320000290870667
```

매우 흥미롭게도 이 작업에 대해 신경망이 너무 작기 때문에 학습 정확도가 9% 떨어졌다. 그러나 검증 정확도는 3%만 떨어졌다.

이제 초기 모델을 사용하지만 same 패딩을 통해 컨볼루션 층 이후 작업을 위한 약간 더 큰 이미지를 출력해 보자.

```
model.add(Conv2D(8, (3, 3), input_shape=x_train.shape[1:],
padding="same", activation='relu'))

Total params: 527,338
```

이제 더 많은 파라미터를 가지며 성능은 다음과 같다.

```
Training time: 91.4407947063446
Min Loss: 0.7653912879371643
Min Validation Loss: 1.0724352446556091
Max Accuracy: 0.73126
Max Validation Accuracy: 0.6324999928474426
```

참조 모델과 비교하면 두 가지 정확도가 모두 개선됐고 시간이 거의 변하지 않았으므로 긍정적인 실험이었다.

이제 커널의 크기를 7x7로 늘려 보자.

```
model.add(Conv2D(8, (7, 7), input_shape=x_train.shape[1:],
padding="same", activation='relu'))
Total params: 528,298
```

이제 커널이 더 커졌기 때문에 파라미터 수는 무시해도 될 정도로 증가한다. 하지만 이 것이 어떻게 동작했을까? 확인해 보자.

```
Training time: 94.85121083259583
Min Loss: 0.7786661441159248
Min Validation Loss: 1.156547416305542
Max Accuracy: 0.72674
Max Validation Accuracy: 0.6090999841690063
```

별로 좋지 않다. 약간 느리고 정확도도 약간 떨어졌다. 그 이유를 아는 것은 어려운데 아마 입력 이미지가 너무 작기 때문일 수도 있다.

컨볼루션 층 이후에 맥스 풀링 층을 추가하는 것이 일반적인 패턴이라는 것을 알고 있으므로, 이제 이를 조정하는 방법에 대해 살펴보자.

맥스 풀링 층 조정하기

이전 모델로 돌아가서 맥스 풀링 층을 삭제해 보자.

```
Total params: 1,846,250
```

맥스 풀링 층을 제거하면 컨볼루션 층의 해상도가 더 이상 감소하지 않기 때문에 밀집 층이 4배로 커진다.

```
Training time: 121.01851439476013
Min Loss: 0.8000291277170182
Min Validation Loss: 1.2463579467773438
Max Accuracy: 0.71736
Max Validation Accuracy: 0.5710999965667725
```

이것은 매우 효율적이지만은 않은 것처럼 보인다. 원래의 신경망에 비해 느리며, 정확도는 개선됐지만 검증 정확도는 감소했다. 4개의 컨볼루션 층이 있는 신경망과 비교하면 속도는 동일하지만 검증 정확도가 훨씬 떨어졌다.

맥스 풀링 층은 계산을 줄이면서 일반화 정도를 개선시키는 것처럼 보이므로 당연히 널리 사용된다.

이제 맥스 풀링 층의 수를 증가시켜 보자.

```
model.add(Conv2D(8, (3, 3), input_shape=x_train.shape[1:],
activation='relu'))
model.add(Conv2D(8, (3, 3), input_shape=x_train.shape[1:],
activation='relu', padding = "same"))
```

```
model.add(MaxPooling2D())
model.add(Conv2D(8, (3, 3), input_shape=x_train.shape[1:],
activation='relu', padding = "same"))
model.add(Conv2D(8, (3, 3), input_shape=x_train.shape[1:],
activation='relu', padding = "same"))
model.add(MaxPooling2D()
```

이제 두 번째 컨볼루션 층의 크기가 1/4이므로 파라미터 개수가 훨씬 줄어들었다.

```
Total params: 105,154
```

성능을 확인해 보자.

```
Training time: 105.30972981452942
Min Loss: 0.8419396163749695
Min Validation Loss: 0.9395202528476715
Max Accuracy: 0.7032
Max Validation Accuracy: 0.6686999797821045
```

학습 정확도가 좋지는 않지만, 100,000개의 파라미터만 사용하면서도 검증 정확도는 지금까지 달성했던 것 중 최고다.

신경망의 컨볼루션 부분을 조정했으니 다음은 밀집 층으로 구성된 부분을 조정하는 방법을 살펴볼 차례다.

밀집 층 조정하기

초기 모델로 돌아가서 1,024개의 뉴런을 가진 밀집 층으로 4배 증가시켜 보자.

```
Total params: 1,854,698
```

예상대로 파라미터 수가 거의 4배로 증가했다. 하지만 성능은 어떨까?

```
Training time: 122.05767631530762
Min Loss: 0.6533840216350555
Min Validation Loss: 1.093649614238739
Max Accuracy: 0.7722
Max Validation Accuracy: 0.630299985408783
```

학습 정확도는 나쁘지 않지만 검증 정확도는 최고의 모델보다 더 낮다.

3개의 밀집 층을 사용해 보자.

```
model.add(Dense(units = 512, activation = "relu"))
model.add(Dense(units = 256, activation = "relu"))
model.add(Dense(units = 128, activation = "relu"))
```

다음과 같은 파라미터를 얻는다.

```
Total params: 1,087,850
```

이제 파라미터 수가 더 적어졌다.

```
Training time: 111.73353481292725
Min Loss: 0.7527586654126645
Min Validation Loss: 1.1094331634044647
Max Accuracy: 0.7332
Max Validation Accuracy: 0.6115000247955322
```

결과는 아마도 실망스러울 것이다. 너무 밀집 층의 수를 증가시키는 방법만 고려하면 안 될 것 같다.

이제 다음 단계는 신경망을 학습시키는 것이다. 시작해 보자.

신경망 학습하기

이제 마법이 일어나는magic happens 학습 단계에 대해 더 심도 있게 논의할 준비가 됐다. 여기에서는 그 배경이 되는 수학적 개념에 대한 설명은 시도조차 하지 않을 것이다. 단지 신경망을 학습시키는 데 사용되는 알고리듬에 대해 매우 일반적이고 단순화된 용어로 설명할 것이다.

먼저 다음과 같은 몇 가지 정의가 필요하다.

- **손실 함수**loss function **또는 비용 함수**cost function: 신경망의 예측이 예상 레이블로부터 얼마나 멀리 떨어져 있는지 계산하는 함수로서, **평균 제곱 오차**MSE, Mean Squared Error 또는 더 정교한 뭔가일 수 있다.

- **미분**derivative: 함수의 미분은 특정 지점에서 함수가 얼마나 많이(그리고 어떤 방향으로) 변화하고 있는지 측정할 수 있는 새로운 함수다. 예를 들어 자동차 안에 있다고 가정한다면 속도는 초기 함수, 속도의 미분은 가속도가 될 수 있다. 만약 속도가 일정하면 미분(예: 가속도)은 0이다. 속도가 증가하면 미분은 양수, 속도가 감소하면 미분은 음수가 될 것이다.

- **극솟값**local minimum: 신경망의 역할은 손실 함수를 최소화하는 것이다. 어마어마한 개수의 파라미터가 주어졌을 때는 신경망의 함수가 매우 복잡해 최솟값에 도달하는 것이 불가능할 수도 있지만, 그렇다 해도 양호한 극솟값에는 도달할 수 있다.

- **수렴**convergence: 신경망이 양호한 극솟값에 계속 접근하는 경우 이는 수렴 중임을 의미한다.

이러한 정의를 사용해 이제부터 학습이 실제로 어떻게 동작하는지 살펴볼 것이다.

신경망 학습 방법

알고리듬은 두 가지 부분으로 구성돼 있다. 단순화하고자 에포크마다 알고리듬이 모든 샘플에 대해 반복 수행된다고 가정한다. 그렇다면 어떻게 동작하는지 살펴보자.

- **순전파**[forward pass]: 결국 신경망은 입력이 주어졌을 때 출력을 계산할 수 있는 많은 파라미터(가중치와 바이어스)를 통해 많은 연산을 수행하는 함수일 뿐이다. 순전파에서는 예측과 손실을 계산한다.

- **역전파**[backward pass]: 옵티마이저(예: Adam, 확률적 경사 하강법 등)는 손실 함수를 최소화하고자 모든 가중치(예: 모든 파라미터)를 업데이트하는 역방향[backward]으로(마지막 층에서 첫 번째 층으로) 이동한다. 학습률[learning rate](0에서 1.0 사이의 숫자이며, 일반적으로 0.01 이하의 값)은 가중치를 얼마나 조정할지 결정한다.

학습률이 클수록 학습 속도가 빨라지지만 극솟값을 지나칠 수도 있는 반면에 학습률이 작을수록 극솟값에 잘 수렴하지만 학습에 너무 많은 시간이 걸린다. 옵티마이저는 속도와 정밀도를 개선시키고자 학습률을 동적으로 변경시키며, 이는 가능한 한 학습 속도를 개선시키고자 활발히 연구되고 있다.

Adam은 각 파라미터의 학습률을 동적으로 변경할 수 있는 옵티마이저 중 하나다.

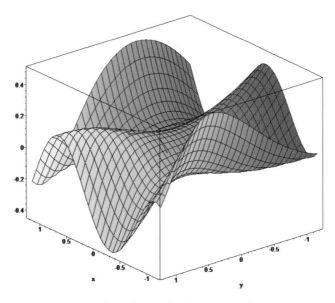

그림 5.4 최소를 찾기 위한 경사 하강법

신경망을 학습시키기 위한 알고리듬을 작성하는 것은 매우 복잡한 반면에 그 개념만 보면 누군가가 당구를 배울 때 복잡한 샷을 성공할 때까지 동일한 샷을 반복 시도하는 것과 어느 정도 유사하다. 맞추고자 하는 지점(레이블)을 선택하고, 공을 쳐서 이동시키고(순전파), 목표했던 지점에서 얼마나 멀리 떨어져 있는지 평가한 다음, 공을 칠 당시의 힘과 방향을 포함한 모든 변수(가중치)를 재조정한다. 이를 수행하기 위한 방법으로는 무작위 초기화가 있다. 지금부터 시도해 보자.

무작위 초기화

신경망을 처음 실행할 때의 파라미터의 값은 무엇인지 궁금할 것이다. 가중치를 0으로 초기화하면 잘 동작하지 않는 반면, 임의의 작은 수를 할당하는 것은 꽤나 효과적이다. 케라스에는 초깃값을 선택할 수 있는 다양한 알고리듬이 있으며, 초깃값들의 표준 편차를 변경할 수도 있다.

이와 관련된 흥미로운 결과는 신경망이 상당한 양의 무작위 데이터를 갖고 시작해 동일한 데이터셋을 동일한 모델에서 학습하더라도 실제로 서로 다른 결과를 보인다는 것이다. 이전의 기본적인 CIFAR-10 CNN을 통해 시도해 보자.

첫 번째 시도는 다음과 같은 결과를 냈다.

```
Min Loss: 0.8791077242803573
Min Validation Loss: 1.1203862301826477
Max Accuracy: 0.69174
Max Validation Accuracy: 0.5996000170707703
```

두 번째 시도는 다음과 같은 결과를 냈다.

```
Min Loss: 0.8642362675189972
Min Validation Loss: 1.1310886552810668
Max Accuracy: 0.69624
Max Validation Accuracy: 0.6100000143051147
```

다음과 같은 코드를 사용해 임의성을 줄일 수 있다.

```
from numpy.random import seed
seed(1)
import tensorflow as tf
tf.random.set_seed(1)
```

그러나 GPU상에서 학습하는 경우에는 여전히 다양한 결과를 낼 수 있다. 신경망 모델을 조정하는 동안에는 이러한 점을 고려해야 하는데, 그렇지 않으면 임의성으로 인해 조그마한 개선의 여지가 무시될 위험이 있다.

다음 단계는 오버피팅과 언더피팅이 무엇인지 확인하는 것이다.

오버피팅과 언더피팅

신경망을 학습시키는 동안에는 **언더피팅**underfitting과 **오버피팅**overfitting 사이의 대결이 펼쳐진다. 어떻게 펼쳐지는지 살펴보자.

- 언더피팅은 모델이 너무 단순해 데이터셋을 제대로 학습할 수 없는 경우다. 모델의 용량을 늘리고자 파라미터, 필터, 뉴런을 추가해야 한다.

- 오버피팅은 모델이 학습 데이터셋을 학습하기에는 충분히 크지만 일반화할 수 없는 경우다. 예를 들어, 현재 데이터셋만을 암기memorize해 버린다면 다른 데이터가 제공됐을 때 잘 동작하지 않는다.

시간 경과에 따른 정확도 및 손실 플롯에서도 이를 확인할 수 있다.

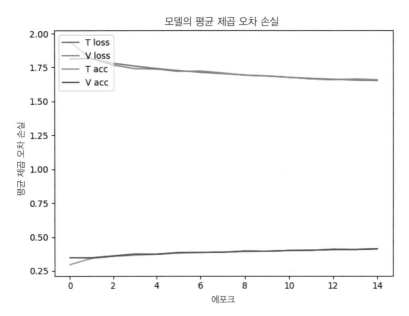

그림 5.5 언더피팅: 모델이 너무 작으며(파라미터 7,590개) 많이 학습하지 않음

그림 5.6은 극도의 언더피팅을 나타내며 정확도는 매우 낮다. 이제 그림 5.6을 보자.

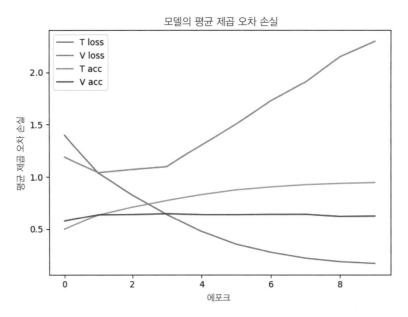

그림 5.6 오버피팅: 모델이 너무 크며(파라미터 29,766,666개) 잘 일반화되지 않음

그림 5.6은 오버피팅된 신경망의 다소 극단적인 예를 보여 준다. 학습 손실은 에포크 증가에 따라 계속 감소하지만 검증 손실은 에포크 1에서 최솟값에 도달한 다음 계속 증가한다. 최소 검증 손실은 학습을 중지하고자 하는 지점이다. 6장 '신경망 개선하기'에서는 학습을 더 진행할지 여부를 허용하는 기술인 조기 종료early stopping에 대해 알아볼 것이다.

오버피팅이 큰 문제라는 말을 듣게 될 수도 있지만, 실제로는 먼저 학습 데이터셋을 오버피팅할 수 있는 모델을 얻은 다음 오버피팅을 줄여 일반화를 개선하는 기술을 적용하는 것이 좋은 전략이 될 수 있다. 그러나 이 방법은 매우 높은 수준의 정확도로 학습 데이터셋을 오버피팅할 수 있는 경우에만 좋다.

6장 '신경망 개선하기'에서 오버피팅을 줄이는 매우 효과적인 방법에 대해 살펴볼 것이지만, 고려해야 할 한 가지는 작은 모델일수록 오버피팅되는 경향이 적으며 일반적으로 더 빠르다는 것이다. 그러므로 학습 데이터셋을 오버피팅시키고자 할 때는 극도로 큰 모델을 사용하지는 않도록 하자.

이번 절에서는 신경망의 학습이 얼마나 됐는지 이해하기 위한 손실 그래프를 사용하는 방법에 대해 알아봤다. 다음 절에서는 신경망이 학습하고 있는 것은 무엇인지 파악하고자 액티베이션을 시각화하는 방법을 살펴볼 것이다.

액티베이션을 시각화하기

이제는 신경망을 학습시킬 수 있다. 훌륭하다. 하지만 신경망은 정확히 무엇을 보고 이해할 수 있는 것일까? 대답하기 어려운 질문이지만 컨볼루션은 이미지를 출력하므로 이를 나타낼 수 있다. 지금부터 MNIST 테스트 데이터셋의 처음 10개 이미지에 대한 액티베이션을 나타내 보자.

1. 먼저 입력을 읽고 원하는 컨볼루션 층을 출력으로 가져오는 이전 모델로부터 도출한 모델을 구축해야 한다. 이름은 요약에서 가져올 수 있다. 첫 번째 컨볼루션 층인 conv2d_1을 시각화할 것이다.

```
conv_layer = next(x.output for x in model.layers if
    x.output.name.startswith(conv_name))
act_model = models.Model(inputs=model.input,
outputs=[conv_layer])
activations = act_model.predict(x_test[0:num_predictions,
:, :, :])
```

2. 이제 각 테스트 이미지에 대해 모두 액티베이션을 진행하고, 하나의 이미지를 얻고자 함께 묶을 수 있다.

```
col_act = []
for pred_idx, act in enumerate(activations):
    row_act = []
    for idx in range(act.shape[2]):
        row_act.append(act[:, :, idx])
    col_act.append(cv2.hconcat(row_act))
```

3. 그 결과를 다음과 같이 보여 줄 수 있다.

```
plt.matshow(cv2.vconcat(col_act), cmap='viridis')
plt.show()
```

그림 5.7은 6채널, 28x28 크기를 갖는 첫 번째 컨볼루션 층인 conv2d_1에 대한 결과다.

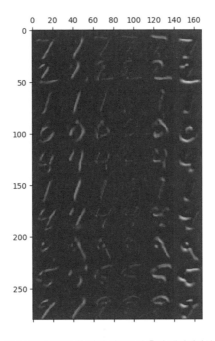

그림 5.7 MNIST 첫 번째 컨볼루션 층의 액티베이션

이 결과는 흥미로워 보이지만, 액티베이션이 무엇인지와 인식을 위해 채널이 학습하는 것은 무엇인지를 이해하고자 한다면 항상 약간의 추측이 필요하다. 마지막 채널은 가로 선에 초점을 맞춘 것처럼 보이며 세 번째와 네 번째 채널은 그다지 영향력이 없어 보이는데, 이는 신경망이 제대로 학습되지 않았거나 이미 필요 이상으로 크다는 것을 의미할 수도 있다. 그러나 좋아 보이긴 한다.

이제 16채널, 10x10 크기를 갖는 두 번째 컨볼루션 층인 conv2d_2를 확인해 보자.

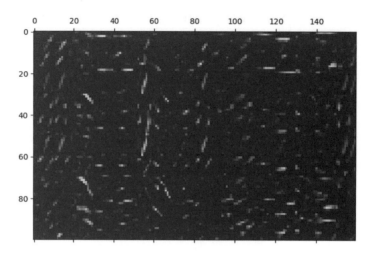

그림 5.8 MNIST 두 번째 컨볼루션 층의 액티베이션

이제는 더욱 복잡해졌다. 출력은 훨씬 더 작으며 더 많은 채널을 갖고 있다. 일부 채널은 가로선을 탐지하며, 일부 채널은 대각선이나 세로선에 초점을 맞추기도 한다. 그렇다면 첫 번째 맥스 풀링 층인 max_pooling2d_1의 경우는 어떨까? 원본 채널보다 낮은 해상도인 10x10 크기이지만 최대 액티베이션을 선택하므로 이해 가능한 이미지여야 한다. 그림 5.9를 참조하자.

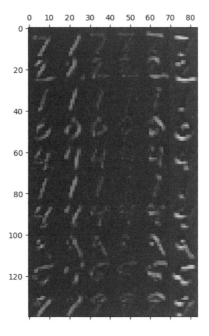

그림 5.9 MNIST 첫 번째 맥스 풀링 층의 액티베이션

확실히 액티베이션은 잘 된 것으로 보인다. 재미삼아 5x5 크기에 불과한 두 번째 맥스 풀링 층인 max_pooling2d_2를 확인해 보자.

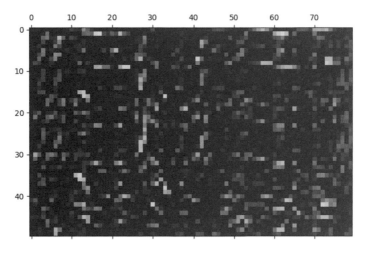

그림 5.10 MNIST 두 번째 맥스 풀링 층의 액티베이션

이제는 혼란스러워 보이지만 여전히 일부 채널은 가로선을, 일부 채널은 세로선을 인식하고 있는 것처럼 보인다. 이해하기는 어렵지만 무작위는 전혀 아닌 이러한 액티베이션의 의미를 찾으려 하기 때문에 여기에서는 밀집 층의 역할이 필요하다.

액티베이션을 시각화하는 것은 신경망이 학습하는 것이 무엇인지와 채널이 어떻게 사용되는지에 대한 아이디어를 얻는 데 유용하며, 무엇보다도 신경망이 잘 학습되지 않는다고 느껴져 문제를 찾을 때 사용할 수 있는 또 다른 도구다.

지금부터는 실제로 신경망 학습의 전부인 추론에 대해 이야기할 것이다.

⠿ 추론

추론은 신경망에 입력을 제공해 분류나 예측을 얻는 프로세스다. 학습된 신경망을 실제 제품에 적용해 사용하는 예로는 이미지 분류, 도로에서 운전하는 방법 결정 등이 있으며, 이러한 프로세스를 추론이라 한다.

첫 번째 단계는 모델을 불러오는 것이다.

```
model = load_model(os.path.join(dir_save, model_name))
```

그런 다음 케라스에서 추론을 위한 메서드인 predict()를 간단히 호출하기만 하면 된다. MNIST의 첫 번째 테스트 샘플을 사용해 보자.

```
x_pred = model.predict(x_test[0:1, :, :, :])
print("Expected:", np.argmax(y_test))
print("First prediction probabilities:", x_pred)
print("First prediction:", np.argmax(x_pred))
```

다음은 내 MNIST 신경망의 결과다.

```
Expected: 7
First prediction probabilities: [[6.3424804e-14 6.1755254e-
```

```
06 2.5011676e-08 2.2640785e-07 9.0170204e-08 7.4626680e-11
5.6195684e-13 9.9999273e-01 1.9735349e-09 7.3219508e-07]]
First prediction: 7
```

predict()의 결과는 확률 배열인데, 이는 신경망의 신뢰도를 평가하는 데 매우 유용하다. 위의 경우에서는 99.999% 이상의 신뢰도를 가진 신경망의 예측인 숫자 7을 제외하면 모든 숫자가 0에 매우 가깝다. 안타깝게도 실생활에서는 신경망이 이처럼 잘 동작하는 것을 거의 보지 못할 것이다.

추론 후에는 때때로 신경망을 개선하고자 새로운 샘플에 대해 주기적으로 재학습하고자 한다. 다음으로는 이것이 어떤 의미를 담고 있는지 알아보자.

⋙ 재학습

때로는 잘 수행되는 신경망을 한 번 얻고 나면 작업이 완료되기도 한다. 그러나 때로는 새로운 샘플에 대해 재학습해 더 나은 정밀도를 얻거나 (데이터셋이 더 커졌으므로) 오래된 학습 데이터셋을 빨리 제외시켜 더욱 최신의 결과를 얻고자 할 수도 있다.

경우에 따라서 심지어는 매주마다 지속적으로 재학습해 새로운 모델이 제품에 자동으로 적용되도록 할 수도 있다.

이러한 경우에는 검증 데이터셋과 새롭고 좋은 일회용 테스트 데이터셋을 갖고 신규 모델의 성능을 검증하기 위한 강력한 절차를 마련하는 것이 대단히 중요하다. 또한 모든 모델의 백업을 유지하고 제품 성능을 모니터링하기 위한 방법을 찾아 제품 이상을 신속하게 식별하는 것이 바람직하다. 자율주행차량의 경우 모델이 생산에 배치되기 전에 철저한 자동 및 수동 테스트를 거칠 것이라 예상하지만, 안전 염려가 없는 다른 산업에서는 훨씬 덜 엄격할 수도 있다.

이것으로 재학습에 관한 내용을 마친다.

⠂⠄ 요약

5장은 복잡한 내용을 담고 있지만, 신경망이 무엇인지와 신경망을 어떻게 학습시키는지에 대한 더 나은 이해를 얻었길 바란다.

학습, 검증, 테스트를 위한 올바른 데이터셋을 얻는 방법을 포함해 데이터셋에 대해 많이 이야기했다. 분류기가 무엇인지 설명하고 데이터 증강을 구현하기도 했다. 그런 다음 모델에 대해 설명하고, 컨볼루션 층, 맥스 풀링 층, 밀집 층을 조정하는 방법에 대해 논의했다. 학습이 어떻게 완료되는지, 역전파가 무엇인지 살펴보고, 가중치 초기화에서 임의성의 역할에 대해 논의하고, 신경망의 오버피팅 및 언더피팅 그래프를 확인했다. CNN이 얼마나 잘 학습하고 있는지 이해하고자 액티베이션을 시각화하는 데까지 나아갔다. 그런 다음 추론과 재학습에 대해 논의했다.

즉 이제 데이터셋을 선택 또는 생성하고 신경망을 맨 처음부터 학습시킬 수 있을 만한 충분한 지식을 갖게 됐으며, 모델이나 데이터셋의 변화가 어떻게 정밀도를 개선시키는지 이해할 수 있다.

6장 '신경망 개선하기'에서는 신경망의 정밀도를 크게 개선시키고자 이러한 모든 지식을 실제로 적용하는 방법을 살펴볼 것이다.

⠂⠄ 질문

5장을 읽고 나면 다음 질문들에 답할 수 있다.

1. 테스트 데이터셋을 재사용할 수 있는가?

2. 데이터 증강이란 무엇인가?

3. 케라스의 데이터 증강은 데이터셋에 이미지를 추가하는가?

4. 가장 많은 파라미터 개수를 갖는 층은 무엇인가?

5. 손실 플롯을 보면서 신경망이 오버피팅되고 있음을 어떻게 설명할 수 있는가?

6. 오버피팅된 신경망을 갖는 것은 항상 나쁜가?

06

신경망 개선하기

4장 '신경망을 통한 딥러닝'에서는 학습 데이터셋에서 거의 93%의 정확도를 달성 가능했지만 검증 데이터셋에서는 66% 미만의 정확도로 변하는 신경망을 설계했다.

6장에서는 검증 정확도를 크게 개선하는 것을 목표로 하고자 해당 신경망을 갖고 작업을 이어 나갈 것이다. 여기에서의 목표는 최소한 80%의 검증 정확도에 도달하는 것이다. 5장 '딥러닝 워크플로'에서 습득한 일부 지식을 적용하고 배치 정규화와 같이 매우 큰 도움이 될 새로운 기술도 배울 것이다.

6장에서는 다음과 같은 항목을 다룬다.

- 파라미터 개수 감소
- 신경망 크기 및 층 수 증가
- 배치 정규화 이해
- 조기 종료를 통한 검증 개선

- 데이터 증강을 통해 데이터셋 크기를 가상으로 증가

- 드롭아웃을 통한 검증 정확도 개선

- 공간적 드롭아웃을 통한 검증 정확도 개선

기술 요구 사항

6장에서 사용한 코드는 다음 사이트에서 확인할 수 있다.

https://github.com/PacktPublishing/Hands-On-Vision-and-Behavior-for-Self-Driving-Cars/tree/master/Chapter6

6장에서는 다음과 같은 소프트웨어의 설치가 필요하며, 관련 기본 지식이 있으면 6장을 더 잘 이해하는 데 도움이 된다.

- 파이썬 3.7

- 넘파이 모듈

- Matplotlib 모듈

- 텐서플로 모듈

- 케라스 모듈

- OpenCV-파이썬 모듈

- 권장 GPU

6장의 실행 영상에 대한 코드는 다음 사이트에서 확인할 수 있다.

https://bit.ly/3dGIdJA

⚡ 더 큰 모델

자신의 신경망을 학습시키는 것은 일종의 예술이다. 여기에는 직감, 약간의 운, 큰 인내심, 얻을 수 있는 모든 지식과 도움이 필요하다. 또한 더 빠른 GPU를 구입하거나 클러스터를 사용해 더 많은 구성을 테스트하거나 더 좋은 데이터셋을 얻기 위한 돈과 시간역시 필요하다.

그러나 실제로 정해진 방법 같은 것은 없다. 즉 여기에서는 5장 '딥러닝 워크플로'에서설명한 대로 과정을 두 가지 단계로 나눌 것이다.

- 학습 데이터셋 오버피팅시키기

- 일반화 개선하기

4장 '신경망을 통한 딥러닝'에서 CIFAR-10 기본 모델의 검증 정확도 66%를 달성하고남겨 뒀던 부분에서 출발해, 이를 크게 개선시키고 더욱 빠르게 만든 다음 더욱 정교하게 만들 것이다.

시작점

다음은 4장 '신경망을 통한 딥러닝'에서 개발했던 모델로, 상대적으로 낮은 검증 정확도에서 높은 학습 정확도 값을 갖기 때문에 데이터셋을 오버피팅시키는 모델이다.

```
model.add(Conv2D(filters=64, kernel_size=(3, 3),
activation='relu',
    input_shape=x_train.shape[1:]))
model.add(AveragePooling2D())
model.add(Conv2D(filters=256, kernel_size=(3, 3),
    activation='relu'))
model.add(AveragePooling2D())

model.add(Flatten())
model.add(Dense(units=512, activation='relu'))
model.add(Dense(units=256, activation='relu'))
model.add(Dense(units=num_classes, activation = 'softmax'))
```

다음과 같은 개수의 파라미터를 가지므로 얕지만 상대적으로 큰 모델이다.

```
Total params: 5,002,506
```

이전에는 12 에포크 동안 학습시켜 다음과 같은 결과를 얻었다.

```
Training time: 645.9990749359131
Min Loss: 0.12497963292273692
Min Validation Loss: 0.9336215916395187
Max Accuracy: 0.95826
Max Validation Accuracy: 0.6966000199317932
```

학습 정확도는 실제로 충분하지만(여기에서의 실행 결과는 5장 '딥러닝 워크플로'에서보다 높은데, 이는 주로 무작위성 때문) 검증 정확도는 역시 낮다. 이것은 오버피팅이다. 이 때문에 이 모델을 시작점으로 바로 정할 수도 있지만 약간의 조정을 통해 더 좋아지거나 빨라질 수 있는지 여부를 먼저 살펴보는 것이 좋다.

또한 전체 프로세스의 속도를 높이고자 더 적은 에포크상에서 몇 가지 테스트를 수행할 수도 있는데, 여기에서는 다섯 번의 에포크에 주목해야 한다.

```
52s 1ms/step - loss: 0.5393 - accuracy: 0.8093 - val_loss:
0.9496 - val_accuracy: 0.6949
```

더 적은 에포크를 사용한다는 것은 곡선의 진전을 이해했다는 것에 베팅하는 셈이므로 이는 선택의 정확성과 개발 속도 간의 거래와 같다. 때로는 이 방법이 좋을 수도 있지만 그렇지 않을 수도 있다.

여기에서의 모델은 너무 크기 때문에 크기를 줄여 학습 속도를 약간 높이는 것으로 시작할 것이다.

속도 개선하기

지금의 모델은 단순히 큰 정도가 아니다. 사실 너무 크다. 두 번째 컨볼루션 층은 256개의 필터를 갖고 있으며, 밀집 층의 뉴런 512개와 결합해 많은 수의 파라미터를 사용한다. 이를 더욱 개선할 수 있다. 이미 컨볼루션 층을 128개의 필터를 가진 층으로 분할할 수 있다는 것을 알고 있으며, 이렇게 되면 밀집 층은 기존 연결의 절반만을 필요로 하므로 파라미터의 거의 절반을 절약할 수 있게 된다.

이 방법을 시도해 볼 수 있다. 4장 '신경망을 통한 딥러닝'에서 컨볼루션 후 해상도를 잃지 않기 위해 다음과 같이 2개의 층(밀집 층 생략)에서 동일한 방식으로 패딩을 사용할 수 있다는 것을 배웠다.

```
model.add(Conv2D(filters=64, kernel_size=(3, 3),
activation='relu',
    input_shape=x_train.shape[1:]))
model.add(AveragePooling2D())

model.add(Conv2D(filters=128, kernel_size=(3, 3),
    activation='relu', padding="same"))
model.add(Conv2D(filters=128, kernel_size=(3, 3),
    activation='relu', padding="same"))
model.add(AveragePooling2D())
```

여기에서는 이제 파라미터 개수가 더 적어진 것을 볼 수 있다.

```
Total params: 3,568,906
```

전체 결과를 확인해 보자.

```
Training time: 567.7167596817017
Min Loss: 0.1018450417491654
Min Validation Loss: 0.8735350118398666
Max Accuracy: 0.96568
Max Validation Accuracy: 0.7249000072479248
```

좋아졌다! 더 빨라졌고, 정확도가 약간 상승했고, 검증 정확도 역시 개선됐다.

첫 번째 층에서도 똑같이 해보자. 그러나 이번에는 2개의 컨볼루션 층 간 이득이 더 적기 때문에 파라미터 개수가 증가하지 않도록 해상도를 높이지 않을 것이다.

```
model.add(Conv2D(filters=32, kernel_size=(3, 3),
    activation='relu', input_shape=x_train.shape[1:]))
model.add(Conv2D(filters=32, kernel_size=(3, 3),
activation='relu',
    input_shape=x_train.shape[1:], padding="same"))
model.add(AveragePooling2D())

model.add(Conv2D(filters=128, kernel_size=(3, 3),
    activation='relu', padding="same"))
model.add(Conv2D(filters=128, kernel_size=(3, 3),
    activation='relu', padding="same"))
model.add(AveragePooling2D())
```

이렇게 하면 다음과 같은 결과를 얻는다.

```
Training time: 584.955037355423
Min Loss: 0.10728564778155182
Min Validation Loss: 0.7890052844524383
Max Accuracy: 0.965
Max Validation Accuracy: 0.739300012588501
```

검증 정확도가 약간 개선됐지만 이전 모델과 비슷하다.

다음으로는 더 많은 층을 추가할 것이다.

깊이 증가시키기

이전 모델은 실제로 훌륭한 시작점이다.

그러나 여기에서는 비선형 액티베이션의 수를 증가시켜 더욱 복잡한 기능을 학습할 수 있도록 더 많은 층을 추가할 것이다. 모델은 다음과 같다(밀집 층 생략).

```
model.add(Conv2D(filters=32, kernel_size=(3, 3),
activation='relu', input_shape=x_train.shape[1:],
padding="same"))
model.add(Conv2D(filters=32, kernel_size=(3, 3),
activation='relu', input_shape=x_train.shape[1:],
padding="same"))
model.add(AveragePooling2D())

model.add(Conv2D(filters=128, kernel_size=(3, 3),
activation='relu', padding="same"))
model.add(Conv2D(filters=128, kernel_size=(3, 3),
activation='relu', padding="same"))
model.add(AveragePooling2D())

model.add(Conv2D(filters=256, kernel_size=(3, 3),
activation='relu', padding="same"))
model.add(Conv2D(filters=256, kernel_size=(3, 3),
activation='relu', padding="same"))
model.add(AveragePooling2D())
```

결과는 다음과 같다.

```
Training time: 741.1498856544495
Min Loss: 0.22022022939510644
Min Validation Loss: 0.7586277635633946
Max Accuracy: 0.92434
Max Validation Accuracy: 0.7630000114440918
```

신경망이 상당히 느려지고 정확도가 떨어졌지만(더 많은 에포크가 필요하기 때문일 수도 있음) 검증 정확도가 개선됐다.

이제 다음과 같이 밀집 층을 줄여 보자(컨볼루션 층 생략).

```
model.add(Flatten())
model.add(Dense(units=256, activation='relu'))
model.add(Dense(units=128, activation='relu'))
model.add(Dense(units=num_classes, activation = 'softmax'))
```

파라미터 개수가 더 적어졌다.

```
Total params: 2,162,986
```

그러나 매우 나쁜 일이 발생했다.

```
Training time: 670.0584089756012
Min Loss: 2.3028031995391847
Min Validation Loss: 2.302628245162964
Max Accuracy: 0.09902
Max Validation Accuracy: 0.10000000149011612
```

두 가지 검증 수치가 모두 떨어졌다! 사실상 이제 10% 수준이거나 경우에 따라 신경망이 임의의 결과를 내고 있다. 학습이 되지 않았다!

누군가는 이쯤에서 신경망을 망가뜨렸다는 결론을 내릴지도 모른다. 사실은 그렇지 않다. 무작위성을 사용해 이를 다시 실행하기만 하면 충분하며, 신경망은 예상한 대로 학습한다.

```
Training time: 686.5172057151794
Min Loss: 0.24410496438018978
Min Validation Loss: 0.7960220139861107
Max Accuracy: 0.91434
Max Validation Accuracy: 0.7454000115394592
```

그러나 이것은 좋은 징조가 아니다. 원본 입력이 상위 층으로 전파되며 발생하는 문제일 수 있다는 사실 때문에 더 많은 층을 갖는 신경망이 학습시키기 더 어려우므로 층의 증가로 인해 발생한 현상일지도 모른다.

그래프를 확인해 보자.

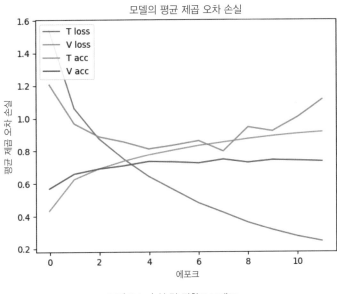

그림 6.1 손실 및 정확도 그래프

학습 손실(파란색 선)이 계속 감소하는 동안 특정 에포크 이후의 검증 손실(주황색 선)이 증가하기 시작하는 것을 볼 수 있다. 5장 '딥러닝 워크플로'에서 설명했듯이 이는 모델이 오버피팅됨을 의미한다. 이 모델이 반드시 최고의 모델이라 할 수는 없으며, 계속 발전시켜나갈 것이다.

다음 절에서는 이 모델을 단순화할 것이다.

보다 효율적인 신경망

이전 모델을 학습하려면 내 랩톱 컴퓨터에서 686초가 소요됐으며, 74.5%의 검증 정확도와 91.4%의 학습 정확도를 달성했다. 이상적으로는 효율성을 개선하기 위해 학습 시간을 줄이는 동시에 정확도를 동일한 수준으로 유지하고자 한다.

컨볼루션 층 중 일부를 확인해 보자.

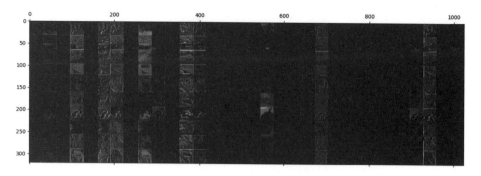

그림 6.2 32채널을 갖는 첫 번째 컨볼루션 층

이미 5장 '딥러닝 워크플로'에서 이러한 액티베이션 그래프를 살펴봤으며, 어두운 채널은 큰 액티베이션을 달성하지 못하므로 결과에 크게 기여하지 않는다는 것을 알고 있다. 실제로 채널의 절반이 사용되지 않는 것처럼 보인다. 모든 컨볼루션 층의 채널 개수를 반으로 줄여 보자.

```
model.add(Conv2D(filters=16, kernel_size=(3, 3),
activation='relu', input_shape=x_train.shape[1:],
padding="same"))
model.add(Conv2D(filters=16, kernel_size=(3, 3),
activation='relu',
    input_shape=x_train.shape[1:], padding="same"))
model.add(AveragePooling2D())

model.add(Conv2D(filters=32, kernel_size=(3, 3),
activation='relu',
    padding="same"))
model.add(Conv2D(filters=32, kernel_size=(3, 3),
activation='relu',
    padding="same"))
model.add(AveragePooling2D())

model.add(Conv2D(filters=64, kernel_size=(3, 3),
activation='relu',
    padding="same"))
model.add(Conv2D(filters=64, kernel_size=(3, 3),
activation='relu',
    padding="same"))
```

얻은 결과는 다음과 같다.

```
Total params: 829,146
```

예상한 대로 파라미터 개수가 훨씬 적어졌고 학습 속도가 훨씬 빨라졌다.

```
Training time: 422.8525400161743
Min Loss: 0.27083665314182637
Min Validation Loss: 0.8076118688702584
Max Accuracy: 0.90398
Max Validation Accuracy: 0.7415000200271606
```

여기에서는 정확도도 약간 떨어졌지만 과하게 떨어지지는 않은 것을 볼 수 있다.

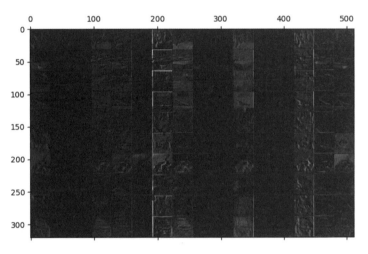

그림 6.3 16채널을 갖는 첫 번째 컨볼루션 층

이제 조금 나아졌다. 두 번째 층을 확인해 보자.

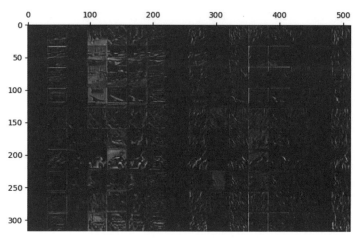

그림 6.4 16채널을 갖는 두 번째 컨볼루션 층

이 또한 더 좋아졌다. 네 번째 컨볼루션 층을 확인해 보자.

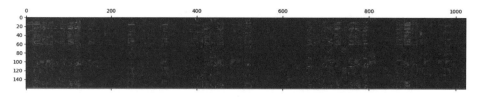

그림 6.5 64채널을 갖는 네 번째 컨볼루션 층

다소 비어 있는 것처럼 보인다. 세 번째와 네 번째 층을 반으로 줄여 보자.

```
Total params: 759,962
```

그러면 다음과 같은 결과를 얻는다.

```
Training time: 376.09818053245544
Min Loss: 0.30105597005218265
Min Validation Loss: 0.8148738072395325
Max Accuracy: 0.89274
Max Validation Accuracy: 0.7391999959945679
```

학습 정확도는 떨어졌지만 검증 정확도는 여전히 좋다.

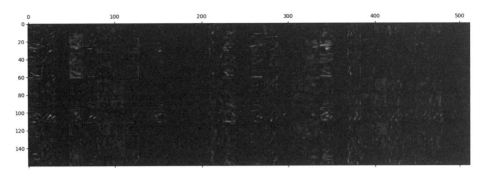

그림 6.6 32채널을 갖는 네 번째 컨볼루션 층

여섯 번째 컨볼루션 층을 확인해 보자.

그림 6.7 128채널을 갖는 여섯 번째 컨볼루션 층

약간 비어 있다. 마지막 2개의 컨볼루션 층도 반으로 줄여 보자.

```
Total params: 368,666
```

다음과 같이 훨씬 더 작은 결과가 나온다.

```
Training time: 326.9148383140564
Min Loss: 0.296858479853943
Min Validation Loss: 0.7925313812971115
Max Accuracy: 0.89276
Max Validation Accuracy: 0.7425000071525574
```

여전히 좋아 보인다. 액티베이션을 확인해 보자.

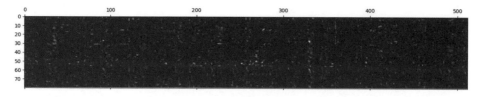

그림 6.8 64채널을 갖는 여섯 번째 컨볼루션 층

이제 많은 채널이 액티베이션된 것을 볼 수 있는데, 이는 신경망이 리소스를 더 잘 활용하고 있다는 것을 나타낸다.

이전 절에서 구축했던 모델과 비교해 보면 이 모델은 절반도 안 되는 시간에 학습될 수 있고, 검증 정확도는 거의 변함 없고, 학습 정확도는 약간 감소했지만 많이 감소하지는 않았음을 알 수 있다. 따라서 확실히 더 효율적이다.

다음 절에서는 최신 신경망에서 매우 일반적인 층인 배치 정규화에 대해 다룰 것이다.

⁝⁝ 배치 정규화를 통해 더욱 똑똑한 신경망 구축하기

신경망에 제공하는 입력을 정규화해 범위를 0에서 1 사이로 제한하는 방법은 신경망의 중간에서도 유용하게 수행할 수 있다. 이를 **배치 정규화**batch normalization라 하며, 놀라운 기법이다!

일반적으로는 정규화하고자 하는 출력 이후와 액티베이션 이전에 배치 정규화를 추가해야 하지만, 액티베이션 이후에 추가하면 성능이 더 빨라질 수도 있으며 이것이 여기에서 할 일이다.

새로운 코드는 다음과 같다(밀집 층 생략).

```
model.add(Conv2D(filters=16, kernel_size=(3, 3),
activation='relu',
    input_shape=x_train.shape[1:], padding="same"))
model.add(Conv2D(filters=16, kernel_size=(3, 3),
activation='relu',
    input_shape=x_train.shape[1:], padding="same"))
```

```
model.add(BatchNormalization())
model.add(AveragePooling2D())

model.add(Conv2D(filters=32, kernel_size=(3, 3),
activation='relu',
    padding="same"))
model.add(Conv2D(filters=32, kernel_size=(3, 3),
activation='relu',
    padding="same"))
model.add(BatchNormalization())
model.add(AveragePooling2D())

model.add(Conv2D(filters=64, kernel_size=(3, 3),
activation='relu',
    padding="same"))
model.add(Conv2D(filters=64, kernel_size=(3, 3),
activation='relu',
    padding="same"))
model.add(BatchNormalization())
model.add(AveragePooling2D())
```

파라미터 개수가 아주 약간 증가했다.

```
Total params: 369,114
```

결과는 다음과 같다.

```
Training time: 518.0608556270599
Min Loss: 0.1616916553277429
Min Validation Loss: 0.7272815862298012
Max Accuracy: 0.94308
Max Validation Accuracy: 0.7675999999046326
```

나쁘지는 않지만 안타깝게도 훨씬 느려졌다. 그러나 이 방법이 상황을 개선하는지 확인하고자 더 많은 배치 정규화를 추가할 수 있다.

```
Training time: 698.9837136268616
Min Loss: 0.13732857785719446
Min Validation Loss: 0.6836542286396027
Max Accuracy: 0.95206
Max Validation Accuracy: 0.7918999791145325
```

그렇다. 두 가지 정확도가 모두 개선됐다. 실제로 80%의 정확도라는 초기 목표에 매우
근접했다. 그러나 더 나아가 무엇을 할 수 있는지 확인해 보자.

지금까지는 ReLU 액티베이션만 사용했는데 이는 매우 많이 사용되지만 유일한 것만은
아니다. 케라스에서는 다양한 액티베이션을 지원하며, 때로는 실험해 볼 만한 가치가
있다. 여기에서는 ReLU를 계속 사용할 것이다.

몇 가지 액티베이션을 확인해 보자.

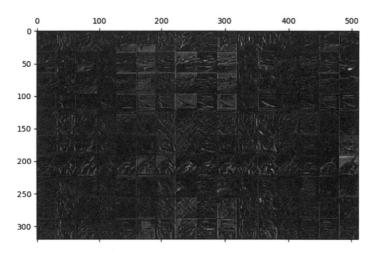

그림 6.9 16채널을 갖는 두 번째 컨볼루션 층(배치 정규화 적용)

현재 두 번째 층의 모든 채널이 학습 중이다. 매우 좋다!

네 번째 층의 결과는 그림 6.10과 같다.

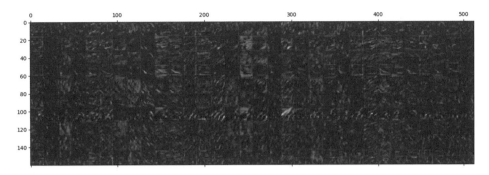

그림 6.10 32채널을 갖는 네 번째 컨볼루션 층(배치 정규화 적용)

여섯 번째 층의 결과는 그림 6.11과 같다.

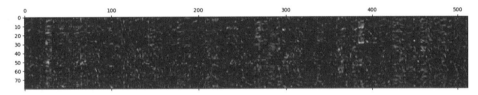

그림 6.11 64채널을 갖는 여섯 번째 컨볼루션 층(배치 정규화 적용)

좋아 보이기 시작한다!

첫 번째 층의 액티베이션에 대한 배치 정규화 전후 비교를 통해 배치 정규화의 효과를 시각화해 보자.

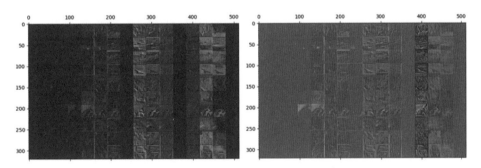

그림 6.12 16채널을 갖는 첫 번째 컨볼루션 층(배치 정규화 적용 전후)

이제 채널의 강도가 더 균일해진 것을 볼 수 있다. 활성이 없는 채널과 매우 강력한 액티베이션 채널은 더 이상 존재하지 않는다. 그러나 비활성인 채널에는 여전히 실제 정보가 없다.

두 번째 층도 확인해 보자.

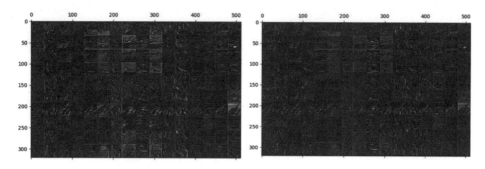

그림 6.13 16채널을 갖는 두 번째 컨볼루션 층(배치 정규화 적용 전후)

여기에서는 눈에 잘 띄지 않을 수는 있지만 채널 간의 차이가 감소한 것을 볼 수 있는데, 명확히 말하면 정규화된 것이다. 직관적으로 이것은 각 층을 통해 약해진 신호를 전파하는 데 도움을 주며 약간의 정칙화 효과를 갖게 돼 검증 정확도가 높아진다.

지금까지는 배치 정규화에 대해 이야기했으며, 이제는 배치가 무엇인지와 배치 크기가 갖는 의미에 대해 더 자세히 논의할 것이다.

올바른 배치 크기 선택하기

학습 중에는 일반적으로 수천에서 수백만에 이르는 많은 수의 샘플을 가진다. 기억하겠지만, 옵티마이저는 손실 함수를 계산하고 하이퍼파라미터를 업데이트해 손실을 줄인다. 모든 샘플 처리 후에 이를 수행하지만, 결과는 좋지 않을 수 있으며 지속적인 변경으로 인해 학습 속도가 느려질 수 있다. 반대편 끝에서 옵티마이저는 예를 들면 기울기의 평균을 사용해 에포크당 한 번만 하이퍼파라미터를 업데이트할 수 있는데, 대개는 잘못된 일반화로 이어진다. 보통은 이러한 양극단의 값보다 더 좋은 성능을 내는 배치 크기의 범위가 있지만, 안타깝게도 특정 신경망에 의존적이다.

배치 크기가 클수록 GPU상에서 학습 시간을 조금 개선시킬 수 있지만, 모델이 큰 경우에는 GPU의 메모리에 따른 최대 배치 크기의 제한이 있음을 알게 된다.

또한 배치 정규화는 배치 크기의 영향을 받는데, 배치 크기가 작을수록 효율성이 감소한다(적절한 정규화에 필요한 데이터가 충분하지 않으므로).

고려 사항이 주어졌을 때의 가장 좋은 방법은 그냥 시도해 보는 것이다. 일반적으로 16, 32, 64, 128을 사용해 보고, 가장 좋은 값을 도출하는 데 범위에 한계가 있다는 것을 확인하면 궁극적으로 범위를 늘려갈 수 있다.

지금까지 살펴본 것처럼 최적의 배치 크기는 정확도를 개선시키고 속도를 높일 수 있다. 그러나 학습 속도를 높이거나 최대한 단순화해 검증 정확도를 개선시키는 데 도움이 되는 또 다른 기술이 있다. 바로 조기 종료다.

⠿ 조기 종료

학습은 언제 종료해야 할까? 이것은 좋은 질문이다! 이상적으로는 최소 검증 오차에서 종료하고자 한다. 이를 사전에 알 수는 없지만, 손실을 확인해 얼마나 많은 에포크가 필요한지에 대한 아이디어를 얻을 수 있다. 그러나 신경망을 학습시킬 때 모델을 어떻게 조정하느냐에 따라 더 많은 에포크가 필요할 때도 있으므로 종료할 시점을 사전에 아는 것은 간단하지 않다.

케라스의 콜백인 `ModelCheckpoint`를 사용해 학습 중에 알아낸 최적의 검증 오차를 통해 모델을 저장할 수 있다는 것은 이미 알고 있다.

그러나 사전에 정의한 조건들의 집합이 발생했을 때 학습을 종료하는 또 다른 매우 유용한 콜백인 `EarlyStopping`도 있다.

```
stop = EarlyStopping(min_delta=0.0005, patience=7, verbose=1)
```

조기 종료를 구성하는 가장 중요한 파라미터는 다음과 같다.

- monitor: 모니터링할 파라미터를 결정하며 기본값은 검증 손실이다.

- min_delta: 에포크 간의 검증 손실 차이가 이 값보다 작으면 손실이 변하지 않은 것으로 간주한다.

- patience: 학습을 종료하기 전 허용할 검증 개선이 없는 에포크의 개수다.

- verbose: 케라스가 더 많은 정보를 제공하도록 지시한다.

조기 종료가 필요한 이유는 데이터 증강과 드롭아웃을 사용하면 더 많은 에포크가 필요해지므로 종료할 시점을 추측하는 대신 조기 종료를 통해 학습을 마치려 하기 때문이다.

이제 데이터 증강에 대해 이야기해 보자.

⫶⫶ 데이터 증강을 통해 데이터셋 개선하기

이제 데이터 증강을 사용할 시간이다. 데이터 증강은 기본적으로 데이터셋의 크기를 증가시킨다.

이 기술은 학습 데이터셋의 정확도를 감소시키기 때문에 지금부터는 학습 데이터셋의 정확도에 대해 더 이상 신경쓰지 않을 것이며, 개선될 것이라 예상되는 검증 정확도에 초점을 맞출 것이다.

또한 데이터셋이 더 어려워졌기 때문에 더 많은 에포크가 필요할 것으로 예상되므로 이제 에포크를 500(여기까지 도달할 계획은 아니지만), patience를 7로 설정한 EarlyStopping을 사용할 것이다.

지금부터 이러한 증강을 시도해 보자.

```
ImageDataGenerator(rotation_range=15, width_shift_range=[-5, 0, 5],
    horizontal_flip=True)
```

신경망이 검증 데이터셋과 너무 다른 데이터셋을 학습할 수도 있기 때문에 과도하게 사용하지는 않도록 주의해야 하며, 그러한 경우 검증 정확도가 10%에 머물러 있는 것을 보게 될지도 모른다.

결과는 다음과 같다.

```
Epoch 00031: val_loss did not improve from 0.48613
Epoch 00031: early stopping
Training time: 1951.4751739501953
Min Loss: 0.3638068118467927
Min Validation Loss: 0.48612626193910835
Max Accuracy: 0.87454
Max Validation Accuracy: 0.8460999727249146
```

조기 종료는 31 에포크 직후에 학습을 중단시켰으며, 여기에서는 84% 이상의 검증 정확도에 도달했다. 나쁘지 않다. 예상한 대로 이제는 더 많은 에포크가 필요하다. 손실 그래프는 그림 6.14와 같다.

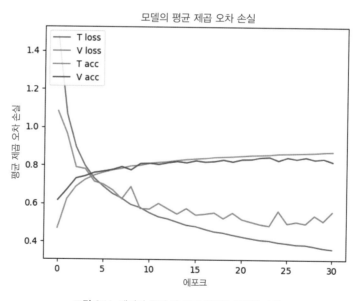

그림 6.14 데이터 증강 및 조기 종료를 적용한 손실

학습 정확도는 계속 증가하는 반면 검증 정확도는 어떤 시점에서 감소했는지 확인할 수 있다. 신경망은 여전히 약간 오버피팅돼 있다.

첫 번째 컨볼루션 층의 액티베이션을 확인해 보자.

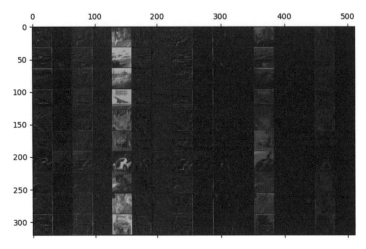

그림 6.15 16채널을 갖는 첫 번째 컨볼루션 층(데이터 증강 및 조기 종료 적용)

아주 조금 더 좋지만 다시 개선할 수 있는 여지가 있다.

데이터를 조금 더 증강시켜 볼 수 있다.

```
ImageDataGenerator(rotation_range=15, width_shift_range=[-8,
-4, 0,
    4, 8], horizontal_flip=True, height_shift_range=[-5, 0, 5],
    zoom_range=[0.9, 1.1])
```

결과는 다음과 같다.

```
Epoch 00040: early stopping
Training time: 2923.3936190605164
Min Loss: 0.5091392234659194
Min Validation Loss: 0.5033097203373909
Max Accuracy: 0.8243
Max Validation Accuracy: 0.8331999778747559
```

이 모델은 더 느리고 정확도가 더 낮다. 그래프를 확인해 보자.

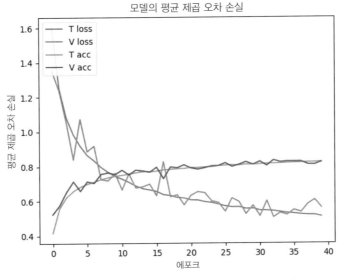

그림 6.16 더 많은 데이터 증강 및 조기 종료를 적용한 손실

아마도 patience가 더 필요할 것 같다. 그런 다음 이전의 데이터 증강 방식을 계속 사용할 것이다.

다음 절에서는 드롭아웃 층을 사용해 검증 정확도를 증가시키는 간단하지만 효과적인 방법에 대해 분석할 것이다.

드롭아웃을 통해 검증 정확도 개선하기

오버피팅의 원인은 신경망이 결론을 도출하고자 일부 뉴런들에 더 많이 의존한다는 것이며, 만약 그러한 뉴런들이 잘못되면 신경망이 망가진다. 이 문제를 줄이는 한 가지 방법은 추론 중에는 뉴런들이 정상적으로 작동하도록 유지하면서 학습 중에는 일부 뉴런들을 간단하게 무작위로 차단하는 것이다. 이 방법을 통해 신경망은 오류에 더 강하고 더 잘 일반화하는 법을 학습한다. 이 메커니즘을 드롭아웃^{dropout}이라 하며 케라스는 이를 지원한다. 드롭아웃은 신경망이 수렴하는 데 더 많은 에포크가 필요하므로 학습 시간을 증가시킨다. 일부 뉴런들은 학습 중에 무작위로 비활성화되므로 더 큰 신경망이 필요할 수도 있다. 또한 데이터셋이 신경망에 비해 그다지 크지 않아 오버피팅될 가능성이 높은 경우에 더 유용하다. 실제로 드롭아웃은 오버피팅을 줄이기 위한 것이므로 신경망이 오버피팅되지 않으면 이점이 거의 없다.

밀집 층에 대한 드롭아웃의 일반적인 값은 0.5이긴 하지만, 앞서 생성한 모델이 심하게 오버피팅되지는 않으므로 조금 더 작은 값으로 사용할 수도 있다. 또한 지금 학습된 모델에는 더 많은 에포크가 필요하며 검증 손실은 더 많은 시간 동안 변동을 거듭할 수 있으므로 patience를 20으로 늘릴 것이다.

밀집 층에 몇 가지 드롭아웃을 추가해 보자.

```
model.add(Flatten())
model.add(Dense(units=256, activation='relu'))
model.add(Dropout(0.4))
model.add(Dense(units=128, activation='relu'))
model.add(Dropout(0.2))
model.add(Dense(units=num_classes, activation = 'softmax'))
```

결과는 다음과 같다.

```
Epoch 00097: early stopping
Training time: 6541.777503728867
Min Loss: 0.38114651718586684
Min Validation Loss: 0.44884318161308767
Max Accuracy: 0.87218
Max Validation Accuracy: 0.8585000038146973
```

약간 실망스럽다. 학습하는 데 많은 시간이 걸렸지만 약간의 이득만을 얻었다. 여기에서는 밀집 층이 약간 작은 것이라 가정한다.

밀집 층의 크기를 50% 증가시키고, 두 번째 층의 드롭아웃을 줄이면서 첫 번째 층의 드롭아웃을 증가시킬 것이다.

```
model.add(Flatten())
model.add(Dense(units=384, activation='relu'))
```

```
model.add(Dropout(0.5))
model.add(Dense(units=192, activation='relu'))
model.add(Dropout(0.1))
model.add(Dense(units=num_classes, activation='softmax'))
```

당연히 여기에서는 파라미터의 개수가 더 많아진 것을 볼 수 있다.

```
Total params: 542,426
```

조금 더 나은 결과가 나왔다.

```
Epoch 00122: early stopping
Training time: 8456.040931940079
Min Loss: 0.3601766444931924
Min Validation Loss: 0.4270844452492893
Max Accuracy: 0.87942
Max Validation Accuracy: 0.864799976348877
```

검증 정확도를 개선시켜 나갈수록 작은 이득이라 해도 달성하기가 어렵다.

그래프를 확인해 보자.

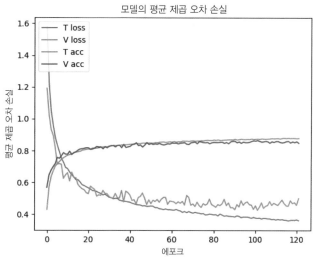

그림 6.17 더 많은 데이터 증강 및 밀집 층 드롭아웃을 적용한 손실

약간의 오버피팅이 있으므로 수정해 보자. 컨볼루션 층에서 드롭아웃을 사용할 수도 있다.

이를 시도해 보자.

```
model.add(Conv2D(filters=16, kernel_size=(3, 3),
activation='relu', input_shape=x_train.shape[1:],
    padding="same"))
model.add(BatchNormalization())
model.add(Dropout(0.5))
model.add(Conv2D(filters=16, kernel_size=(3, 3),
activation='relu', input_shape=x_train.shape[1:],
    padding="same"))
model.add(BatchNormalization())
model.add(AveragePooling2D())
model.add(Dropout(0.5))
```

실망스러운 결과가 나왔다.

```
Epoch 00133: early stopping
Training time: 9261.82032418251
Min Loss: 0.6104169194960594
Min Validation Loss: 0.4887285701841116
Max Accuracy: 0.79362
Max Validation Accuracy: 0.8417999744415283
```

신경망이 개선되지 않았다!

여기에서는 흥미로운 사실을 볼 수 있는데 검증 정확도가 학습 정확도보다 훨씬 높다. 어떻게 이것이 가능할까?

데이터셋 분할이 올바르다고 가정하면(예: 너무 쉽거나 학습 데이터셋과 너무 유사한 이미지를 포함하는 검증 데이터셋이 없음) 다음과 같은 두 가지 요인이 이러한 상황을 만들 수 있다.

- 데이터 증강은 잠재적으로 학습 데이터셋을 검증 데이터셋보다 어렵게 만들 수 있다.

- 드롭아웃은 학습 단계에서는 활성화되고 예측 단계에서는 비활성화되므로 학습 데이터셋이 검증 데이터셋보다 훨씬 어려울 수 있다.

이번 사례에서의 범인은 드롭아웃이다. 정당한 이유가 있다면 이 상황을 반드시 해결할 필요는 없지만, 이번에는 검증 정확도가 떨어졌으므로 드롭아웃을 수정하거나 신경망의 크기를 증가시켜야 한다.

나는 컨볼루션 층에 드롭아웃을 사용하기가 더 어렵다는 것을 알았으며, 개인적으로 이 상황에서 큰 드롭아웃을 사용하지는 않을 것이다. 여기에는 몇 가지 지침이 있다.

- 정규화가 어려워지므로 Dropout 직후에는 배치 정규화를 사용하지 않는다.

- Dropout은 MaxPooling 이전보다 이후에 더 효과적이다.

- 컨볼루션 층 이후의 Dropout은 단일 픽셀을 차단하지만 SpatialDropout2D는 채널을 차단하므로 신경망 시작 부분의 처음 몇 개 층에 권장한다.

나는 또 다른 몇 번의[2] 실험을 수행했으며, 컨볼루션 층의 크기를 증가시키고 드롭아웃을 줄이고 몇 개의 층에서 공간 드롭아웃(Spatial Dropout)을 사용하기로 결정했다. 이 신경망을 내가 생각하는 최종 버전으로서 마무리 짓는다.

컨볼루션 층의 코드는 다음과 같다.

```
model = Sequential()
model.add(Conv2D(filters=32, kernel_size=(3, 3),
activation='relu', input_shape=x_train.shape[1:],
    padding="same"))
model.add(BatchNormalization())
model.add(Conv2D(filters=32, kernel_size=(3, 3),
activation='relu', input_shape=x_train.shape[1:],
    padding="same"))
model.add(BatchNormalization())
model.add(AveragePooling2D())
model.add(SpatialDropout2D(0.2))

model.add(Conv2D(filters=48, kernel_size=(3, 3),
```

```
activation='relu',
    padding="same"))
model.add(BatchNormalization())
model.add(Conv2D(filters=48, kernel_size=(3, 3),
activation='relu',
    padding="same"))
model.add(BatchNormalization())
model.add(AveragePooling2D())
model.add(SpatialDropout2D(0.2))

model.add(Conv2D(filters=72, kernel_size=(3, 3),
activation='relu',
    padding="same"))
model.add(BatchNormalization())
model.add(Conv2D(filters=72, kernel_size=(3, 3),
activation='relu',
    padding="same"))
model.add(BatchNormalization())
model.add(AveragePooling2D())
model.add(Dropout(0.1))

And this is the part with the dense layers:model.add(Flatten())
model.add(Dense(units=384, activation='relu'))
model.add(Dropout(0.5))
model.add(Dense(units=192, activation='relu'))
model.add(Dropout(0.1))
model.add(Dense(units=num_classes, activation='softmax'))
```

결과는 다음과 같다.

```
Epoch 00168: early stopping
Training time: 13122.931826591492
Min Loss: 0.4703261657243967
Min Validation Loss: 0.3803714614287019
Max Accuracy: 0.84324
Max Validation Accuracy: 0.8779000043869019
```

검증 정확도가 개선됐다.

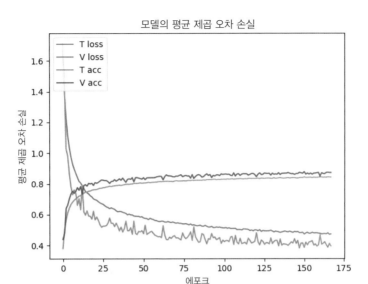

그림 6.18 더 많은 데이터 증강 및 밀집 층과 컨볼루션 층 모두 드롭아웃을 적용한 손실

축하한다! 이제 신경망을 학습시키는 방법에 대한 아이디어를 얻었으니 자유롭게 실험하고 몰두해 보자! 모든 작업이 서로 제각각이며 가능성은 정말 무한하다.

재미를 위해, 다시 학습해 동일한 논리 모델이 MNIST상에서 어떻게 수행되는지 살펴보자.

모델을 MNIST에 적용하기

이전 MNIST 모델은 98.3%의 검증 정확도를 달성했는데, 알아챘겠지만 100%에 가까워질수록 모델을 개선하기가 더 어렵다.

지금까지 구성한 CIFAR-10 모델은 MNIST와는 다른 작업의 학습을 위해 생성됐지만, MNIST상에서 어떻게 수행되는지 살펴보자.

```
Epoch 00077: early stopping
Training time: 7110.028198957443
Min Loss: 0.04797766085289389
Min Validation Loss: 0.02718053938352254
```

```
Max Accuracy: 0.98681664
Max Validation Accuracy: 0.9919000267982483
```

이에 대한 그래프는 그림 6.19와 같다.

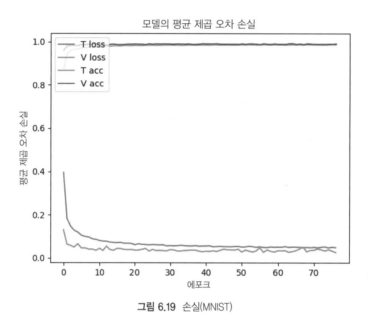

그림 6.19 손실(MNIST)

나는 모든 작업이 MNIST만큼 쉬웠으면 한다!

호기심에서, 첫 번째 층의 액티베이션을 확인해 보자.

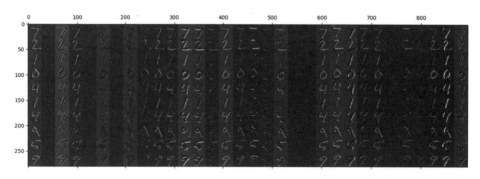

그림 6.20 첫 번째 컨볼루션 층의 액티베이션(MNIST)

많은 채널이 활성화돼 있으며 숫자의 가장 중요한 특징을 쉽게 탐지한다.

깃허브 내의 코드를 통해 실험해 보는 것은 독자들에게 아주 좋은 시간이 될 것이다.

이제 당신의 차례!

시간이 된다면 공개 데이터셋을 갖고 실제로 실험하거나 자신만의 데이터셋을 생성해 신경망을 처음부터 학습시켜야 한다.

만약 아이디어가 부족하다면 CIFAR-100을 사용할 수도 있다.

신경망을 학습시키는 것은 일반적으로 선형이 아니라는 점을 기억하자. 도움이 될 수 있는 것이 무엇인지를 추측해야 하거나 여러 가지 시도를 해야 할 수도 있다. 모델이 진척되는 동안에는 다른 기술과 다른 층의 중요도가 변경될 수도 있으므로 앞뒤로 반복하는 것을 잊지 말자.

⫸ 요약

6장은 신경망을 학습시킬 때 진행하는 한 가지 방법을 보여 주는 매우 실용적인 장이었다. 큰 모델에서 시작해 69.7%의 검증 정확도를 달성하고 나서 크기를 줄이고 몇 가지 층을 추가해 비선형 액티베이션 개수를 증가시켰다. 배치 정규화를 사용해 모든 채널의 기여도를 균등화하고 나서 학습 종료 시점을 결정하는 데 도움이 되는 조기 종료에 대해서도 배웠다.

학습을 자동으로 종료하는 방법을 배운 후에는 데이터 증강을 즉시 적용했는데, 이는 데이터셋의 크기뿐만 아니라 신경망을 적절하게 학습시키는 데 필요한 에포크 수를 증가시켰다. 그다음은 항상 사용하기에는 쉽지 않지만 오버피팅을 줄이는 강력한 방법인 Dropout과 SpatialDropout2D를 도입했다.

최종적으로 87.8%의 정확도를 달성한 신경망을 만들었다.

7장에서는 빈 트랙에서 자동차를 운전 가능한 신경망을 학습시킬 것이다!

6장을 읽고 나면 다음 질문들에 답할 수 있다.

1. 더 많은 층을 사용하고자 하는 이유는 무엇인가?

2. 더 많은 층을 가진 신경망이 얕은 층을 가진 신경망에 비해 자동적으로 느려지는가?

3. 모델 학습을 종료하는 시점을 어떻게 알 수 있는가?

4. 모델의 오버피팅이 시작되기 전에 학습을 종료하고자 사용할 수 있는 케라스 함수는 무엇인가?

5. 채널을 어떻게 정규화할 수 있는가?

6. 어떻게 하면 효과적으로 데이터셋을 더 크고 어렵게 만들 수 있는가?

7. 드롭아웃은 모델을 더욱 견고하게 만드는가?

8. 데이터 증강을 사용하는 경우 학습이 더 느려지거나 빨라질 것으로 예상하는가?

9. 드롭아웃을 사용하는 경우 학습이 더 느려지거나 빨라질 것으로 예상하는가?

07

보행자 및 신호등 감지

딥러닝을 마치고 이 새로운 장으로 나아간 것을 축하한다. 이제 신경망을 구축하고 조정하는 방법에 대한 기본을 알았으니 이제 조금 더 어려운 주제로 나아가야 한다.

1장 'OpenCV 기초와 카메라 보정'에서 이미 OpenCV를 사용해 보행자를 감지해 봤다. 7장에서는 **SSD**^{Single Shot MultiBox Detector}라는 매우 강력한 신경망을 사용해 물체를 감지하는 방법에 대해 알아보고, 이를 사용해 보행자뿐만 아니라 차량과 신호등도 감지해 본다. 또한 상대적으로 작은 데이터셋을 이용해 좋은 결과를 얻을 수 있는 강력한 기술인 전이 학습을 사용해 신호등의 색상을 감지하도록 신경망을 학습할 것이다.

7장에서는 다음 내용을 다룬다.

- 보행자, 차량 및 신호등 감지
- Carla로 이미지 수집하기
- **SSD**를 이용한 물체 감지
- 신호등의 색상 감지

- 전이 학습 이해하기

- Inception의 이면에 있는 아이디어

- 신호등과 신호등 색상 인식

▶ 기술 요구 사항

7장에서 설명하는 코드를 사용하려면 다음 도구와 모듈을 설치해야 한다.

- Carla 시뮬레이터

- 파이썬 3.7

- 넘파이 모듈

- 텐서플로 모듈

- 케라스 모듈

- OpenCV-파이썬 모듈

- GPU(권장됨)

7장에서 사용한 코드는 다음 사이트에서 확인할 수 있다.

https://github.com/PacktPublishing/Hands-On-Vision-and-Behavior-for-
Self-Driving-Cars/tree/master/Chapter7

7장의 실행 영상에 대한 코드는 다음 사이트에서 확인할 수 있다.

https://bit.ly/3o8C79Q

▒ SSD를 이용한 보행자, 차량, 신호등 감지

자율주행차가 도로를 달릴 때엔 먼저 차선이 어디에 있는지 확실히 파악해야 하고, 도로에 존재할 수 있는 (사람을 포함한) 장애물을 감지해야 하며, 교통표지판과 신호등도 감지해야 한다.

7장에서는 신호등 색상을 포함해 보행자, 차량, 신호등을 감지하는 방법을 배우며 한걸음 더 나아갈 것이다. 필요한 이미지 생성을 위해선 Carla를 사용할 것이다.

이 목표를 이루기 위한 과정은 2단계로 이뤄진다.

1. 먼저 SSD라는 사전 학습된 신경망을 사용해 차량, 보행자, (색상 정보가 없는)신호등을 감지한다.

2. 다음으로 전이 학습이라 불리는 기술을 사용해 신호등의 색을 탐지할 것인데, 전이 학습이라 함은 Inception v3라는 사전 학습된 신경망으로부터 새 신경망을 학습시키는 과정이다. 또한 소규모 데이터셋도 수집해야 한다.

먼저 Carla를 사용해 이미지를 수집해 보자.

Carla로 약간의 이미지 수집하기

우리는 보행자, 차량, 신호등이 있는 거리 사진이 필요하다. 이를 위해 Carla를 사용할 수 있지만 이번 시간에는 Carla로 데이터셋을 수집하는 방법에 대해 자세히 논의한다. Carla는 다음 사이트에 있다.

> https://carla.org/

Carla 깃허브 페이지에서 리눅스^{Linux}와 윈도우^{Windows}용 바이너리를 찾을 수 있다.

> https://github.com/carla-simulator/carla/releases

설치 지침은 Carla 웹 사이트에 있다.

> https://carla.readthedocs.io/en/latest/start_quickstart/

Carla는 리눅스에서는 `CarlaUE4.sh` 명령으로 시작하고 윈도우에서는 `CarlaUE4.exe`를 실행해 시작한다. 여기서는 간단히 `CarlaUE4`라고 부른다. 이것은 인수 없이 실행하거나 다음과 같이 수동으로 해상도를 설정할 수 있다.

```
CarlaUE4 -windowed -ResX=640 -ResY=480
```

Carla에선 다음과 같은 몇몇 키를 사용해 트랙에서 움직일 수 있다.

- W: 전진
- S: 후진
- A: 왼쪽 옆으로
- D: 오른쪽 옆으로

또한 Carla에선 마우스 왼쪽 버튼을 누른 상태에서 커서를 움직여 뷰 앵글^{view angle}을 변경하고 다른 각도를 따라 이동할 수 있다.

그림 7.1과 같은 화면을 볼 수 있을 것이다.

그림 7.1 Carla – 기본 트랙

서버가 유용한 경우도 있겠으나 아마 PythonAPI\util과 PythonAPI\examples에 있는 파일들을 실행해 보고 싶을 것이다.

이 작업을 위해 Town01을 사용해 트랙을 변경할 것이다. 다음과 같이 PythonAPI\util\config.py 파일을 사용해 이를 수행할 수 있다.

```
python config.py -m=Town01
```

이제 다른 트랙이 보일 것이다.

그림 7.2 Town01 트랙

텅 빈 도시에 차량들과 보행자들을 추가할 차례다. 다음과 같이 PythonAPI\examples\spawn_npc.py를 사용해 이를 수행할 수 있다.

```
python spawn_npc.py -w=100 -n=100
```

파라미터 -w와 -n은 각각 생성하려는 보행자 수와 차량 수를 지정한다. 이제 그림 7.3과 같은 몇몇 작업(액션)을 볼 수 있을 것이다.

그림 7.3 차량과 보행자가 있는 Town01 트랙

Carla는 여러 클라이언트를 연결할 수 있는 서버로 실행되므로 더 흥미로운 시뮬레이션을 수행할 수 있다.

Carla를 실행하면 서버가 시작한다. 서버를 사용해 어느 정도 움직여 볼 수 있지만, 훨씬 더 많은 기능을 제공하는 클라이언트로 실행하는 것이 좋다. 클라이언트를 실행하면 Carla와 함께 창 2개가 나타난다.

1. 다음과 같이 PythonAPI\examples\manual_control.py를 사용해 클라이언트를 실행해 보자.

```
python manual_control.py
```

그림 7.4와 같은 화면이 보일 것이다.

그림 7.4 manual_control.py를 사용한 Town01 트랙

왼쪽에는 여러 통계치가 있는데, F1 키를 사용해 이들을 토글^{toggle}할 수 있다. 이제 차량이 생겼으며, 백스페이스 키를 사용해 차량을 변경할 수 있다.

2. 이전과 동일한 키로 이동할 수 있지만 이번에는 물리적 시뮬레이션으로 인해 동작이 더 쓸 만하고 현실적이다. 또한 화살표 키를 사용해 움직일 수도 있다.

그림 7.5의 스크린샷에서 볼 수 있듯이 탭^{Tab} 키를 사용해 카메라를 전환할 수 있으며, C 키로 날씨를 변경할 수 있다.

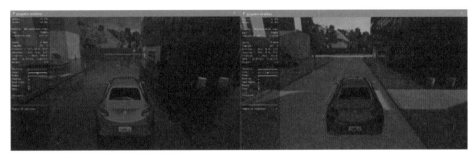

그림 7.5 Town01 트랙. 강한 비가 내리는 정오와 맑은 하늘의 일몰

Carla에는 많은 센서가 있다. 그중 하나는 RGB 카메라다. 백틱$^{(backtick)}$ 키인 `를 사용해 이들 사이를 전환할 수 있다. 이제 그림 7.6의 스크린샷을 확인하자.

그림 7.6 Town01 트랙 – 왼쪽: 깊이(원시), 오른쪽: 시맨틱 세그멘테이션

앞의 스크린샷은 매우 흥미로운 두 가지 센서를 보여 준다.

- 각 픽셀과 카메라와의 거리를 제공하는 깊이 센서
- 다른 색상을 사용해 모든 객체를 분류하는 시맨틱 세그멘테이션 센서

글을 쓰는 시점에서 전체 카메라 센서 목록은 다음과 같다.

- 카메라 RGB

- 카메라 깊이(원시)

- 카메라 깊이(회색조)

- 카메라 깊이(로그 회색조)

- 카메라 시맨틱 분할(CityScapes Palette)

- 라이다(레이캐스트(raycast))

- 동적 비전 센서(DVS, Dynamic Vision Sensor)

- 카메라 RGB 왜곡

라이다는 레이저를 이용해 물체의 거리를 감지하는 센서다. 뉴로모픽 카메라(neuromorphic camera)라고도 불리는 DVS는 RGB 카메라의 한계를 극복해 밝기의 국소 변화를 기록하는 카메라다. 카메라 RGB 왜곡은 렌즈의 효과를 시뮬레이션하는 RGB 카메라일 뿐이며, 필요에 따라 왜곡을 사용자 정의할 수 있다.

그림 7.7의 스크린 샷은 라이다 카메라 뷰다.

그림 7.7 라이다 카메라 뷰

그림 7.8의 스크린 샷은 DVS 출력이다.

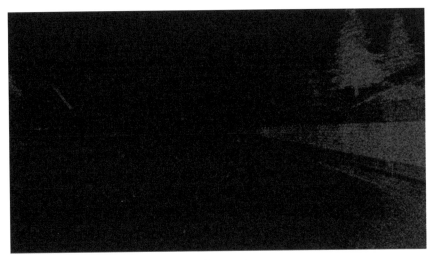

그림 7.8 DVS

이제 RGB 카메라에서 이미지들을 수집하거나 깃허브 저장소에 있는 이미지를 사용할 수 있다.

이제 이미지를 챙겼으므로 SSD라고 불리는 사전 학습된 네트워크를 사용해 보행자, 차량, 신호등을 감지해 보자.

SSD의 이해

이전 장에서 미리 정의된 옵션 집합에서 사진에 존재하는 물체를 알려 주는 신경망인 분류기^{classifier}를 만들었다. 7장의 뒷부분에서는 아주 정확한 방식으로 이미지를 분류할 수 있는 사전 학습된 신경망을 보게 될 것이다.

SSD는 같은 그림에서 많은 객체를 감지할 수 있다는 점에서 다른 여타 신경망보다 독보적이다. 조금 복잡하지만 만약 SSD의 세부 사항에 관심이 있다면 '더 읽어 보기' 절을 확인하자.

SSD는 여러 물체를 동시에 감지할 수 있을 뿐만 아니라 물체가 위치한 영역을 출력할 수도 있다. 이는 8,732개의 다른 종횡비를 갖는 영역을 확인함으로써 실현한다. SSD는 좋은 GPU를 이용하면 실시간 비디오 분석에 사용할 수 있을 정도로 빠르다.

그런데 어디서 SSD를 찾을 수 있을까? 답은 zoo 텐서플로 감지 모델이다. 이게 무엇인지 보자.

zoo 텐서플로 감지 모델 알아보기

zoo 텐서플로 감지 모델은 사전 학습된 신경망의 유용한 컬렉션으로, 여러 데이터셋에서 학습된 다양한 아키텍처를 지원한다. 우리는 SSD에 관심이 있으므로 여기에 초점을 맞출 것이다.

우리는 zoo 모델에서 지원하는 데이터셋 중 COCO에 관심을 둔다. **COCO**는 타입별로 분류된 250만 개의 이미지 컬렉션인 마이크로소프트 **Common Objects in Context** 데이터셋이다. '더 읽어 보기' 절의 링크에서는 COCO 레이블이 90개나 있음을 알 수 있으나 여기선 다음의 것들에 관심을 둔다.

- 1: 사람

- 3: 자동차

- 6: 버스

- 8: 트럭

- 10: 신호등

어떤 사람은 다음 레이블에 관심이 갈 수도 있다.

- 2: 자전거

- 4: 오토바이

- 13: 정지 신호

특히 COCO에서 학습된 SSD는 여러 가지 버전이 있다. 이들은 각기 다른 신경망을 백엔드로 사용해 이루고자 하는 속도/정확도 비율을 달성한다. 그림 7.9의 스크린샷을 참조하자.

Model name	Speed (ms)	COCO mAP[^1]	Outputs
ssd_mobilenet_v1_coco	30	21	Boxes
ssd_mobilenet_v1_0.75_depth_coco ☆	26	18	Boxes
ssd_mobilenet_v1_quantized_coco ☆	29	18	Boxes
ssd_mobilenet_v1_0.75_depth_quantized_coco ☆	29	16	Boxes
ssd_mobilenet_v1_ppn_coco ☆	26	20	Boxes
ssd_mobilenet_v1_fpn_coco ☆	56	32	Boxes
ssd_resnet_50_fpn_coco ☆	76	35	Boxes
ssd_mobilenet_v2_coco	31	22	Boxes
ssd_mobilenet_v2_quantized_coco	29	22	Boxes
ssdlite_mobilenet_v2_coco	27	22	Boxes
ssd_inception_v2_coco	42	24	Boxes

그림 7.9 COCO에서 학습된 SSD의 zoo 텐서플로 감지 모델

여기서 mAP 열은 mean average 정밀도이므로 높을수록 좋다. MobileNet은 특별히 모바일과 임베디드 장치에서 잘 작동하도록 개발된 신경망이며, 그 뛰어난 성능 덕분에 실시간 추론이 필요한 SSD를 위해 일반적으로classical 선택한다.

우리는 도로상의 물체를 감지하고자 Microsoft Research Asia에서 개발한 50-레이어 신경망인 **ResNet50**을 백본으로 사용하는 SSD를 사용한다. ResNet의 특징은 **skip connection**의 존재다. 이것은 한 레이어를 중간의 레이어들을 건너뛰어 다른 레이어로 바로 연결하는 하나의 지름길이다. 이 존재는 **vanishing gradient** 문제를 해결하는 데 도움을 준다. 심층 신경망 학습 중에는 gradient가 너무 작아져 네트워크가 학습이 중단된다.

그러나 우리가 선택한 모델에 어떻게 ssd_resnet_50_fpn_coco를 사용해야 할까? 한번 확인해 보자!

SSD 다운로드 및 불러오기

zoo 모델 페이지에서 **ssd_resnet_50_fpn_coco**를 클릭하면 케라스가 모델을 다운로드하는 데 필요한 URL이 표시된다. 집필 당시의 URL은 다음과 같다.

http://download.tensorflow.org/models/object_detection/ssd_resnet50_v1_fpn_shared_box_predictor_640x640_coco14_sync_2018_07_03.tar.gz

모델의 전체 이름은 다음과 같다.

```
ssd_resnet50_v1_fpn_shared_box_predictor_640x640_coco14_sync_2018_07_03.
```

모델을 로드하려면 다음 코드를 사용한다.

```
url = 'http://download.tensorflow.org/models/object_detection/'
+ model_name + '.tar.gz'
model_dir = tf.keras.utils.get_file(fname=model_name,
untar=True, origin=url)

print("Model path: ", model_dir)
model_dir = pathlib.Path(model_dir) / "saved_model"
model = tf.saved_model.load(str(model_dir))
model = model.signatures['serving_default']
```

이 코드를 처음 실행하는 경우 케라스가 모델을 다운로드해 하드 드라이브에 저장하므로 시간이 더 걸린다.

이제 모델을 불러왔으므로 이를 사용해 객체들을 감지해 보자.

SSD 실행하기

코드 단 몇 줄로 SSD를 실행할 수 있다. OpenCV로 이미지(해상도 299x299)를 불러온 다음 이미지를 넘파이 배열과 유사한 텐서플로에서 사용하는 다차원 배열 타입인 텐서로 변환해야 한다. 다음 코드를 참조하자.

```
img = cv2.imread(file_name)
img = cv2.cvtColor(img, cv2.COLOR_BGR2RGB)
input_tensor = tf.convert_to_tensor(img)
input_tensor = input_tensor[tf.newaxis, ...]
# Run inference
output = model(input_tensor)
```

BGR이 아니라 RGB 이미지를 네트워크에 넣는다는 점을 유의하자. 앞에서 OpenCV
가 사용했던 BGR 포맷이 머릿속에 남아 있을 수 있기에 채널 순서에 주의를 기울여야
한다.

보다시피 SSD를 돌리는 것은 쉽지만 출력이 상대적으로 복잡하다. 그리고 몇몇 코드는
유용하고 더 간단한 형태로의 변환이 필요하다. 출력 변수는 파이썬 딕셔너리^{Python}
^{dictionary}이지만 담고 있는 값이 텐서이므로 이를 변환해야 한다.

예를 들어, 예측의 개수_(예: 이미지 내 찾은 객체의 수)를 담고 있는 output['num_detections']를 출
력하면 다음의 결과가 나타난다.

```
tf.Tensor([1.], shape=(1,), dtype=float32)
```

변환을 위해 int()를 사용할 수 있다.

다른 모든 텐서는 배열이며, numpy() 함수를 이용해 이들을 변환할 수 있다.

그렇기에 코드는 다음과 비슷할 것이다.

```
num_detections = int(output.pop('num_detections'))
output = {key: value[0, :num_detections].numpy()
          for key, value in output.items()}
output['num_detections'] = num_detections
```

아직 수정해야 할 것이 2개가 남아 있다.

- 탐지 클래스는 부동 소수점이지만 레이블로 사용하므로 정수가 돼야 함

- 상자의 좌표가 백분율 형식임

몇 줄의 코드만으로 이 문제들을 해결할 수 있다.

```
output['detection_classes'] =
 output['detection_classes'].astype(np.int64)
output['boxes'] = [
 {"y": int(box[0] * img.shape[0]),
  "x": int(box[1] * img.shape[1]),
  "y2": int(box[2] * img.shape[0]),
  "x2": int(box[3] * img.shape[1])}
    for box in output['detection_boxes']]
```

이제 그림 7.10의 이미지에 SSD를 적용해 보자.

그림 7.10 Town01의 이미지

다음과 같은 결과를 얻는다.

```
{
  'detection_scores': array([0.4976843, 0.44799107, 0.36753723,
      0.3548107 ], dtype=float32),
  'detection_classes': array([ 8, 10, 6, 3], dtype=int64),
  'detection_boxes': array([
      [0.46678272, 0.2595877, 0.6488052, 0.40986294],
      [0.3679817, 0.76321596, 0.45684734, 0.7875406],
      [0.46517858, 0.26020002, 0.6488801, 0.41080648],
      [0.46678272, 0.2595877, 0.6488052, 0.40986294]],
      dtype=float32),
 'num_detections': 4,
 'boxes': [{'y': 220, 'x': 164, 'y2': 306, 'x2': 260},
          {'y': 174, 'x': 484, 'y2': 216, 'x2': 500},
          {'y': 220, 'x': 165, 'y2': 306, 'x2': 260},
          {'y': 220, 'x': 164, 'y2': 306, 'x2': 260}]
}
```

이 코드의 의미는 다음과 같다.

- detection_scores: 높은 점수는 높은 탐지 신뢰도를 의미함

- detection_classes: 탐지 레이블 – 해당 케이스에서는 트럭[8], 신호등[10], 버스[6], 자동차[3]

- detection_boxes: 백분율 형식 좌표를 갖는 원래의 박스

- num_detections: 탐지 개수

- boxes: 원본 이미지 해상도로 변환된 좌표를 갖는 박스

세 예측은 기본적으로 같은 영역에 있으며, 점수에 따라 정렬돼 있다는 것에 유의하자. 이러한 오버래핑overlapping은 수정해야 할 것이다.

이제 무엇이 탐지됐는지 더 잘 보이게 하도록 이미지에 주석을 달 것이다.

이미지에 주석 달기

이미지에 주석을 적절하게 달려면 다음 작업을 해야 한다.

1. 관심가는 레이블만 고려하기

2. 오버래핑 레이블을 제거하기

3. 각 예측에 사각형 그리기

4. 레이블 및 점수 그리기

오버래핑 레이블 제거는 이 레이블들을 비교하는 것으로도 충분하다. 만약 박스의 중심이 비슷한 경우 점수가 더 높은 레이블만 남긴다.

결과는 그림 7.11과 같다.

그림 7.11 Town01의 이미지, SSD로만 주석됨

다른 이미지가 잘 인식되지 않는다고 하더라도 좋은 출발점이다. 차량이 트럭으로 인식 돼 완전히 정확하지는 않지만 전혀 신경쓰지 않아도 된다.

가장 큰 문제는 신호등이 있다는 것을 알지만 색은 모른다는 것이다. 불행히도 SSD는 이를 해결해 주지 않는다. 우리 스스로 해결해야 한다.

다음 절에서는 전이 학습이라는 기술을 이용해 신호등 색상을 탐지하는 신경망을 개발한다.

신호등의 색상 감지

원칙적으로 컴퓨터 비전 기술을 사용하면 신호등의 색상을 감지할 수 있다. 예를 들어, 적색과 녹색 채널을 확인하는 것으로 시작할 수 있다. 추가적으로 신호등^{crossing light}의 하단과 상단의 밝기를 확인하는 것이 도움이 될 것이다. 이는 일부 신호등이 문제가 될 수 있는 경우에도 작동할 수 있다.

그러나 우리는 딥러닝을 사용할 것이다. 이 작업은 보다 고급 기술을 탐구하는 데 적합하기 때문이다. 또한 큰 데이터셋을 생성하는 것이 더 쉬울지라도 작은 데이터셋을 사용하도록 노력할 것이다. 데이터셋의 크기를 쉽게 늘릴 수 있는 사치를 항상 누릴 수는 없기 때문이다.

신호등의 색을 감지하려면 다음 세 단계를 완료해야 한다.

1. 신호등 데이터셋의 수집

2. 색상을 인식하도록 신경망을 학습

3. SSD와 함께 네트워크를 사용해 최종 결과 획득

Bosch Small Traffic Lights 데이터셋이라는 신호등 데이터셋을 사용할 수도 있다. 그러나 우리는 자체 데이터셋을 Carla를 사용해 생성할 것이다. 이제 그 방법을 살펴보자.

신호등 데이터셋 만들기

이제 Carla를 사용해 데이터셋을 만들 것이다. 원칙적으로 이것은 우리가 원하는 만큼 커질 수 있다.

클수록 좋다지만, 큰 데이터셋은 학습이 느리고 생성에도 시간이 더 걸린다. 우리의 경우 태스크가 간단하기에 몇 백 개 이미지로 이뤄진 상대적으로 작은 데이터셋을 만들 것이다. 데이터셋이 특별히 크지 않은 경우에 사용할 수 있는 전이 학습을 그 이후에 탐구해 볼 것이다.

TIP

> 이 태스크를 위해 내가 만든 데이터셋을 깃허브에서 찾을 수 있을 것이다. 하지만 시간이 있다면 스스로 데이터셋을 수집하는 것이 좋을 것이다.

이 데이터셋 생성 과정은 3단계로 이뤄진다.

1. 거리street 이미지를 수집하기

2. 신호등을 모두 찾아 크롭crop하기

3. 신호등을 분류하기

첫 번째 태스크인 이미지 수집은 매우 간단하다. manual_control.py를 입력해 Carla를 시작하고 R키를 누른다. Carla가 레코딩recording을 시작할 것이며 R을 다시 누르면 중지된다.

다음 네 가지 이미지 유형을 녹화하려 한다.

- 적색등

- 황색등

- 녹색등

- 신호등 뒷면 (부정적 샘플)

신호등 뒷면을 수집하려는 이유는 SSD가 신호등으로 인식하지만 쓸모는 없기에 사용하지 않고 싶기 때문이다. 이것들은 부정적 샘플^{negative sample}이며 도로 조각이나 건물 또는 SSD가 신호등으로 잘못 분류하는 모든 것을 포함할 수 있다.

이미지를 레코딩하는 중에 각각의 카테고리에 대해 충분한 샘플을 얻어야 한다.

그림 7.12는 수집할 수 있는 이미지의 예다.

그림 7.12 Town01 – 왼쪽: 적색등, 오른쪽: 녹색등

두 번째 단계는 SSD를 적용하고 신호등의 이미지를 추출하는 것이다. 이는 아주 간단하다. 다음 코드를 보자.

```
obj_class = out["detection_classes"][idx]
if obj_class == object_detection.LABEL_TRAFFIC_LIGHT:
    box = out["boxes"][idx]
    traffic_light = img[box["y"]:box["y2"],
box["x"]:box["x2"]]
```

이전의 코드에서 out 변수가 SSD 실행 결과인 modle(input_tensor)를 담고 있으며 idx는 예측들 중 현재의 탐지를 담고 있다고 가정하면, 신호등이 포함된 탐지물을 선택하고 종전에 계산한 좌표를 사용해 이들을 자르기만 하면 된다.

나는 총 291개를 탐지할 수 있었고 그중 일부는 다음 이미지들이다.

그림 7.13 Town01. 왼쪽부터: 작은 적색등, 작은 녹색등, 녹색등, 황색등, 신호등 뒷면, 신호등으로 잘못 분류된 건물 부분

보다시피 이미지가 해상도와 비율이 다르긴 하지만 상관없다.

여기엔 건물의 일부분과 같이 전혀 관련 없는 이미지도 있는데, SSD가 잘못 분류했기 때문에 신호등이 아닌 것들에 대한 훌륭한 부정적 샘플이며, SSD의 출력을 향상시키는 방법일 수 있다.

마지막 단계로 이미지 분류를 수행한다. 이 타입의 사진 수백 장은 단 몇 분 만에 끝난다. 이제 각 레이블에 대한 디렉터리를 만들고 적절한 이미지들을 그곳으로 옮긴다.

축하한다! 이제 신호등의 색상을 감지하는 사용자 지정 데이터셋을 확보했다.

알고 있겠지만 데이터셋이 작아서 앞서 말한 전이 학습을 사용할 것이다. 다음 절은 전이 학습이 무엇인지 설명한다.

전이 학습 이해하기

전이 학습이라는 이름은 아주 적절하다. 개념적인 관점에서 보자면 실제로 신경망이 하나의 태스크를 배운 뒤 이 지식을 다른 연관된 태스크로 전달하는 것에 대한 것이다.

전이 학습에는 여러 접근법이 있다. 여기서 두 가지를 논의하고 그중 하나를 선택해 신호등의 색상을 감지하는 데 사용할 것이다. 두 경우 모두 시작점은 이미지 분류와 같은 비슷한 태스크에서 선행 학습된 신경망이다. 다음 절인 ImageNet을 알아가며 이에 대해 더 이야기해 볼 것이다. 신호등의 색상을 인식하는 데 필요한 것이기 때문에 분류기 classifier로 사용되는 **CNN**Convolutional Neural Network에 초점을 맞춘다.

첫 번째 접근법은 사전 학습된 신경망을 불러 새로운 문제에 맞춰 출력 수를 조정하고(일부나 모든 dense 레이어를 교체하거나 그냥 추가적인 dense 레이어를 추가하는 것), 이 새로운 데이터셋에서 계속 학습하는 것이다. 이때 작은 학습률을 사용해야 할 수도 있다. 이 접근법은 새 데이터셋의 샘플 수가 원래의 학습에서 사용된 데이터셋보다 작지만 여전히 꽤 큰 경우에 효과적일 수 있다. 예를 들어, 사용자 지정 데이터셋의 크기가 원래 데이터셋의 사이즈의 10%일 수도 있다. 한 가지 단점은 상대적으로 큰 네트워크를 학습하는 전형적인 경우에 학습에 시간이 많이 걸릴 수 있다는 점이다.

이제 시도할 두 번째 접근법은 첫 번째와 비슷하지만 모든 컨볼루션 레이어를 동결하는 freeze 것이다. 이는 이들 파라미터가 고정돼 학습 중에 변경되지 않는다. 이것은 컨볼루션 레이어를 학습할 필요가 없기에 학습이 훨씬 빠르다는 이점이 있다. 여기서의 아이디어는 컨볼루션 레이어들이 거대한 데이터셋에서 학습됐고, 이들은 아주 많은 피처 feature를 감지할 수 있어 새로운 태스크에서도 잘 작동할 것이며, 반면 dense layer로 구성된 실제 분류기classifier는 교체되고 처음부터 학습할 수 있다는 것이다.

컨볼루션 레이어 일부를 학습하지만 일반적으로 최소한 첫 레이어는 고정한 상태로 유지하는 중간 접근법도 가능하다.

케라스로 전이 학습을 수행하는 방법을 보기 전에 방금 논의한 내용을 좀 더 생각해 보자. 주요 가정은 우리가 배울 이 가상 네트워크가 거대한 데이터셋에서 학습됐기에 네트워크가 많은 특징과 패턴을 인식하도록 학습할 수 있다는 것이다. 여기에 맞는 매우 큰 데이터 집합인 ImageNet이 있다. 이것에 대해 조금 더 이야기해 보자.

ImageNet 알아가기

ImageNet은 거대한 데이터셋이며 집필 시점에서 14,197,122(1,400만 개가 넘는다)개의 이미지로 구성돼 있다. 실제로는 이미지를 제공하는 것이 아니라 이미지를 다운로드할 수 있는 URL만 제공한다. 이 이미지들은 27개의 카테고리와 총 21,841개의 하위 카테고리로 분류된다. 이러한 하위 카테고리는 synsets라고 불리며 **WordNet**이라는 분류 계층을 기반으로 한다.

ImageNet은 컴퓨터 비전의 발전을 측정하는 데 사용되는 경쟁 제품인 **ILSVRC**^{ImageNet} Large-Scale Visual Recognition Challenge 덕분에 매우 영향력 있는 데이터셋으로 인정받아 왔다.

다음은 주요 카테고리다.

- 양서류

- 동물

- 기기

- 새

- 커버링

- 디바이스

- 패브릭

- 물고기

- 꽃

- 음식

- 과일

- 균류

- 가구

- 지질 형성

- 무척추동물

- 포유류

- 악기

- 식물

- 파충류

- 스포츠

- 구조물

- 도구

- 나무

- 기구

- 야채

- 차량

- 사람

하위 범주의 수는 매우 많다. 예를 들어, 나무 카테고리에는 50만 개 이상의 사진으로 구성된 993개의 하위 카테고리가 있다.

확실히 이 데이터셋에서 잘 수행되는 신경망은 여러 유형의 이미지에서 패턴을 인식하는 데 매우 뛰어나며, 용량도 상당히 클 수 있다. 물론 당신의 데이터셋에는 오버피팅되겠지만, 이에 대처하는 방법을 알기에 주시하되 걱정하지 않아도 된다.

ImageNet에서 우수한 성능을 발휘하고자 많은 연구가 진행됐기에 가장 영향력 있는 신경망 중 많은 것이 ImageNet에서 학습됐다.

특히 AlexNet은 2012년 첫 등장 때부터 단연 돋보였다. 그 이유를 알아보자.

AlexNet 파헤치기

2012년 AlexNet이 출시됐을 때 AlexNet은 당시 최고의 신경망보다 10% 이상 더 정확했다. 분명히 이러한 솔루션은 광범위하게 연구돼 왔으며, 몇몇은 이제 매우 흔해졌다.

AlexNet은 다음과 같은 몇 가지 획기적인 혁신을 도입했다.

- **다중 GPU 학습**: 한 GPU에서 절반, 다른 한 GPU에서 절반을 학습해 모델의 크기를 두 배로 늘림
- **ReLU 액티베이션**: Tanh을 대신하며 교육 속도가 6배 빨라짐
- **중첩 풀링**: AlexNet은 3x3의 최대 풀링을 사용했지만 풀링 영역은 2x2만 이동하므로 풀 사이에 중첩이 발생함. 원 논문에 따르면 이는 정확도를 0.3~0.4% 향상시킨다. 케라스에서 `MaxPooling2D(pool_size=(3,3), strides=(2,2))`를 사용하면 비슷한 중첩 풀링을 달성할 수 있다.

6,000만 개 이상의 파라미터를 쓰는 AlexNet은 상당히 컸기 때문에 오퍼피팅을 줄이고자 데이터 증강^{data augmentation}과 드롭아웃을 광범위하게 사용했다.

2012년의 AlexNet은 최첨단의 획기적인 기술이었으나 오늘날의 기준으로는 상당히 비효율적이다. 다음 절에서는 1/10 정도의 파라미터만 사용해 AlexNet보다 훨씬 나은 정확도를 달성할 수 있는 신경망인 **Inception**에 대해 논의한다.

Inception의 아이디어

ImageNet과 같은 대규모 데이터셋을 사용하는 것도 좋지만, 이를 통해 사전 학습된 신경망을 취득하는 것이 훨씬 더 쉬울 것이다. 케라스는 그중 몇 가지를 제공한다. 하나는 우리가 일전에 접해 본 ResNet이다. 큰 영향력과 혁신적을 가진 또 하나는 Inception이다. 이에 대해 이야기해 보자.

Inception은 신경망의 한 계열로 초기의 개념을 구체화한 여러 종류가 있다. Inception은 구글^{Google}에서 설계했으며 ILSVRC 2014^(ImageNet) 대회에 참가해 우승한 버전은 LeNet 아키텍처를 기리고자 **GoogLeNet**으로 부른다.

예상할 수 있는 대로 Inception은 동명의 영화에서 이름을 따왔다. 더 심층적인 신경망을 만들고 싶었기 때문이다. Inception의 InceptionResNetV2 버전은 무려 572개의 레이어를 갖는다. 물론 이는 활성화를 포함한 모든 레이어를 계산한 경우다. 여기서 우리는 레이어가 159개뿐인 Inception v3를 사용할 것이다.

먼저 좀 더 쉬운 Inception v1에 초점을 맞춰 설명할 것이다. 그다음 이후에 추가됐으며 독자에게 영감이 될 만한 몇몇 개선 사항을 간략히 설명할 것이다.

구글이 관찰한 핵심 내용은 피사체가 사진에 있을 수 있는 위치가 다양하기에 컨볼루션 레이어의 가장 좋은 커널 사이즈를 미리 알아내기 어렵다는 것이었다. 그렇기에 1x1, 3x3, 5x5 컨볼루션을 병렬로 추가해 메인 케이스를 처리하고, 최대 풀링을 더했으며, 결과를 연결^{concatenated} 했다. 이렇게 병렬로 하면 네트워크가 너무 깊어지지 않게 해 학습이 쉬워진다는 장점이 하나 있다.

방금 설명한 것은 **naïve Inception** 블록이다.

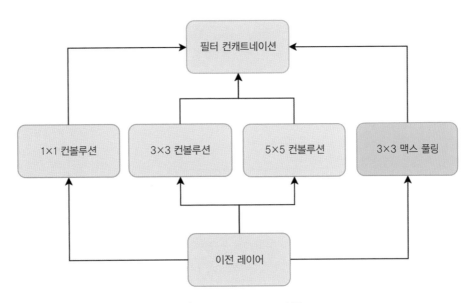

그림 7.14 naïve Inception 블록

1x1 컨볼루션이 보인다. 이게 무엇일까? 그저 채널에 숫자만 곱하면 될까? 꼭 그렇지는 않다. 1x1 컨볼루션은 수행 비용이 아주 저렴하다. 9(3x3 컨볼루션) 또는 25(5x5 컨볼루션)개가 아닌 1개의 곱만 있기 때문이다. 그리고 필터의 수를 변경하는 데 사용할 수 있다. 또한 ReLU를 추가해 네트워크가 학습할 수 있는 기능의 복잡성을 증가시키는 비선형 연산을 도입할 수 있다.

이 모듈은 계산 비용이 너무 많이 들기 때문에 naïve하다고 한다. 채널 수가 증가하면 3x3 및 5x5 컨볼루션이 느려진다. 해결책은 1x1 컨볼루션을 앞에 배치해 더 비싼 컨볼루션이 작동해야 하는 채널 수를 줄이는 것이다.

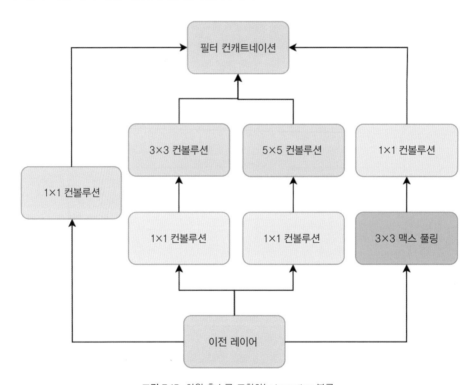

그림 7.15 차원 축소를 포함하는 Inception 블록

이 블록을 이해하고자 먼저 채널을 줄이고 성능을 비약적으로 향상시키는 데 1x1 컨볼루션을 사용한다는 것을 떠올리자.

예를 들어, GoogLeNet의 첫 Inception 블록에는 192개의 채널 입력이 있고, 5x5 컨볼루션은 32개의 채널을 생성하며, 따라서 곱셈의 수는 25 x 32 x 192 = 153,600에 비례한다.

이들은 16개의 필터의 출력으로 1x1 컨볼루션을 추가했기 때문에 곱셈의 수는 16 x 192 + 25 x 32 x 16 = 3,072 + 12,800 = 15,872에 비례한다. 거의 10배 가까이 줄어들었기에 나쁘지 않다.

한 가지 더 볼 점은 컨케트네이션^{concatenation}이 작동하려면 모든 컨볼루션의 출력이 동일해야 한다. 즉 입력 이미지의 해상도를 동일하게 유지하는 패딩이 필요하다. 최대 풀링은 또한 컨볼루션과 동일한 크기의 출력을 가져야 하므로 3x3 그리드에서 최댓값을 찾더라도 크기를 줄일 수 없다.

케라스에서 이것은 다음과 같은 것을 의미한다.

```
MaxPooling2D (pool_size = (3, 3), padding = 'same', strides = (1,1))
```

strides 파라미터는 최댓값을 계산한 후 이동할 픽셀 수를 나타낸다. 기본적으로 pool_size와 동일한 값으로 설정된다. 이 예제의 경우 크기가 3배 줄어든다. 동일한 패딩으로 (1, 1)로 설정하면 크기가 변경되지 않는 효과가 있다. Conv2D 레이에는 출력 크기를 줄이는 데 사용할 수 있는 strides 파라미터도 있지만, 일반적으로 최대 풀링 레이어를 사용하는 것이 더 효과적이다.

Inception v2는 다음과 같은 몇 가지 최적화를 도입했다.

- 5x5 컨볼루션은 2개의 적층 3x3 컨볼루션을 사용하는 것과 유사하나 더 느리므로 3x3 컨볼루션으로 리팩토링함

- 3x3 컨볼루션은 1x3 컨볼루션 이후 3x1 컨볼루션하는 것과 동일하지만, 2개의 컨볼루션을 사용해 33% 더 빠르게 함

Inception v3는 다음과 같은 최적화를 도입했다.

- 여러 개의 더 작고 빠른 컨볼루션으로 생성된 Factorized 7x7 컨볼루션
- 일부 배치 정규화 레이어

Inception-ResNet은 ResNet의 전형적인 잔여 연결을 도입해 일부 계층을 건너뛰었다.

이제 Inception의 개념을 더 잘 이해했으므로 케라스에서 사용하는 방법을 살펴보자.

이미지 분류에 Inception 사용하기

여기서 볼 수 있듯이 케라스에서 Inception을 로드하는 것이 더 간단할 수는 없다.

```
model = InceptionV3(weights='imagenet', input_shape=(299,299,3))
```

Inception이 이미지의 내용을 알려 줄 수 있기에 책의 첫머리에 사용했던 테스트 이미지를 사용해 보겠다.

```
img = cv2.resize(preprocess_input(cv2.imread("test.jpg")), (299, 299))
out_inception = model.predict(np.array([img]))
out_inception = imagenet_utils.decode_predictions(out_inception)
print(out_inception[0][0][1], out_inception[0][0][2], "%"))
```

결과는 다음과 같다.

```
sea_lion 0.99184495 %
```

정확하다. 이 이미지는 갈라파고스 제도의 바다사자를 묘사한다.

그림 7.16 Inception에서 0.99184495의 신뢰도로 바다사자로 인식됨

하지만 이미지 분류가 아닌 전이 학습에 Inception을 사용하고 싶기에 다른 방식으로 사용해야 한다. 이제 그 방법을 살펴보자.

전이 학습에 Inception 사용하기

다음과 같이 Inception 위에 있는 분류기classifier를 제거해야 하기 때문에 전이 학습에 대한 로딩이 약간 다르다.

```
base_model = InceptionV3(include_top=False, input_shape= (299,299,3))
```

input_shape를 사용하면 원래 크기의 Inception을 사용하지만, 채널이 3개이고 해상도가 75x75 이상이면 다른 모양을 사용할 수 있다.

중요한 파라미터는 include_top이다. 이를 False로 설정하면 밀도 있는 필터들이 있는 분류기인 Inception 상단을 제거할 수 있으며 네트워크 전이 학습에 사용할 준비를 마치게 된다.

이제 우리는 Inception을 기반으로 하지만 수정할 수 있는 신경망을 만들 것이다.

```
top_model = Sequential()
top_model.add(base_model) # 네트워크에 추가
```

이제 다음과 같이 그 위에 분류자를 추가할 수 있다.

```
top_model.add(GlobalAveragePooling2D())
top_model.add(Dense(1024, activation='relu'))
top_model.add(Dropout(0.5))
top_model.add(Dense(512, activation='relu'))
top_model.add(Dropout(0.5))
top_model.add(Dense(n_classes, activation='softmax'))
```

Inception이 데이터셋에 상당히 오버피팅할 것으로 예상하기 때문에 일부 드롭아웃을 추가했다. 하지만 GlobalAveragePooling2D에 주목하자. 이것이 하는 일은 채널 평균을 계산하는 것이다.

Flatten을 사용할 수도 있지만, Inception이 2,048개의 8x8 컨볼루션 채널을 출력하고, 1,024개의 뉴런이 있는 고밀도 레이어를 사용하므로 파라미터의 수는 134,217,728개나 된다. GlobalAveragePooling2D를 사용하면 2,097,152개의 파라미터만 필요하다. Inception의 파라미터를 고려하더라도 156,548,388개 대신 24,427,812개의 파라미터이기에 상당히 절약된다.

해야 할 일이 하나 더 있다. 학습하고 싶지 않은 학습시키고 싶지 않은 Inception 레이어를 동결freeze하는 것이다. 이 케이스에서는 모든 것을 동결하고 싶지만 항상 그러한 것은 아니다. 다음과 같은 방법으로 동결해 보자.

```
for layer in base_model.layers:
    layer.trainable = False
```

네트워크가 어떻게 보일지 확인해 보자. Inception이 너무 크기에 파라미터의 데이터만 표시한다.

```
Total params: 21,802,784
Trainable params: 21,768,352
Non-trainable params: 34,432
```

summary()는 실제로 Inception과 네트워크에 대한 두 가지 요약을 출력한다. 다음은 첫
번째 요약의 출력이다.

Model: "sequential_1"

```
Layer (type)                  Output Shape            Param
#
===========================================================
inception_v3 (Model)          (None, 8, 8, 2048)
21802784

global_average_pooling2d_1 (  (None, 2048)                0

dense_1 (Dense)               (None, 1024)
2098176

dropout_1 (Dropout)           (None, 1024)                0

dense_2 (Dense)               (None, 512)
524800

dropout_2 (Dropout)           (None, 512)                 0

dense_3 (Dense)               (None, 4)                2052
===========================================================
Total params: 24,427,812
Trainable params: 2,625,028
Non-trainable params: 21,802,784
```

보다시피 첫 번째 레이어는 Inception이다. 두 번째 요약에서는 Inception의 총 파라
미터 수와 정확히 일치하는 2,100만 개 이상의 학습 불가능한 파라미터가 있기에
Inception에 동결 계층을 갖는다는 것을 확인할 수 있다.

오버피팅을 줄이고 작은 데이터셋의 한계를 보완하고자 데이터 증강^{augmentation}을 사용한다.

```
datagen = ImageDataGenerator(rotation_range=5, width_shift_
range=[-5, -2, -1, 0, 1, 2, 5], horizontal_flip=True,
height_shift_range=[-30, -20, -10, -5, -2, 0, 2, 5, 10, 20, 30])
```

보통의 경우 신호등은 곧바르기에 약간의 회전만 적용했고, 신호등이 신경망^{SSD}에 의해 감지되기 때문에 약간의 폭 이동을 추가했다. 따라서 컷이 매우 일관된 경향이 있다. 또한 가끔씩 SSD가 신호등을 1/3 정도를 잘못 자르는 경우가 있어 더 높은 높이 이동을 추가했다.

이제 네트워크가 준비됐으니 데이터셋만 제공하면 된다.

Inception에 데이터셋 투입하기

이미지와 레이블 두 변수에 데이터셋을 로드했다고 가정하자.

Inception은 이미지 값을 [-1, +1] 범위에 매핑하고자 약간의 전처리가 필요하다. 케라스에는 이를 처리하는 preprocess_input() 함수가 있다. keras.applications.inception_v3 모듈에서 가져오도록 주의하자. 다른 모듈에 이름은 같은데 동작이 다른 함수가 있다.

```
from keras.applications.inception_v3 import preprocess_input
images = [preprocess_input(img) for img in images]
```

데이터셋을 학습과 유효성 검사로 나눠야 한다. 이는 쉽지만 이러한 분할이 의미가 있으려면 순서를 랜덤화해야 한다. 예를 들어, 나의 코드는 동일한 레이블로 모든 이미지를 로드하므로 랜덤화 없이 분할하면 1~2개의 레이블만 유효성 검사에 포함되며, 그중 하나는 학습에서 나타나지 않을 수도 있다.

넘파이는 새로운 인덱스 위치인 permutation()을 생성하는 데 매우 편리한 함수를 갖고 있다.

```
indexes = np.random.permutation(len(images))
```

그런 다음 파이썬의 기능인 **이해**^{comprehension}를 사용해 목록의 순서를 변경할 수 있다.

```
images = [images[idx] for idx in indexes]
labels = [labels[idx] for idx in indexes]
```

레이블이 숫자일 경우 to_categorical()을 사용해 원 핫^{one-hot} 인코딩으로 변환할 수 있다.

이제 그냥 슬라이싱 문제다. 샘플의 20%를 유효성 검사에 사용할 예정이므로 코드는 다음과 같을 것이다.

```
idx_split = int(len(labels_np) * 0.8)
x_train = images[0:idx_split]
x_valid = images[idx_split:]
y_train = labels[0:idx_split]
y_valid = labels[idx_split:]
```

이제 평소처럼 네트워크를 학습할 수 있다. 어떻게 작동하는지 보자.

전이 학습을 통한 성능

모델의 성능이 매우 좋다.

```
최소 손실: 0.028652783162121116
최소 검증 손실: 0.011525456588399612
최대 정확도: 1.0
최대 검증 정확도: 1.0
```

100% 정확도와 검증 정확도라니 나쁘지 않다. 사실 매우 보람차다. 그럼에도 데이터셋이 매우 단순했기에 이런 좋은 결과가 당연하기도 하다.

그림 7.17은 손실 그래프다.

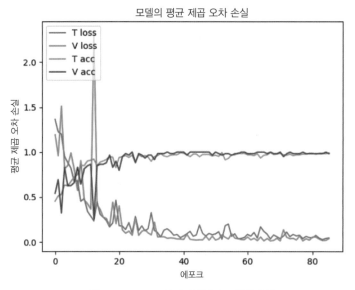

그림 7.17 Inception의 전이 학습으로 인한 손실

문제는 훌륭한 결과에도 네트워크가 나의 테스트 이미지에 대해서 너무 잘 작동하지 않는다는 것이다. 아마도 이는 오버피팅하고, 또한 이미지가 일반적으론 Inception의 원래 해상도보다 작기 때문에 네트워크는 이미지의 실제 패턴 대신 보간으로 인한 패턴을 경험할지도 모른다. 그리고 그것들에 의해 혼란스러워질지도 모른다. 이는 나의 이론에 불과하지만 말이다.

좋은 결과를 얻으려면 더 열심히 노력해야 한다.

전이 학습 개선

네트워크가 오버피팅 상태라고 가정할 수 있으며, 일반적인 대응법은 데이터셋을 늘리는 것이다. 이 경우에는 그렇게 하는 것이 쉬울 것이다. 그러나 그렇게 하지 못한다고 가정해 보자. 그렇게 하면 유사한 경우에 유용할 수 있는 다른 옵션들을 살펴볼 수 있을 것이다.

오버피팅을 줄이는 매우 쉬운 방법이 있다.

- 데이터 증강의 다양성 증대

- 드롭아웃 증대

Inception이 이보다 훨씬 더 복잡한 작업을 처리할 수 있음에도 이 특정 작업에 최적화 돼 있지는 않다. 그리고 더 큰 분류기[classifier]의 이점을 얻을 수도 있기에 다음의 레이어 를 추가해 볼 것이다.

- 몇 가지 테스트를 거친 새로운 데이터 증강:

```
datagen = ImageDataGenerator(rotation_range=5, width_
shift_range= [-10, -5, -2, 0, 2, 5, 10],
zoom_range=[0.7, 1.5],
height_shift_range=[-10, -5, -2, 0, 2, 5, 10],
horizontal_flip=True)
```

- 더 많은 드롭아웃과 추가 레이어를 갖춘 새로운 모델:

```
top_model.add(GlobalAveragePooling2D())
top_model.add(Dropout(0.5))
top_model.add(Dense(1024, activation='relu'))
top_model.add(BatchNormalization())
top_model.add(Dropout(0.5))
top_model.add(Dense(512, activation='relu'))
top_model.add(Dropout(0.5))
top_model.add(Dense(128, activation='relu'))
top_model.add(Dense(n_classes, activation='softmax'))
```

- 오버피팅을 줄이고자 글로벌 평균 풀링 후에 드롭아웃을 추가했으며, 오버피팅을 줄이는 데 도움이 될 수 있는 배치 노멀라이제이션[normalization] 레이어도 추가했다.

- 그런 다음 고밀도 레이어를 추가했지만 드롭아웃을 넣지는 않았다. 네트워크에 너 무 많은 드롭아웃으로 인해 학습에 문제가 있음을 알았기 때문이다.

데이터셋을 늘리고 싶지 않더라도 여전히 조치를 취할 수 있다.

클래스 분포를 살펴보자.

```
print('Labels:', collections.Counter(labels))
```

결과는 다음과 같다.

```
Labels: Counter({0: 123, 2: 79, 1: 66, 3: 23})
```

보다시피 데이터셋에는 노란색이나 빨간색보다 녹색이 훨씬 많고 부정적인 샘플은 많지 않다.

일반적으로 불균형 레이블을 갖는 것은 좋지 않다. 통계적으로 다른 레이블보다 녹색을 예측하는 것이 더 보람 있기에 네트워크는 실제로 있는 것보다 더 많이 녹색 조명을 예측하고 있었다. 이 상황을 개선하고자 케라스에게 잘못된 빨간색을 예측하는 것이 잘못된 녹색을 예측하는 것보다 더 나쁘다는 방식으로 손실을 사용자 정의하도록 지시할 수 있다. 이는 데이터셋을 균형 있게 만드는 것과 유사한 효과를 갖기 때문이다.

다음 두 줄의 코드로 이를 수행할 수 있다.

```
n = len(labels)
class_weight = {0: n/cnt[0], 1: n/cnt[1], 2: n/cnt[2], 3: n/cnt[3]}
```

결과는 다음과 같다.

```
Class weight: {0: 2.365, 1: 4.409, 2: 3.683, 3: 12.652}
```

보다시피 녹색(라벨 0)에 대한 손실 패널티는 다른 것에 비해 적다.

네트워크의 성능은 다음과 같다.

```
최소 손실: 0.10114006596268155
최소 검증 손실: 0.012583946840742887
최대 정확도: 0.99568963
최대 검증 정확도: 1.0
```

이전과 크게 다르지 않지만 이번에는 네트워크가 더 잘 작동해 테스트 이미지에 있는 모든 신호등을 맞춘다. 이는 유효성 검증 데이터셋이 우수하다고 확신하지 않는 한 유효성 검사 정확도를 완전히 신뢰하면 안 된다는 것을 상기시킨다.

그림 7.18은 손실 그래프다.

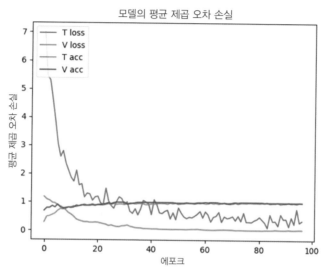

그림 7.18 Inception의 전이 학습으로 인한 손실(개선됨)

이제 괜찮은 네트워크를 갖고 있으니 임무를 완수할 시간이다. 다음 절에서 설명하는 대로 이 새 네트워크를 SSD와 함께 사용해 보자.

신호등과 그 색상을 인식하기

거의 다 됐다. SSD를 사용하는 코드에서는 신호등을 다른 방식으로 관리해야 한다. 따라서 레이블이 10(신호등)이면 다음을 수행해야 한다.

- 신호등 영역을 크롭하기
- 해당 영역을 299x299로 크기 조절하기

- 전처리하기

- 네트워크를 통해 실행하기

이를 통해 예측^{prediction}을 얻게 된다.

```
img_traffic_light = img[box["y"]:box["y2"], box["x"]:box["x2"]]
img_inception = cv2.resize(img_traffic_light, (299, 299))
img_inception = np.array([preprocess_input(img_inception)])
prediction = model_traffic_lights.predict(img_inception)
label = np.argmax(prediction)
```

깃허브에 있는 7장의 코드를 실행하면 레이블 0은 녹색 신호등이고, 1은 황색이며, 2는 적색, 3은 신호등이 아님을 의미한다.

전체 프로세스는 먼저 SSD로 객체를 감지하는 것이 선행되며, 그다음 이미지에 신호등이 존재하는 경우 신호등의 색상을 감지하고자 우리의 네트워크를 사용하는 순서대로 이뤄진다. 이 과정은 그림 7.19의 다이어그램에서 잘 나타난다.

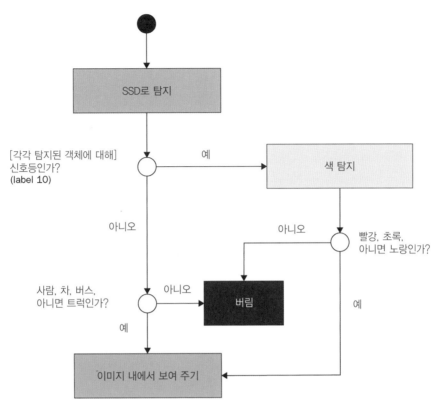

그림 7.19 SSD와 우리의 네트워크를 함께 사용하는 방법을 보여 주는 다이어그램

그림 7.20은 SSD와 네트워크를 실행해 얻은 예다.

그림 7.20 신호등이 포함된 몇몇 감지 결과

이제 신호등의 색상이 제대로 감지된다. 몇몇 거짓 감지$^{false detection}$가 있긴 하다. 예를 들어, 앞의 그림에서 오른쪽 이미지는 사람을 나무로 표시한다. 안타깝게도 이럴 수 있다. 비디오에서 우리는 이를 곧이 곧대로 받아들이기 전에 약간의 프레임에 대해서 감지를 더 요청할 수 있다. 이때 실제 자율주행차에서는 높은 지연 시간을 도입할 수 없다는 것을 꼭 항상 고려해야 한다. 거리에서 발생하는 일에 재빠르게 반응해야 할 필요가 있기 때문이다.

⋮⋮ 요약

7장에서는 선행 학습된 신경망과 이를 목적에 활용하는 방법에 집중했다. 보행자, 차량, 색상을 포함한 신호등을 감지하고자 2개의 신경망을 결합했다. 먼저 Carla로 이미지를 수집하는 방법을 논의했다. 그다음 물체뿐만 아니라 이미지에서의 위치도 감지할 수 있는 강력한 신경망인 SSD를 탐구했다. 나아가 텐서플로 감지 모델인 zoo와, COCO 데이터셋에서 학습된 버전의 SSD를 케라스를 사용해 다운받는 방법을 살펴봤다.

7장의 두 번째 파트에서는 전이 학습이라는 강력한 기술을 논의했고, Inception이라는 몇몇 신경망 솔루션을 연구했다. 그리고 신호등의 색을 감지할 수 있도록 데이터셋에 전이 학습을 이용해 이를 학습시켜 봤다. 이 과정에서 ImageNet에 대해서 다뤘고, 100% 유효성 검증 정확도를 달성하는 것은 잘못된 방향임을 알 수 있었으며, 그 결과 네트워크의 실질적인 정밀도를 향상시키려면 오버피팅을 줄여야 했다. 결국 보행자, 차량, 신호등과 그 색상을 감지하도록 두 네트워크를 하나로 묶어 사용하는 데 성공했다.

이제 도로에 대한 지식을 쌓는 법을 알았다. 이제 다음 임무^{task} '운전'으로 넘어갈 차례다. 8장에서는 말 그대로 (Carla의) 운전석에 앉아 신경망에게 운전하는 방법을 가르칠 것이다. 신경망이 우리의 행동을 모방하게 하는 행동 복제$^{behavioral cloning}$라는 기술로!

질문

7장을 읽고 나면 다음 질문들에 답할 수 있다.

1. SSD란?

2. Inception이란?

3. 레이어를 고정한다는 것은 무엇을 의미하는가?

4. SSD가 신호등의 색상을 감지할 수 있는가?

5. 전이 학습이란 무엇인가?

6. 오버피팅을 줄이기 위한 기술들을 말할 수 있는가?

7. Inception 블록의 아이디어를 설명할 수 있는가?

더 읽어 보기

- SSD: https://arxiv.org/abs/1512.02325

- TensorFlow 모델 zoo: https://github.com/tensorflow/models/blob/master/research/object_detection/g3doc/tf1_detection_zoo.md

- COCO 레이블: https://github.com/tensorflow/models/blob/master/research/object_detection/data/mscoco_label_map.pbtxt

- 경사 소실 문제: https://en.wikipedia.org/wiki/Vanishing_gradient_problem

- Bosch 소형 신호등 데이터셋: https://hci.iwr.uni-heidelberg.de/content/bosch-small-traffic-lights-dataset

- ImageNet: http://www.image-net.org/

- Inception 논문: https://static.googleusercontent.com/media/research. google.com/en//pubs/archive/43022.pdf

- AlexNet 논문: https://papers.nips.cc/paper/4824-imagenetclassification- with-deep-convolutional-neural-networks.pdf

08

행동 복제

8장에서는 자동차 스티어링 휠을 제어하도록 신경망을 학습시키고, 자동차를 운전하는 방법을 효과적으로 이 신경망에게 가르칠 것이다. 이 작업의 핵심이 딥러닝 덕택에 얼마나 간단해졌는지 놀랄 것이라 기대한다.

이 목표를 달성하고자 Carla 시뮬레이터 예제 하나를 수정할 것이다. 먼저 데이터셋을 생성하는 데 필요한 이미지들을 저장할 것이다. 그다음 신경망을 사용해 운전할 것이다. 신경망은 엔비디아 DAVE-2에서 영감을 얻었다. 또한 신경망이 관심을 갖는 부분을 더 잘 시각화하는 방법을 살펴볼 것이다.

8장에서는 다음의 내용을 다룬다.

- 행동 복제로 신경망에게 운전하는 방법을 가르치기

- 엔비디아 DAVE-2 신경망

- Carla에서 이미지 및 스티어링 휠 기록

- 3개의 비디오 스트림 녹화

- 신경망 생성

- 회귀^{regression}를 위한 신경망 학습

- 돌출맵 시각화

- 자율주행을 위한 Carla와의 통합

- 제너레이터를 사용한 더 큰 데이터셋 학습

⁞ 기술적 요구 사항

8장에서 설명하는 코드를 사용하려면 다음 툴과 모듈을 설치해야 한다.

- Carla 시뮬레이터

- 파이썬 3.7

- 넘파이 모듈

- 텐서플로 모듈

- 케라스 모듈

- keras-vis 모듈

- OpenCV-파이썬 모듈

- GPU ^(권장)

8장에서 사용한 코드는 다음 사이트에서 확인할 수 있다.

https://github.com/PacktPublishing/Hands-On-Vision-and-Behavior-for-Self-Driving-Cars/tree/master/Chapter8

8장의 실행 영상에 대한 코드는 다음 사이트에서 확인할 수 있다.

https://bit.ly/3kjIQLA

행동 복제를 통해 신경망에게 운전법을 가르치기

자율주행차는 하드웨어와 소프트웨어의 복잡한 집합체다. 일반적인 자동차의 하드웨어는 이미 수천 개의 기계 부품으로 구성돼 매우 복잡하며, 자율주행차는 여기에 더 많은 센서를 얹는다. 소프트웨어는 절대 간단하지 않으며, 사실 소프트웨어의 복잡성이 통제 범위를 벗어났다. 그렇기에 이미 15년 전에 한 세계적인 자동차 제조사는 여기서 발을 뺐어야 했다는 소문이 있다. 이게 실감이 나지 않는다면 스포츠카 1대에 CPU가 몇 개나 들어가는지 보면 된다. 스포츠카 1대에는 CPU가 50개가 넘게 들어갈 수 있다.

안전하면서도 충분히 빠른 자율주행차를 만드는 것은 담대한 도전임이 분명하다. 그리고 수십 줄의 코드가 얼마나 강력한지 볼 수 있을 것이다. 내게 있어 운전이라는 복잡한 행동이 그렇게 간단한 방법으로 코딩될 수 있다는 것을 알게 된 정말 큰 깨달음을 준 순간이었다. 그렇지만 그렇게 놀라선 안 됐다. 딥러닝의 최소한 몇몇 분야에서는 데이터가 코드 자체보다 훨씬 더 중요하기 때문이다.

우리가 실세계 자율주행차에 대한 테스트가 가능한 상황은 아니기 때문에 Carla를 사용할 것이다. 그리고 카메라로부터 영상을 받은 뒤 조향각을 생성할 수 있는 신경망을 학습할 것이다. 여기서 다른 센서를 사용하진 않지만 원칙적으로는 상상할 수 있는 모든 센서를 사용할 수 있으며, 추후 추가 데이터를 수용할 수 있도록 네트워크를 수정해 볼 수 있다.

우리의 목표는 Carla에게 트랙을 도는 법을 가르치는 것이며, 이를 위해 Carla에 포함된 트랙인 **Town04** 트랙의 일부를 사용할 것이다. 신경망이 살짝 직진으로 운전하게 한 다음, 초기 지점에 도달할 때까지 오른쪽으로 살짝 돌도록 만들 것이다. 원칙적으로 이 신경망을 가르치려면 Carla를 운전하며 조절한 조향각의 이미지와 이에 대응하는 도로의 이미지를 기록하기만 하면 하는데 이 과정을 **행동 복제**behavioral cloning라고 한다.

우리의 임무task는 세 단계로 나뉜다.

- 데이터셋 구축
- 신경망 설계 및 학습

- Carla에서 신경망 통합

엔비디아가 만든 DAVE-2 시스템에서 영감을 얻을 것이다. 그러니 이제 DAVE-2에 대해 설명하겠다.

⠿ DAVE-2 소개

DAVE-2는 엔비디아가 설계한 시스템으로, 자동차를 운전할 수 있도록 신경망을 학습시키기 위한 것이며, 단일 신경망이 도로에서 자동차를 운전할 수 있음을 증명하기 위한 개념 증명[PoC, Proof of Concept]으로서 의도됐다. 다시 말해 충분한 데이터가 제공되기만 한다면 우리의 네트워크는 실제 도로에서 실제 주행을 할 수 있도록 학습될 수 있다. 독자에게 생각할 거리를 주자면 엔비디아는 초당 10프레임으로 약 72시간 분량의 비디오를 사용했다.

아이디어는 아주 간단하다. 신경망에 비디오 스트림을 공급하고, 신경망은 조향각 또는 그에 동등한 것을 생성한다. 학습은 사람인 운전자에 의해 생성되고, 시스템은 카메라[학습 데이터]와 운전자가 움직인 스티어링 휠[학습 레이블]로부터 데이터를 수집한다. 이는 행동 복제라고 불린다. 그 이유는 네트워크가 사람인 운전자의 행동을 복제하려고 하기 때문이다.

안타깝게도 이 방법은 너무 단순해서 한계가 있다. 대부분의 레이블이 그저 0[직진하는 운전자]일 것이기에 네트워크가 차선 중앙으로 이동하는 방법을 배우기에는 문제가 있기 때문이다. 이 문제를 해결하려고 엔비디아는 3개의 카메라를 사용한다.

- **자동차 중앙**: 실제 사람의 행동
- **왼쪽**: 자동차가 너무 왼쪽으로 치우친 경우 수행해야 할 일을 시뮬레이션
- **오른쪽**: 자동차가 너무 오른쪽으로 치우친 경우 수행해야 할 일을 시뮬레이션

왼쪽 및 오른쪽 카메라를 보정을 시뮬레이션하는 데 유용하게 사용하려면 각각의 비디오에 관련된 조향각을 변경해야 한다. 그렇기에 왼쪽 카메라는 더 오른쪽으로 회전하는 것과 관련되고, 오른쪽 카메라는 더 왼쪽으로 회전하는 것과 관련된다.

그림 8.1의 다이어그램은 그 시스템을 보여 준다.

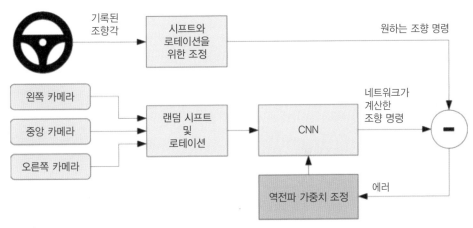

그림 8.1 엔비디아 DAVE-2 시스템

시스템을 더 견고하게 하고자 엔비디아는 랜덤 시프트와 로테이션을 추가해 스티어링을 조정했지만, 우리는 그러지 않을 것이다. 그렇지만 이들이 제안한 대로 3개의 비디오 스트림은 사용할 것이다.

어떻게 3개의 비디오 스트림과 조향각을 얻을까? 물론 Carla다. 8장에서는 상당히 많이 Carla를 사용하게 될 것이다. 코드를 작성하기 전에 manual_control.py에 대해 먼저 알아보려고 한다. 이 파일을 복사하고 수정해야 한다.

manual_control.py 알아보기

전체 클라이언트 코드를 작성하는 대신 PythonAPI/examples의 manual_control.py 파일을 변경할 것이다.

여기서 변경할 코드가 어느 부분인지 언급을 하겠지만, 실제 위치를 확인하려면 깃허브를 꼭 확인해야 한다.

시작하기에 앞서 8장의 코드가 평소보다 버전 요구 사항에 대해 엄격할 수 있다는 점을 고려해야 한다는 점을 강조한다. 특히 시각화 부분에서는 업데이트된 적 없는 라이브러리를 사용하기 때문에 더욱 엄격할 수 있다.

파이썬 3.7을 사용하고, 텐서플로 버전 2.2, 케라스 2.3, scipy 1.2를 설치할 것을 권장한다.

```
pip install tensorflow==2.2.0
pip install keras==2.3.1
pip install scipy==1.2.3
```

이제 manual_control.py를 살펴보면 가장 먼저 다음과 같은 코드 블록을 확인할 수 있다.

```
try:
 sys.path.append(glob.glob('../carla/dist/carla-*%d.%d-%s.egg'
% (
    sys.version_info.major,
    sys.version_info.minor,
    'win-amd64' if os.name == 'nt' else 'linux-x86_64'))[0])
except IndexError:
 pass
```

이것은 PythonAPI/carla/dist/ 폴더에 위치한 Carla용 코드가 포함된 egg 파일을 로드한다. 이렇게 하는 대신 egg 파일명과 다음과 같은 명령을 사용해 Carla를 설치할 수도 있다.

```
python -m easy_install carla-0.9.9-py3.7-win-amd64.egg
```

이 작업 이후에 코드가 다음의 클래스들로 구성된다는 것을 눈치챌 것이다.

- World: 차량이 움직이는 가상 세계. 지도와 모든 행위자(차량, 보행자 및 센서)가 포함됨

- KeyboardControl: 사용자가 누른 키에 반응하며, 스티어링, 제동, 가속을 위한 바이너리 온/오프 키를 누르는 시간에 따라 더 넓은 범위의 값으로 변환해 자동차를 더 쉽게 제어할 수 있게 하는 로직이 있음

- HUD: 속도, 스티어링, 스로틀 등 시뮬레이션과 관련된 모든 정보를 렌더링하며, 몇 초 동안 사용자에게 정보를 보여 줄 수 있는 알림을 관리함

- FadingText: HUD 클래스에서 몇 초 후에 사라지는 알림을 표시하는 데 사용됨

- HelpText: Carla에서 사용하는 게임 라이브러리인 pygame을 사용해 일부 텍스트를 표시함

- CollisionSensor: 충돌을 감지할 수 있는 센서

- LaneInvasionSensor: 차선 침범을 감지할 수 있는 센서

- GnssSensor: OpenDRIVE 맵 내에서 GNSS 위치를 제공하는 GPS/GNSS 센서

- IMUSensor: 자이로스코프를 사용해 자동차에 적용되는 가속도를 감지하는 관성 측정 장치

- RadarSensor: 속도를 포함해 감지된 요소의 2차원 지도를 제공하는 레이더

- CameraManager: 카메라를 관리하고 출력하는 클래스

또한 다음과 같은 몇 가지 다른 주목할 만한 메서드가 있다.

- main(): 주로 OS에서 받은 인수를 분석하는 데 사용된다.

- game_loop(): 주로 pygame, Carla 클라이언트, 관련된 모든 오브젝트들을 초기화하며, 또한 초당 60회 키를 분석하고 최신 이미지를 화면에 표시하는 게임 루프를 구현한다.

프레임의 시각화는 game_loop()의 다음 행에 의해 트리거된다.

```
world.render(display)
```

world.render() 메서드는 사용 가능한 마지막 프레임을 표시하는 CameraManager.render() 를 호출한다.

코드를 확인했다면 Carla가 순환 참조를 피하려고 **약한 참조**weak reference를 사용한다는 것을 알 수 있다. 약한 참조는 개체가 가비지garbage 수집되는 것을 방지하지 않는 참조로, 캐시와 같은 일부 시나리오에서 유용하다.

Carla로 작업을 할 때 고려해야 할 중요한 사항이 하나 있다. 당신의 일부 코드는 서버에서 실행되는 동안 일부는 클라이언트에서 실행되며, 그 둘 사이에 선을 긋는 것은 쉽지 않다. 이는 의도하지 않은 결과를 불러일으킬 수 있는데, 그 예로 모델이 10~30배 느리게 실행되는 것이다. 그 이유를 추정컨대 서버에 직렬화됐기 때문일 수 있다. 이러한 이유로 나는 확실하기 클라이언트에서 수행되는 game_loop() 메서드 내에서 추론을 실행한다.

이는 또한 프레임이 서버에서 계산된 뒤 클라이언트로 전송된다는 것을 뜻한다.

고려해야 할 추가적인 사항은 Carla의 API가 안정적이지 않다는 것이며, 0.9.0 버전이 수많은 기능을 제거했다는 점이다. 이 기능들은 곧 다시 돌아와야만 한다.

이 문서도 이렇게 누락된 API로 업데이트되지 않았다. 그렇기에 예상대로 작동하지 않는다고 해도 놀라지 말자. 이 문제가 곧 해결되기를 바랄 뿐이다. 그러는 동안 당신은 예전 버전을 사용할 수 있다. 우리는 Carla 0.9.9.2를 사용했다. 약간 거친 에지들이 있지만 우리의 목적에는 충분하다.

이제 Carla에 대해 잘 알게 됐으니 지금부터는 비디오 스트림 하나만 사용해 데이터셋을 기록하는 방법을 알아보자.

비디오 스트림 1개 녹화하기

원칙적으로 Carla로 하나의 비디오 스트림을 녹화하는 것은 매우 간단하다. 이미 이를 위한 옵션이 있기 때문이다. manual_control.py를 실행하면 PythonAPI/examples 디렉터리에서 R을 누르면 녹화가 시작된다.

문제는 조향각도 필요하다는 것이다. 일반적으로 이 데이터는 몇몇 유형의 데이터베이스, CSV 파일 또는 pickle 파일로 저장할 수 있다. 보다 간단하고 핵심 태스크에 집중하고자 조향각 및 기타 데이터를 파일명에 추가할 것이다. 이렇게 하면 특정 문제를 해결하기 위한 여러 번의 수행^{run}을 기록할 수 있으므로 데이터셋을 구축하기 좀 더 쉬우며, 파일을 새 디렉터리로 옮기기만 하고 데이터베이스의 경로 업데이트 없이 모든 정보를 쉽게 보존할 수 있다.

이것이 마음에 들지 않는다면 더 나은 시스템을 사용해도 된다.

Carla 서버와 통합돼 필요한 작업을 수행하는 클라이언트를 처음부터 작성할 수 있지만, 단순성과 요구되는 변경점을 더 잘 분리하고자 manual_control_recording.py 파일에 manual_control.py를 복사하고 필요한 것만 추가할 것이다.

이 파일은 PythonAPI/examples에서 실행돼야 한다.

먼저 디폴트 트랙보다 좀 더 흥미로운 트랙인 Town04로 트랙을 변경하자.

```
client.load_world('Town04')
client.reload_world()
```

이전 코드는 game_loop() 메서드로 가야 한다.

변수 client는 분명히 Carla 서버에 연결하는 클라이언트다.

또한 생성점^[시뮬레이션 시작 장소]을 고정할 필요가 있다. 일반적으론 이것이 매번 바뀌기 때문이다.

```
spawn_point = spawn_points[0] if spawn_points else carla
Transform()
```

이제 파일명을 변경해야 한다. 주행 중의 조향각뿐만 아니라 스로틀^{throttle}과 브레이크도 저장할 것이다. 이것들은 이번 실습에서는 사용하지 않을 것이지만 실험을 위해 남겨 놓는 것이다. 다음의 메서드는 CameraManager 클래스에서 정의돼야 한다.

```
def set_last_controls(self, control):
    self.last_steer = control.steer

    self.last_throttle = control.throttle
    self.last_brake = control.brake
```

이제 다음과 같이 파일을 저장할 수 있다.

```
image.save_to_disk('_out/%08d_%s_%f_%f_%f.jpg' % (image.frame,
    camera_name, self.last_steer, self.last_throttle, self.last_brake))
```

image.frame 변수는 현재 프레임의 번호를 포함하며, camera_name은 지금은 중요하지 않지만 MAIN 값을 갖게 될 것이다.

image 변수는 저장하려는 현재의 이미지 또한 포함돼 있다.

다음과 비슷한 이름을 얻게 될 것이다.

```
00078843_MAIN_0.000000_0.500000_0.000000.jpg
```

파일명에서 다음의 구성 요소를 식별할 수 있다.

- 프레임 번호(00078843)

- 카메라(MAIN)

- 조향각(0.000000)

- 스로틀(0.500000)

- 브레이크(0.000000)

그림 8.2는 내가 저장한 이미지다.

그림 8.2 Carla에서의 프레임 한 장, 조향각 0도

이 프레임은 그럭저럭 괜찮지만 좋은 것은 아니다. 나는 다른 차선에 머물러야 했다. 아니면 약간 오른쪽으로 핸들을 꺾었어야 했다. 행동 복제의 경우 자동차는 당신으로부터 학습하므로 당신이 어떻게 운전하느냐가 중요하다. 키보드로 Carla를 제어하는 것은 좋지 않으며, 녹화를 하는 경우에는 이미지를 저장하는 데 걸리는 시간 때문에 더욱 나쁘다.

진짜 문제는 1대가 아닌 3대의 카메라를 녹화해야 한다는 것이다. 이를 어떻게 하는지 알아보자.

비디오 스트림 3개 녹화하기

3개의 비디오 스트림을 녹화하려면 먼저 3대의 카메라가 있어야 한다.

기본적으로 Carla에는 다음과 같은 5대의 카메라가 있다.

- 클래식 3인칭 뷰, 후방 상단에서

- 정면에서, 도로 방향(전방)

- 전방에서, 차량 방향(후방)

- 원거리 상단

- 왼편에서

여기에서 처음 3대의 카메라를 볼 수 있다.

그림 8.3 상단, 도로 방향, 차량 방향 카메라

두 번째 카메라는 굉장히 흥미로워 보인다.

다음은 나머지 두 카메라에서 가져온 것이다.

그림 8.4 원거리 상단 및 왼쪽에서 바라본 Carla 카메라

마지막의 카메라도 흥미롭긴 하지만 프레임에 차량을 녹화하고 싶지 않다. 오른쪽 카메라가 없는 이유는 Carla의 제작자가 이를 목록에 추가하지 않았기 때문이다.

다행히도 카메라의 변경이나 추가는 매우 간단하게 할 수 있다. 다음은 원본 카메라인 CameraManager 생성자다.

```
bound_y = 0.5 + self._parent.bounding_box.extent.y
self._camera_transforms = [
    (carla.Transform(carla.Location(x=-5.5, z=2.5),
        carla.Rotation(pitch=8.0)), Attachment.SpringArm),
    (carla.Transform(carla.Location(x=1.6, z=1.7)),
```

```
        Attachment.Rigid),
    (carla.Transform(carla.Location(x=5.5, y=1.5, z=1.5)),
        Attachment.SpringArm),
    (carla.Transform(carla.Location(x=-8.0, z=6.0),
        carla.Rotation(pitch=6.0)), Attachment.SpringArm),
    (carla.Transform(carla.Location(x=-1, y=-bound_y, z=0.5)),
        Attachment.Rigid)]
```

첫 시도로 두 번째와 다섯째 카메라를 갖고 비슷한 위치에 놔 보자. Carla는 언리얼 엔진 4라고 하는 비디오 게임을 위한 아주 유명한 엔진으로 작성됐다. 언리얼 엔진에서 z축은 수직(위 및 아래), x축은 전진 및 후진, y축은 횡방향 움직임(왼쪽 및 오른쪽)을 위해 존재한다. 따라서 카메라가 동일한 x 좌표와 z 좌표를 갖기를 원한다. 또한 오른쪽 방향의 세 번째 카메라도 필요하다. 이는 y 좌표의 부호를 변경하기만 해도 된다. 결과적으로 카메라 부분의 코드는 다음과 같다.

```
(carla.Transform(carla.Location(x=1.6, z=1.7)), Attachment.
Rigid),
(carla.Transform(carla.Location(x=1.6, y=-bound_y, z=1.7)),
    Attachment.Rigid),
(carla.Transform(carla.Location(x=1.6, y=bound_y, z=1.7)),
    Attachment.Rigid)
```

이쯤에서 멈출 수도 있다. 나는 bound_y를 바꿔 측면 카메라를 옆으로 더 많이 이동시켰다.

```
bound_y = 4
```

이제 얻을 수 있는 이미지는 그림 8.5와 같다.

그림 8.5 새 카메라: 왼편에서, 전면(메인 카메라), 오른편에서

이제 궤적이 메인 카메라와 비교해 정확한 위치에 있지 않을 경우 궤적을 보정하는 방법을 신경망에 가르치고자 왼쪽과 오른쪽 카메라를 이용할 수 있다는 사실을 쉽게 이해할 수 있을 것이다. 물론 이는 메인 카메라가 녹화한 스트림이 의도된 위치라고 가정한다.

올바른 카메라를 사용할 수 있어도 사용하지 않을 것이다. World에 이들을 추가해야 한다. 다음과 같이 restart()를 수행한다.

```
self.camera_manager.add_camera(1)
self.camera_manager.add_camera(2)
```

CameraManager.add_camera() 메서드는 다음과 같이 정의된다.

```
camera_name = self.get_camera_name(camera_index)

if not (camera_index in self.sensors_added_indexes):
    sensor = self._parent.get_world().spawn_actor(
                self.sensors[self.index][-1],
                self._camera_transforms[camera_index][0],
                attach_to=self._parent,
                attachment_type=self._camera_transforms[camera_index][1])
        self.sensors_added_indexes.add(camera_index)
        self.sensors_added.append(sensor)
        # 원형 참조를 피하고자 람다에 약한 참조를 자신에게 전달해야 한다.
        weak_self = weakref.ref(self)
        sensor.listen(lambda image: CameraManager._save_image(weak_self,
                        image, camera_name))
```

이 코드의 기능은 다음과 같다.

1. 지정된 카메라를 사용해 센서를 설정

2. 센서를 목록에 추가

3. 센서에 save_image() 메서드를 호출하는 람다lambda 함수를 호출하도록 지시

다음 get_camera_name() 메서드는 앞서 정의한 카메라에 종속된 인덱스를 기반으로 카메라에 의미 있는 이름을 가져오는 데 사용된다.

```
def get_camera_name(self, index):
    return 'MAIN' if index == 0 else ('LEFT' if index == 1 else
        ('RIGHT' if index == 2 else 'UNK'))
```

save_image() 코드를 살펴보기 전에 작은 문제에 대해 논의해 보자.

3대의 카메라를 모든 프레임마다 녹화하는 것은 꽤나 느리기 때문에 **FPS**^{Frame Per Second}가 낮아져 차량을 운전하기 어렵다. 그 결과로 당신은 과하게 운전하게 될 것이며, 자동차가 지그재그로 움직이는 방법을 가르치는 최적이 아닌 데이터셋을 녹화하게 될 것이다.

이 문제를 최소화하고자 각 프레임에 대한 단 하나의 카메라 뷰만 녹화한 뒤 다음 프레임에서는 다음 카메라 뷰로 전환하는 식으로 3개의 카메라 뷰를 돌아가며 녹화할 것이다. 결국은 연속적인 프레임이 비슷하기 때문에 큰 문제는 아니다.

엔비디아가 사용한 카메라는 30FPS로 녹화를 진행했지만, 이들은 대부분의 프레임을 스킵^{skip}하고 10FPS로만 녹화하기로 결정했다. 이는 프레임들이 매우 비슷해서 특별한 정보의 추가 획득 없이 학습 시간만 늘렸기 때문이다. 최고 프레임률로 녹화하는 것은 아니더라도 더 나은 데이터셋을 확보할 수 있을 것이다. 혹시라도 더 큰 데이터셋을 원한다면 그냥 더 운전하면 된다.

save_image() 함수는 먼저 이것이 녹화하고자 하는 프레임인지 확인해야 한다.

```
if self.recording:
    n = image.frame % 3

    # Save only one camera out of 3, to increase fluidity
    if (n == 0 and camera_name == 'MAIN') or (n == 1 and
        camera_name == 'LEFT') or (n == 2 and camera_name == 'RIGHT'):
        # Code to convert, resize and save the image
```

두 번째 단계는 이미지의 저장을 위해 그것을 OpenCV에 적합한 포맷으로 변환하는 것이다. 원시 버퍼를 넘파이로 변환해야 하며, Carla는 파랑, 초록, 빨강, 알파(투명도)로 이뤄진 4채널 BGRA 이미지를 생성하기 때문에 채널 하나를 제거해야 한다.

```
img = np.frombuffer(image.raw_data, dtype=np.dtype('uint8'))
img = np.reshape(img, (image.height, image.width, 4))
img = img[:, :, :3]
```

이제 이미지의 크기를 조정하고 필요한 부분을 자르고 저장할 수 있다.

```
img = cv2.resize(img, (200, 133))
img = img[67:, :, :]

cv2.imwrite('_out/%08d_%s_%f_%f_%f.jpg' % (image.frame, camera_name,
self.last_steer, self.last_throttle, self.last_brake), img).
```

나는 한두 번의 턴을 운전하기에 충분한 양의 프레임을 녹화해 깃허브 저장소에 올려놓았다. 하지만 전체 트랙을 따라 운전하려면 훨씬 많은 프레임이 필요하며, 더 많이 운전할수록 좋을 것이다.

이제 갖춘 카메라를 이용해 필요한 데이터셋을 구축해 보자.

데이터셋 기록하기

데이터셋을 구축하려면 최소한으로 이 네트워크가 만들 것으로 예상되는 턴이라도 꼭 기록해야 한다. 기록은 많을수록 좋지만, 궤적을 수정하는 데 도움이 될 만한 움직임도 기록해야 한다는 것을 명심하자. 왼쪽과 오른쪽의 카메라는 이미 꽤나 도움이 되지만, 도로 가장자리에 가까워진 차량을 다시 중앙으로 위치시키고자 핸들이 회전하는 활동 또한 몇 차례 기록해야 한다.

예를 들어, 다음과 같은 것을 고려해 보자.

그림 8.6 왼쪽에 근접한 자동차. 오른쪽으로 조향

원하는 방식으로 진행되지 않은 턴이 있는 경우 다시 녹화를 시도해 볼 수 있다.

이제 이미지 이름으로 스티어링 휠을 인코딩하는 것의 이점을 알 수 있게 된다. 이를 통해 위의 수정 활동들을 전용 디렉터리에 그룹화하고 요구에 따라 데이터셋에서 꺼내거나 넣을 수 있다.

원한다면 잘못된 조향각을 수정하고자 그림의 일부분을 수동으로 선택할 수 있지만, 조향각이 잘못된 프레임의 수가 많지 않은 경우 꼭 필요하진 않을 수 있다.

프레임당 오직 하나의 프레임만 저장한다고 해도 운전하기가 여전히 어려울 수 있는데, 이는 무엇보다도 속도를 고려한다. 나는 개인적으로 스로틀을 제한해 차가 너무 빨리 달리지 않도록 하는 것을 선호한다. 이렇게 해도 여전히 필요한 경우 속도를 늦출 수 있다.

스로틀 값은 대개 1에 도달하기에 이를 제한하려면 KeyboardControl._parse_vehicle_keys() 메서드에서 다음과 비슷한 코드 라인을 사용하면 된다.

```
self._control.throttle = min(self._control.throttle + 0.01, 0.5)
```

유연성을 높이고자 더 낮은 해상도로 클라이언트를 실행할 수 있다.

```
python manual_control_packt.py --res 480x320
```

다음과 같이 서버의 해상도를 낮출 수도 있다.

```
CarlaUE4 -ResX=480-ResY=320
```

이제 원시raw 데이터셋이 있으므로 적절한 조향각을 사용해 실제 데이터셋을 만들 차례다.

데이터셋 전처리

우리가 기록한 데이터셋은 원시 데이터다. 이는 사용할 준비가 되기 전에 몇몇 전처리가 필요하다는 의미다.

좌우 카메라의 조향각을 수정하는 것은 가장 중요한 할 일이다.

편의상 이 작업은 추가적인 프로그램에 의해 수행되므로 프레임을 다시 녹화하지 않고도 결국에는 이를 바꿀 수 있다.

시작하려면 이름으로부터 데이터를 추출하는 방법이 필요하다(파일이 JPG나 PNG라고 가정한다).

```python
def expand_name(file):
    idx = int(max(file.rfind('/'), file.rfind('\\')))
    prefix = file[0:idx]
    file = file[idx:].replace('.png', '').replace('.jpg', '')
    parts = file.split('_')

    (seq, camera, steer, throttle, brake, img_type) = parts

    return (prefix + seq, camera, to_float(steer),
        to_float(throttle), to_float(brake), img_type)
```

to_float 메서드는 -0을 0으로 변환하는 데 유용하다.

이제 조향각을 변경하는 것은 간단하다.

```
(seq, camera, steer, throttle, brake, img_type) = expand_name(file_name)

    if camera == 'LEFT':
        steer = steer + 0.25
    if camera == 'RIGHT':
        steer = steer - 0.25
```

나는 0.25의 보정을 추가했다. 카메라를 차량에 더 가깝게 놓는다면 더 작은 숫자를 사용하는 것이 좋다.

여기에서 미러링된 프레임을 추가해 데이터셋의 크기를 약간 늘릴 수 있다.

이제 변환된 데이터셋을 확보했다. 이제 DAVE-2와 유사한 신경망이 운전법을 배우도록 이를 학습시킬 준비가 됐다.

신경망 모델링하기

신경망을 만들기 위해 놀랍도록 단순한 신경망인 DAVE-2에서 영감을 얻어 보자.

- 이미지 픽셀을 (-1, +1) 범위로 제한하고자 람다 레이어부터 시작한다.

```
model = Sequential()
model.add(Lambda(lambda x: x/127.5 - 1., input_shape=(66, 200, 3)))
```

- 그다음 커널 크기가 5이고 출력 해상도를 절반으로 줄이도록 strides=(2,2)인 컨볼루션 계층이 3개 있고, 커널 크기가 3인 컨볼루션 계층이 3개 있다.

```
model.add(Conv2D(24, (5, 5), strides=(2, 2), activation='elu'))
model.add(Conv2D(36, (5, 5), strides=(2, 2), activation='relu'))
model.add(Conv2D(48, (5, 5), strides=(2, 2), activation='relu'))

model.add(Conv2D(64, (3, 3), activation='relu'))
model.add(Conv2D(64, (3, 3), activation='relu'))
```

- 그다음 고밀도^{dense} 레이어가 있다.

```
model.add(Flatten())
model.add(Dense(1164, activation='relu'))
model.add(Dense(100, activation='relu'))
model.add(Dense(50, activation='relu'))
model.add(Dense(10, activation='relu'))
model.add(Dense(1, activation='tanh'))
```

단 몇 줄의 코드만으로도 실제 도로에서 자율주행하도록 만드는 데 충분하다는 것을 생각할 때마다 정말이지 놀란다.

지금껏 봐 왔던 다른 신경망과 다소 비슷해 보이지만 사실 매우 중요한 차이점이 있다. 이것은 분류기가 아니라 주어진 이미지로부터 조향각의 수정을 예측하고자 회귀 작업을 수행해야 하는 신경망이기에 최종 액티베이션은 소프트맥스^{softmax} 함수가 아니라는 점이다.

신경망이 잠재적으로 연속적인 구간(예: (-1, 1))에서 값을 예측하려고 할 때엔 회기^{regression}를 수행한다고 말한다. 이와 달리 신경망은 어떤 레이블이 더 올바르고 이미지의 콘텐츠를 표현하는지 예측하려고 할 때엔 분류 작업을 수행하는 것이다. 따라서 고양이와 개를 구별하는 신경망은 분류기^{classifier}이고, 크기와 위치를 기준으로 아파트의 비용을 예측하는 신경망은 회기 수행용 신경망이다.

회기 수행용 신경망을 사용하려면 무엇을 변경해야 하는지 살펴보자.

회귀 수행용 신경망 학습

앞서 봤듯이 차이점은 소프트맥스 레이어의 유무다. 대신에 조향각의 범위로도 사용할 수 있는 (-1, 1) 범위의 값을 생성할 때 유용한 Tanh(쌍곡선 탄젠트) 활성화^{activation}를 사용한다.

그렇지만 원칙적으로는 활성화^{activation}를 가질 수 없을 뿐더러 마지막 뉴런의 값을 직접 이용해야 한다.

그림 8.7은 Tanh 함수다.

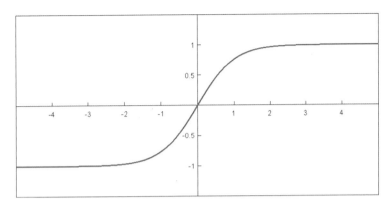

그림 8.7 Tanh 함수

보다시피 Tanh은 활성화 범위를 (-1, +1)로 제한한다.

MNIST나 CIFAR-10의 경우와 같이 일반적으로 분류기를 학습할 때엔 손실에는 categorical_crossentropy를 사용하고 메트릭에는 accuracy를 사용한다. 그러나 회기의 경우 손실에는 mse를 사용하고 메트릭에는 cosine_proximity을 선택적으로 사용할 수 있다.

cosine proximity(코사인 유사도)은 벡터의 유사성을 나타낸다. 즉 1은 동일, 0은 수직, -1은 반대를 의미한다. 손실 및 메트릭 코드는 다음과 같다.

```
model.compile(loss=mse, optimizer=Adam(), metrics=['cosine_proximity'])
```

나머지 코드는 원 핫 인코딩을 사용할 필요가 없다는 점을 빼고는 분류기를 위한 부분이다.

학습을 위한 그래프를 보자.

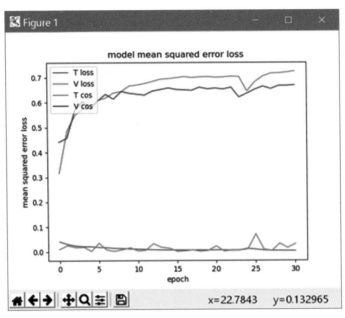

그림 8.8 DAVE-2를 사용한 행동 복제, 학습

약간의 오버피팅이 보인다. 손실 값은 다음과 같다.

```
Min Loss (최소 손실): 0.0026791724107401277
Min Validation Loss (최소 검증 손실): 0.0006011795485392213
Max Cosine Proximity (최대 코사인 근사): 0.72493887
Max Validation Cosine Proximity (최대 검증 코사인 근사): 0.6687041521072388
```

이 케이스의 손실은 학습을 위해 녹화된 조향각과 네트워크에서 계산된 각도 사이의 평균 제곱 오차mean square error다. 검증 손실validation loss이 꽤 좋다는 것을 알 수 있다. 시간이 있다면 이 모델을 이용해 드롭아웃을 추가하거나 전체 구조를 변경해 보면서 실험을 해 볼 수 있다.

곧 우리의 신경망을 Carla와 통합시킬 것이고 어떻게 운전하는지를 볼 것이다. 그러나 그 전에 신경망이 실제로 도로의 올바른 부분에 주의를 기울이고 있는지 궁금할 수 있다. 다음 절에서는 **돌출맵**saliency map이라는 기술을 사용해 이를 수행하는 방법을 설명할 것이다.

돌출맵 시각화

신경망이 무엇에 주의를 기울이고 있는지를 이해하려면 실제 예제를 사용해야 한다. 이미지를 선택해 보자.

그림 8.9 테스트 이미지

인간이 이 도로를 운전한다고 하면 여기서 보이는 차선과 벽에 주의를 기울일 것이다. 물론 벽은 그 앞에 있는 마지막 차선만큼 중요하진 않다.

이미 DAVE-2와 같은 **CNN**이 무엇을 고려하고 있는지 볼 수 있는 방법을 알고 있다. 컨볼루션 레이어의 출력은 이미지이므로 이를 그림 8.10과 같이 시각화할 수 있다.

그림 8.10 첫 번째 컨볼루션 레이어의 활성화 부분

이는 좋은 출발점이다. 그러나 더 나아가야 한다. 어떤 픽셀이 예측에 가장 큰 기여를 하는지 알아내려고 한다. 그러기 위해선 **돌출맵**을 구해야 한다.

케라스는 이를 직접적으로 지원하지는 않지만 keras-vis를 사용할 수는 있다. 다음과 같이 pip로 설치할 수 있다.

```
sudo pip install keras-vis
```

돌출맵을 얻기 위한 첫 단계는 우리 모델의 입력으로 시작하고 분석하고자 하는 레이어로 끝나는 모델을 만드는 것이다. 코드 결과물은 활성화^{activation}에서 본 것과 매우 유사하지만, 편의를 위해 레이어의 인덱스가 필요하다는 점이 다르다.

```
conv_layer, idx_layer = next((layer.output, idx) for idx, layer
in
   enumerate(model.layers) if layer.output.name.
startswith(name))
act_model = models.Model(inputs=model.input, outputs=[conv_layer])
```

이 케이스에서 반드시 필요하지는 않지만 활성화^{activation}를 선형으로 변경하길 원할 수도 있다. 그다음 모델을 리로드^{reload}한다.

```
conv_layer.activation = activations.linear
sal_model = utils.apply_modifications(act_model)
```

이제 visuality_sality()를 호출하기만 하면 된다.

```
grads = visualize_saliency(sal_model, idx_layer,
     filter_indices=None, seed_input=img)
plt.imshow(grads, alpha=.6)
```

출력인 마지막 레이어의 돌출맵에 관심이 있지만, 연습하는 셈 치고 모든 컨볼루션 레이어를 살펴보며 그들이 무엇을 이해하는 것을 보려고 한다.

이제 첫 컨볼루션 레이어의 돌출맵을 보자.

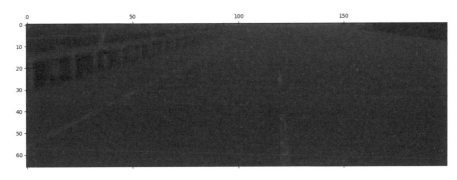

그림 8.11 첫 번째 컨볼루션 레이의 돌출맵

돌출이 없고 원본 이미지만 볼 수 있기에 그다지 인상적이지 않다.

그럼 두 번째 레이어의 돌출맵을 보자.

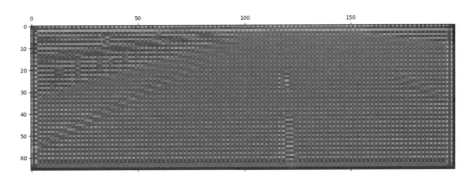

그림 8.12 두 번째 컨볼루션 레이어의 돌출맵

중앙선, 벽, 오른쪽 차선 뒤의 땅 등에 약간의 주의[attention]가 보이는 개선점이 있지만 명확하진 않다. 그럼 세 번째 레이어를 보자.

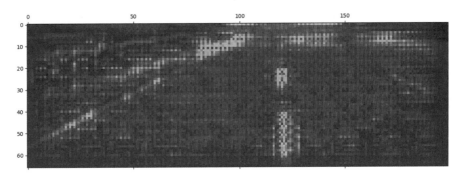

그림 8.13 세 번째 컨볼루션 레이어의 돌출맵

바로 이거다! 중앙선과 왼쪽 차선에서 상당한 주의점을 볼 수 있고, 벽과 오른쪽 차선에 약간의 주의가 집중된 것을 볼 수 있다. 네트워크는 도로가 끝나는 부분을 이해하려고 애쓰는 것처럼 보인다. 이제 네 번째 레이어를 보자.

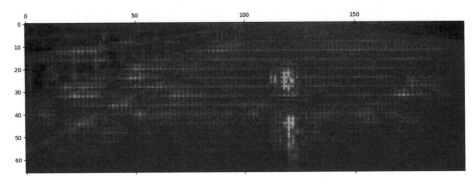

그림 8.14 네 번째 컨볼루션 레이어의 돌출맵

대부분의 주의가 중앙선에 집중돼 있지만 왼쪽 차선과 벽에서도 주의점들이 보이며 도로 전체에도 살짝 보인다.

다섯 번째와 마지막 컨볼루션 레이어를 확인하자.

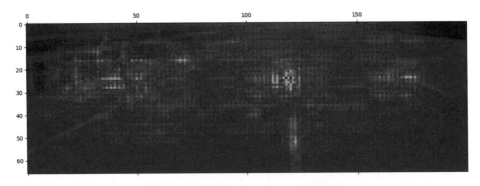

그림 8.15 다섯 번째 컨볼루션 레이어의 돌출맵

다섯 번째 레이어는 네 번째 레이어와 유사하며 왼쪽 차선과 벽에 더 많은 주의를 기울인다.

고밀도 레이어의 시각화를 위해 돌출맵을 사용할 수도 있다. 마지막 레이어의 결과를 살펴보자. 이 이미지에 대한 실제 돌출맵을 고려한다.

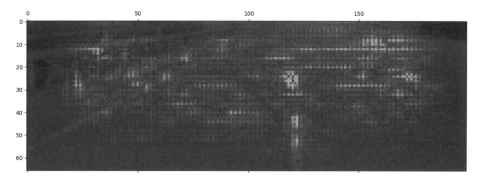

그림 8.16 출력 레이어의 돌출맵

가장 중요한 마지막 돌출맵은 중앙선과 오른쪽 차선에 매우 높은 주의를 보인다. 또한 우상단 코너 쪽에 약간의 주의가 보이는데, 이는 오른쪽 차선과의 거리를 추정하려는 시도일 수 있다. 벽과 왼쪽 차선에도 약간의 주의가 보인다. 여기까지 전반적으로 좋아 보인다.

이번엔 다른 이미지로 시도해 보자.

그림 8.17 두 번째 테스트 이미지

흥미로운 이미지다. 네트워크가 학습하지 않은 도로의 부분에서 가져왔지만 여전히 잘 작동한다.

이제 세 번째 컨볼루션 레이어의 돌출맵을 보자.

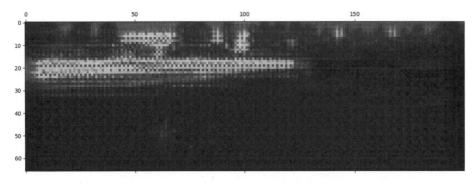

그림 8.18 세 번째 컨볼루션 레이어의 돌출맵

신경망이 도로의 끝 부분에 아주 관심이 있는 것 같으며 몇몇 나무들도 감지한 것 같다. 제동하는 법을 학습했다면 분명 브레이크를 밟았을 것 같다.

이제 최종 맵을 보자.

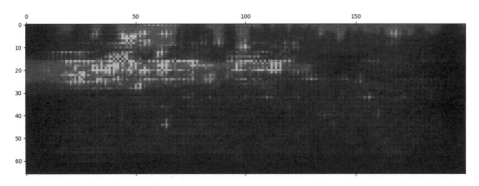

그림 8.19 출력 레이어의 돌출맵

이전의 돌출맵과 매우 유사하지만 중앙선과 오른쪽 차선에 약간의 주의가 보이고 도로에 전반적으로 옅은 주의가 보인다. 내가 보기엔 좋아 보인다.

이제 마지막 이미지를 해보자. 이 이미지는 우회전을 해야 할 때를 가르치기 위한 학습에서 사용된 이미지다.

그림 8.20 세 번째 테스트 이미지

다음은 이 이미지에 대한 최종 돌출맵이다.

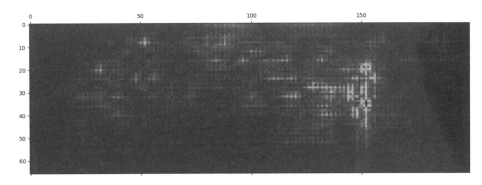

그림 8.21 출력 레이어의 돌출맵

신경망이 오른쪽 차선에 거의 모든 주의를 집중하는 것을 볼 수 있다. 또한 도로를 전체적으로 주시하고 있으며 왼쪽 차선에 집중점이 드문드문 보인다.

이렇듯 돌출맵은 네트워크의 동작을 좀 더 잘 이해하기 위한 도구나 네트워크의 세계 해석에 대한 일종의 온전성 검사를 하는 도구가 될 수 있다.

이제 드디어 Carla와 통합하고 실세계 성능을 확인할 차례다. 이제 운전을 해볼 테니 안전벨트를 단단히 매자. 그런데 운전자는 우리의 신경망이다!

⁝⁝⁝ 신경망을 Carla와 통합하기

이제 자율주행을 하고자 신경망을 Carla와 통합할 것이다.

이전처럼 manual_control.py의 복사본인 manual_control_drive.py를 만드는 것부터 시작한다. 나는 간결성을 위해 수정이나 추가가 필요한 코드만 여기에 적을 것이다. 전체 코드는 깃허브에서 찾을 수 있다.

이 파일은 PythonAPI/examples 디렉터리에서 실행돼야 한다.

원칙적으론 신경망이 스티어링휠을 제어하도록 하는 것은 꽤나 간단하다. 현재 프레임을 분석하고 조향을 조절하기만 하면 되기 때문이다. 그렇지만 여기에 약간의 스로틀을 적용해야 하는데, 그러지 않으면 차가 움직이지 않기 때문이다.

또한 게임 루프에서 추론 단계를 실행하거나 확실히 클라이언트상에서 실행하는 것은 굉장히 중요하다. 그렇지 않으면 성능이 크게 저하될 것이며, 프레임 수신과 운전 명령의 송신 사이의 큰 지연 시간으로 인해 네트워크는 제대로 운전하지 못하게 될 것이다.

Carla 클라이언트가 매번 차를 바꾸면 스로틀의 영향이 바뀌게 되므로 차가 너무 빠르거나 너무 느릴 경우가 생기게 된다. 따라서 키를 통해 스로틀을 변경하는 방법을 사용하거나 항상 동일한 차를 사용해야 하는데, 여기선 후자의 방법을 택한다.

다음의 코드를 사용해 Carla에서 사용 가능한 자동차 목록을 얻을 수 있다.

```
vehicles = world.get_blueprint_library().filter('vehicle.*')
```

집필 시점에는 다음 목록이 생성됐다.

```
vehicle.citroen.c3
vehicle.chevrolet.impala
vehicle.audi.a2
vehicle.nissan.micra
vehicle.carlamotors.carlacola
vehicle.audi.tt
vehicle.bmw.grandtourer
```

```
vehicle.harley-davidson.low_rider
vehicle.bmw.isetta
vehicle.dodge_charger.police
vehicle.jeep.wrangler_rubicon
vehicle.mercedes-benz.coupe
vehicle.mini.cooperst
vehicle.nissan.patrol
vehicle.seat.leon
vehicle.toyota.prius
vehicle.yamaha.yzf
vehicle.kawasaki.ninja
vehicle.bh.crossbike
vehicle.tesla.model3
vehicle.gazelle.omafiets
vehicle.tesla.cybertruck
vehicle.diamondback.century
vehicle.audi.etron
vehicle.volkswagen.t2
vehicle.lincoln.mkz2017
vehicle.mustang.mustang
```

World.restart()에서 원하는 차량을 선택할 수 있다.

```
bp=self.world.get_blueprint_library().filter(self._actor_filter)
blueprint = next(x for x in bp if x.id == 'vehicle.audi.tt')
```

Carla는 액터actor를 사용하는데, 이 액터는 차량, 보행자, 센서, 신호등, 신호 등을 표현할 수 있다. 액터는 **blueprint**라 명명된 템플릿으로부터 생성된다. 이후 같은 함수에서 try_spawn_actor()를 사용해 차량을 생성한다.

```
self.player = self.world.try_spawn_actor(blueprint, spawn_point)
```

지금 코드를 실행하게 되면 차가 보이겠지만 시점이 잘못돼 있을 것이다. 탭 키를 눌러 문제를 해결하자.

그림 8.22 왼쪽: 기본 초기 카메라, 오른쪽: 자율주행용 카메라

내가 차를 학습한 지점에서 시작하고 싶다면 동일한 방법으로 시작점을 설정해야 한다.

```
spawn_point = spawn_points[0] if spawn_points else carla.
Transform()
```

이렇게 하지 않으면 자동차는 임의의 위치에 나타나게 되고 운전에 더 많은 문제가 발생할 수 있다.

또한 game_loop()에서 적절한 트랙을 선택해야 한다.

```
client.load_world('Town04')
client.reload_world()
```

지금 코드를 실행하고 탭 키를 누르면 그림 8.23과 같은 화면을 볼 수 있을 것이다.

그림 8.23 Carla 이미지. 자율주행이 준비됨.

F1을 누르면 왼쪽의 정보를 제거할 수 있다.

편의를 위해 자율주행 모드를 켜고 끌 수 있게 하려면 다음과 같은 변수가 필요하며, KeyboardControl의 생성자에서 계산된 조향각을 유지하는 변수도 필요하다.

```
self.self_driving = False
```

그런 다음 KeyboardControl.parse_events()에서 D키를 가로채서 자율주행 기능을 켜고 끌 것이다.

```
elif event.key == K_d:
  self.self_driving = not self.self_driving
  if self.self_driving:
    world.hud.notification('Self-driving with Neural Network')
  else:
    world.hud.notification('Self-driving OFF')
```

다음 단계는 이미지가 아직 BGR 포맷일 때 서버로부터 전송받은 마지막 이미지의 크기를 조절하고 저장하는 것이다. 이는 다음과 같이 CameraManager._parse_image()에서 이뤄진다.

```
array_bgr = cv2.resize(array, (200, 133))
self.last_image = array_bgr[67:, :, :]
array = array[:, :, ::-1] # BGR => RGB
```

이 배열 변수는 원래 BGR 형식의 이미지를 포함한다. 넘파이의 ::-1는 순서를 뒤바꾸는데, 따라서 코드의 마지막 줄은 BGR 이미지를 효과적으로 RGB 이미지로 변환하게 된다.

이제 메인 루프 외부의 game_loop()에서 모델을 로드할 수 있다.

```
model = keras.models.load_model('behave.h5')
```

이제 메인 루프 내 game_loop()에서 모델을 실행하고 다음과 같이 스티어링을 저장할 수 있다.

```
if world.camera_manager.last_image is not None:
    image_array = np.asarray(world.camera_manager.last_image)
    controller.self_driving_steer = model.predict(image_array[None, :, :, :],
        batch_size=1)[0][0].astype(float)
```

마지막으로 할 일은 계산한 스티어링을 사용하고, 고정 스로틀을 넣고, 최대 속도를 제한하는 것이다.

```
if self.self_driving:
    self.player_max_speed = 0.3
    self.player_max_speed_fast = 0.3
    self._control.throttle = 0.3
    self._control.steer = self.self_driving_steer
    return
```

GPU 오류로 인해 작동하지 않을 수 있다는 점을 제외하면 모두 훌륭하고 좋다. GPU 오류가 무엇인지 그리고 그것을 극복하는 방법이 무엇인지 알아보자.

GPU를 작동시키기

다음과 비슷한 오류가 발생할 수 있다.

```
failed to create cublas handle: CUBLAS_STATUS_ALLOC_FAILED
```

나는 이 현상이 Carla의 서버나 클라이언트의 일부 구성 요소와 충돌해 GPU가 충분한 메모리를 확보하지 못하게 된 것으로 이해했다. 특히 텐서플로는 GPU의 모든 메모리를 할당하려고 하면서 이 문제를 발생시킨다.

다행스럽게도 이 문제는 코드 몇 줄만 수정해도 고칠 수 있다.

```
import tensorflow
gpus = tensorflow.config.experimental.list_physical_
devices('GPU')
if gpus:
  try:
    for gpu in gpus:
      tensorflow.config.experimental.set_memory_growth(gpu, True)
    print('TensorFlow allowed growth to ', len(gpus), ' GPUs')
  except RuntimeError as e:
    print(e)
```

set_memory_growth() 호출은 텐서플로가 GPU RAM 영역만 할당하도록 지시하고 필요할 때 더 할당하도록 해 문제를 해결한다.

이 시점에서는 차량이 잘 운전할 것이므로 그 작동 방식에 대해 논의해 보도록 하자.

⫸ 자율주행!

이제 manual_control_drive.py를 실행하는데, 낮은 해상력을 사용하도록 하려면 --res 480x320 파라미터를 사용해도 좋다.

D키를 누르면 차량이 자율주행을 시작한다. 분명 꽤나 느린 데다 어떨 때는 잘 안 되긴 하지만 분명 주행하긴 할 것이다. 턴을 해야 할 때 항상 턴을 하지는 않을 수도 있다. 데이터셋에 이미지를 추가하거나 신경망의 아키텍처를 개선(예: 몇몇 드롭아웃 레이어를 추가하기)할 수 있다.

차를 바꾸거나 속도를 올려 볼 수도 있다. 속도가 빠를수록 차는 마치 음주 운전을 하는 것처럼 더 비정상적으로 움직이게 된다. 이는 자동차가 옳지 않은 지점에 위치한 시점과 신경망이 그에 대해 신경망이 반응하는 시점 간의 과도한 지연 때문이다. 나는 많은 FPS를 처리할 수 있는 빠른 컴퓨터를 사용하면 이 문제를 부분적으로 해결될 수 있다고 생각한다. 그렇지만 진정한 해결책은 더 강한 스티어링 수정이 수반되는 더 빠른 주행 기록을 남기는 것이다. 이 경우 키보드보다 더 나은 컨트롤러가 필요할 것이며, 속도를 입력에 추가하거나, 다중 신경망을 준비해 속도에 기반한 신경망 스위칭 방식을 실현해야 할 것이다.

흥미롭게도 외부 카메라를 사용하더라도 우리 차량이 이미지의 일부분인 결과를 갖고서도 주행이 가능함을 보일 때도 있다! 물론 결과가 썩 좋지는 않다. 저속에서도 마치 음주 운전을 하는 것처럼 보일 것이다.

호기심을 해결하기 위해 돌출맵을 확인해 보자. 이는 네트워크에 보낸 이미지다.

그림 8.24 후방에서의 이미지

이제 돌출맵을 확인해 보자.

그림 8.25 돌출맵: 세 번째 컨볼루션 레이어 및 출력 레이어

네트워크가 여전히 차선과 도로를 인식하지만, 그보다 차량에 대해서 매우 주의를 기울이고 있다. 나의 가설은 신경망이 차량을 장애물이며 도로가 끝이라고 생각하고 있다는 것이다.

이 차량에게 운전을 잘 하는 방법을 이 카메라(또는 다른 카메라)로 가르치고 싶다면 바로 그 카메라로 학습을 시켜야 한다. 차량이 다른 트랙에서 잘 주행할 수 있도록 하고 싶다면 바로 그 트랙에서 학습시켜야 할 필요가 있다. 결과적으로 차량을 다양한 트랙에서 다양한 조건으로 학습시킨다면 어느 곳에서나 운전할 수 있게 된다. 그러나 이는 수백만 개의 이미지로 구성된 거대한 데이터셋을 구축해야 함을 뜻한다. 데이터셋이 너무 큰 경우에는 메모리가 부족할 것이다.

다음 절에서는 이러한 문제를 극복하는 데 도움이 되는 기술인 제너레이터에 대해 알아볼 것이다.

제너레이터를 활용한 더 큰 데이터셋 학습

대규모 데이터셋을 학습할 경우 메모리 소비가 문제될 수 있다. 케라스가 이 문제를 해결하는 방법 중 하나는 파이썬 제너레이터(생성기)를 사용하는 것이다. 파이썬 제너레이터는 잠재적으로 무한한 스트림 값을 손쉽게 반환하는 함수다. 제너레이터는 한 개체에 대한 메모리와 필요한 지원 데이터에 대한 메모리만 있으면 되기에 메모리 풋프린트가 매우 적으며, 마치 리스트처럼 사용될 수 있다. 전형적인 제너레이터는 루프 구문이 있으며, 스트림의 일부가 될 모든 오브젝트에 대해 yield 키워드를 사용한다.

케라스에서 제너레이터는 샘플 배치와 레이블 배치를 반환해야 하므로 배치 사이즈를 알아야 한다.

우리는 처리해야 할 파일 목록을 계속 둘 것이며, 이를 사용해 연관된 이미지를 반환하는 제너레이터를 작성할 것이다.

다른 케이스에 재사용할 수 있는 일반generic 제너레이터를 작성할 것이다. 이는 네 가지 파라미터를 허용한다.

- ID 목록(이 케이스에선 파일명)

- ID로부터 입력(이미지)을 검색하는 기능

- ID로부터 레이블(스티어링 휠)을 검색하는 기능

- 배치 크기

시작을 위해 주어진 파일로부터 이미지를 반환하는 함수가 필요하다.

```python
def extract_image(file_name):
    return cv2.imread(file_name)
```

또한 주어진 파일명으로부터 레이블(조향각)을 반환하는 함수가 필요하다.

```python
def extract_label(file_name):
  (seq, camera, steer, throttle, brake, img_type) =  expand_name(file_name)
  return steer
```

이제 다음과 같이 제너레이터를 작성하자.

```python
def generator(ids, fn_image, fn_label, batch_size=32):
  num_samples = len(ids)
  while 1: # The generator never terminates
    samples_ids = shuffle(ids) # New epoch

    for offset in range(0, num_samples, batch_size):
```

```
        batch_samples_ids = samples_ids[offset:offset + batch_size]
        batch_samples = [fn_image(x) for x in batch_samples_ids]
        batch_labels = [fn_label(x) for x in batch_samples_ids]

        yield np.array(batch_samples), np.array(batch_labels)
```

while 루프 속 매 iteration은 한 에포크에 해당하며, for 루프는 각 에포크를 완료하고
자 필요한 모든 배치를 생성한다. 학습을 향상시키고자 각 에포크의 시작에서 ID를 섞
는다.

케라스에서는 fit_generator() 메서드를 사용해 왔지만, 요즘은 인수가 제너레이터인
fit()으로도 할 수 있는데, 다음과 같은 몇 가지 새 파라미터를 제공해야 한다.

- steps_per_epoch: 단일 학습 에포크에 있는 배치 수를 제공한다. 이는 학습 샘플 수
  를 배치 크기로 나눈 값이다.

- validation_steps: 단일 검증 에포크에 있는 배치 수를 제공한다. 이는 검증 샘플
  수를 배치 크기로 나눈 값이다.

다음은 방금 정의한 generator() 함수를 사용하는데 필요한 코드다.

```
files = shuffle(files)
idx_split = int(len(files) * 0.8)
val_size = len(files) - idx_split
train_gen = generator(files[0:idx_split], extract_image,
  extract_label, batch_size)
valid_gen = generator(files[idx_split:], extract_image,
  extract_label, batch_size)
history_object = model.fit(train_gen, epochs=250,
  steps_per_epoch=idx_split/batch_size, validation_data=valid_gen,
  validation_steps=val_size/batch_size, shuffle=False,
callbacks=
  [checkpoint, early_stopping])
```

이 코드로 이제 아주 큰 데이터셋을 활용할 수 있다. 그런데 제너레이터는 커스텀 온-디맨
드custom on-demand 데이터 증강에도 사용할 수 있다. 여기에 대해 몇 마디 말해 보려 한다.

어려운 방식으로 데이터 증강하기

이미 `ImageDataGenerator`를 사용해 데이터 증강을 수행하는 쉬운 방법을 7장 '보행자 및 신호등 감지'에서 살펴봤다. 이는 분류기^{classifier}에 적합할 수 있는데, 이미지에 적용된 변환이 분류 자체를 바꾸지 않기 때문이었다. 그러나 이 케이스에서는 이러한 변환이 예측의 변환을 불러일으킬 수 있다. 사실 엔비디아는 이미지가 무작위하게 이동하고 스티어링 휠이 그에 따라 업데이트되는 맞춤형 데이터 증강을 설계했다. 이는 원본 이미지를 가져와 변환을 적용하고 이동량을 기반으로 조향하는 제너레이터로 수행할 수 있다.

그러나 그저 입력 이미지와 같은 양의 이미지를 복제하는 것에 국한하지 않고, 더 적게 (필터링을 통해) 만들거나 더 많이 만들 수 있다. 예를 들어, 미러링이 런타임에 적용해 메모리에 이미지를 복제함으로써 2배의 이미지를 저장할 필요없이 절반의 이미지 접근과 JPEG 압축 해제를 실현할 수 있는데, 물론 이미지를 뒤집는 데 약간의 CPU 연산이 필요하다.

⁞⁞ 요약

8장에서 다양한 재미있는 주제를 다뤘다.

먼저 신경망이 도로에서 운전하는 법을 배울 수 있다는 것을 증명하기 위한 엔비디아의 실험인 DAVE-2를 설명하는 것으로 시작했다. 그러면서 동일한 실험을 훨씬 더 작은 규모로 복제해 만드는 것을 시도했다. 네트워크에게 오류 해결 방법을 가르치고자 Carla에서 이미지를 수집했는데, 메인 카메라뿐만 아니라 2개의 추가적인 사이드 카메라를 녹화했다.

그런 다음 DAVE-2 아키텍처를 복사해서 신경망을 만들었고 회귀를 위해 학습시켰는데, 지금까지 했던 학습과는 달리 몇 가지 변경이 필요했다. 어떻게 돌출맵을 생성하는지 배웠고 신경망이 주의를 기울이는 부분에 대해 더 잘 이해하게 됐다. 그다음 네트워크를 Carla에 통합한 뒤 자율주행을 하는 데 사용했다.

마지막에서는 파이썬 제너레이터를 사용해 신경망을 학습하는 법을 배웠고, 이를 사용해 더 섬세한 데이터 증강을 달성하는 방법을 논의했다.

9장에서는 픽셀 레벨에서 도로를 감지하는 최신 기술인 시맨틱 세그멘테이션에 대해 탐구해 보려고 한다.

질문

8장을 모두 읽은 후에는 다음 질문에 답할 수 있다.

1. 엔비디아가 자율주행을 위해 학습시킨 신경망의 원래 이름은?

2. 분류classification와 회귀regression의 차이점은?

3. 제너레이터[생성기]를 만드는 데 사용할 수 있는 파이썬 키워드는?

4. 돌출맵이란?

5. 비디오 스트림을 3개나 녹화하는 이유는?

6. game_loop() 메서드에서 추론을 실행하는 이유는?

더 읽어 보기

- 엔비디아 DAVE-2: https://devblogs.nvidia.com/deep-learning-self-driving-cars/

- Carla 0.9.0 API 변경 관련 참고 사항: https://carla.org/2018/07/30/release-0.9.0/

- Carla: https://carla.org

- keras-vis: https://github.com/raghakot/keras-vis

09

시맨틱 분할

9장에서는 시맨틱 분할 기술을 통해 픽셀 수준의 이미지를 분류할 것이다. 제너레이터를 사용한 데이터 증가를 포함해 지금까지 배운 많은 것을 사용할 것이다.

DenseNet이라는 매우 유연하고 효율적인 신경망 구조에 대해서 알아볼 것이고, 시맨틱 분할 부분을 확장한 FC-DenseNet을 자세히 살펴볼 것이다. 그리고 Carla를 통해 데이터셋을 처음부터 학습해 나갈 것이다.

9장에서는 다음과 같은 항목을 다룬다.

- 시맨틱 분할 소개

- 분류를 위한 DenseNet 이해

- CNN을 사용한 시맨틱 분할

- 시맨틱 분할을 위한 DenseNet 조정

- FC-DenseNet 블록 코딩

- 잘못된 시맨틱 분할 개선

ꓽ 기술 요구 사항

9장에서 설명하는 코드를 사용하려면 다음의 도구와 모듈이 설치돼 있어야 한다.

- Carla 시뮬레이터

- 파이썬 3.7

- 넘파이 모듈

- 텐서플로 모듈

- 케라스 모듈

- OpenCV-파이썬 모듈

- 권장 GPU

9장에서 사용한 코드는 다음 사이트에서 확인할 수 있다.

https://github.com/PacktPublishing/Hands-On-Computer-Vision-for-Self-Driving-Cars.

9장의 실행 영상에 대한 코드는 다음 사이트에서 확인할 수 있다.

https://bit.ly/3jquo3v

ꓽ 시맨틱 분할 소개

이전의 장에서는 이미지를 입력으로 제공했을 때 네트워크가 이미지가 무엇인지 알려주는 여러 분류기를 구현했다. 이러한 분류기는 많은 상황에서 활용될 수 있지만 더욱 유용하려면 일반적으로 관심 영역을 식별할 수 있는 방법과 결합하는 것이 필요하다. 7장에서 잠시 다뤘던 보행자와 신호등 감지하는 파트에서 SSD를 사용해 신호등으로 관심 영역을 식별한 다음 신경망이 색상을 알 수 있었던 부분이 이에 해당한다. 그러나

SSD에 의해 생성된 관심 영역은 직사각형이기 때문에 기본적으로 이미지만큼 큰 도로가 있다고 알려 주는 네트워크는 많은 정보를 제공하지 않는다. 도로가 직선인지 순서가 있는지 등 알 수 없기 때문에 더 정확한 정보들이 필요하다.

SSD와 같은 객체 검출기가 분류 수준을 한 단계 끌어올렸다면 이제는 그 이후의 수준, 어쩌면 그 이상에 도달해야 한다. 사실상 시맨틱 분할semantic segmentation이라고 하는 이미지의 모든 픽셀을 분류하기를 원하며 이는 상당히 까다로운 작업이다.

이해를 돕고자 Carla에서 가져온 예를 살펴보자. 그림 9.1은 원본 이미지다.

그림 9.1 Carla의 프레임

시맨틱 분할 카메라에 의해 생성된 같은 프레임은 다음과 같다.

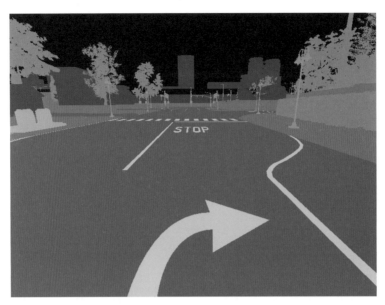

그림 9.2 시맨틱 분할

이것은 단순하고 훌륭하다! 이미지가 매우 단순화됐을 뿐만 아니라 모든 색상에 특정한 의미를 가진다(도로는 보라색, 인도는 자홍색, 나무는 짙은 녹색, 차선은 밝은 녹색 등). 모든 이의 기대치에 맞는 완벽한 결과를 얻을 수는 없지만, 낮은 해상도에서의 작업도 여전히 흥미로운 결과를 얻을 것이다.

정확히 말하면 이 이미지는 네트워크의 실제 출력이 아니라 색상을 표시하도록 변환됐다. **가공되지 않은 시맨틱 분할**raw semantic segmentation 출력은 rgb(7,0,0)와 같이 일부 픽셀이 낮은 값으로 설정된 매우 어두운 이미지이기 때문에 해당 rgb 값 (7,0,0)은 보라색으로 변환되는 것이다.

시맨틱 분할로 이미지를 생성하는 Carla의 기능은 매우 유용하며 미리 만들어진 제한된 데이터셋에 의존하지 않고 마음대로 실험할 수 있다.

데이터셋 수집을 시작하기 전에 전체적인 계획이 무엇인지 좀 더 자세히 논의해 보자.

목표 정의하기

우리의 목표는 수집한 데이터셋을 갖고 신경망을 처음부터 학습해 시맨틱 분할을 수행하고 이를 통해 도로, 인도, 보행자, 교통 표지판 등을 픽셀 수준에서 검출할 수 있도록 하는 것이다.

이를 위해 필요한 단계는 다음과 같다.

1. **데이터셋 생성**: Carla를 사용해 원본 이미지, 미가공 분할 이미지(어두운 색상이 있는 검은색 이미지), 마지막으로 더 나은 색상을 사용하기 위한 변환된 이미지를 저장한다.

2. **신경망 구축**: DenseNet이라고 불리는 신경망 구조에 대해서 깊게 알아보고, 시맨틱 분할을 수행하는 네트워크가 일반적으로 어떻게 구성돼 있는지 알아볼 것이다. 그런 다음 **FC-DenseNet**이라고 불리는 시맨틱 분할을 위한 DenseNet의 변형 구조를 살펴보고 구현할 것이다.

3. **신경망 학습**: 이 단계에서는 네트워크를 학습하고 결과를 평가할 것이다. 학습은 쉽게 몇 시간이 걸릴 수 있다.

이제 데이터셋을 수집하는 데 필요한 것들을 살펴보자.

데이터 수집하기

행동 복제를 다룬 8장에서 Carla의 이미지를 기록하고 manual_control.py을 수정하는 방법에 대해서 알아봤고 그렇게 할 수도 있지만 문제가 있다. 데이터셋을 효율적으로 만들려면 RGB와 미가공 카메라가 정확히 동일한 프레임이 돼야 한다. 이 문제는 동기 모드를 사용해 해결할 수 있는데, Carla가 모든 센서가 준비될 때까지 기다렸다가 클라이언트에 전송하는 것이다. 이렇게 하면 저장해야 하는 것들(RGB, 미가공 분할 및 컬러 분할)이 세 카메라 간에 완벽한 일치가 보장된다.

이번에는 이 작업에 더 적합한 파일인 synchronous_mode.py를 수정할 것이다.

파일에서 각 코드 블록의 위치를 지정하겠지만 깃허브로 이동해 전체 코드를 확인하는 것을 추천한다.

이 파일은 manual_control.py보다 훨씬 간단하며 기본적으로 두 가지 흥미로운 부분이 있다.

- CarlaSyncMode: 동기화 모드를 활성화 클래스
- main(): 트랙, 날씨, 차량 등과 같이 객체들로 표현되는 월드 카메라를 초기화한 후 차를 움직여 화면에 그리는 메인 함수

실행하면 이 파일이 가능한 매우 빠른 속도로 RGB 카메라와 시맨틱 분할을 병합해 자율주행차가 운전하는 것을 볼 수 있다.

그림 9.3 synchronous_mode.py의 출력

자율주행 알고리듬에 너무 놀라지 말자. 이는 매우 편리하지만, 또한 상당히 제한적이다.

Carla에는 3D 방향의 많은 수의 **웨이포인트**^{waypoint}가 있다. 트랙당 수천 개에 달하는 이점은 도로를 따라가며 OpenDRIVE 지도에서 가져온다. OpenDRIVE는 Carla가 도로를 설명하는 데 사용하는 개방형 파일 형식이다. 이 점들은 도로를 향하고 있기 때문에

이 점들의 방향을 그대로 적용하면서 차를 그 점들을 향해 움직이면 차가 마치 자율주행하는 것처럼 효과적으로 움직인다. 자동차와 보행자를 추가할 때까지 그런 다음 자동차가 다른 차량으로 이동하기 때문에 그림 9.4와 같은 프레임을 얻기 시작한다.

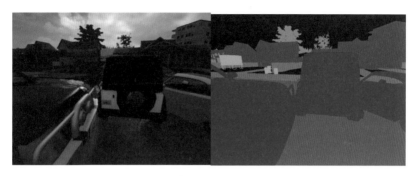

그림 9.4 충돌이 있는 프레임

충돌 프레임을 보고 살짝 놀랐을 수 있지만 잘 따라오고 있다.

이제 어떻게 synchronous_mode.py를 수정해야 하는지 보자.

synchronous_mode.py 수정하기

다음과 같은 모든 변경 사항은 main() 함수 안에서 발생한다.

- 필수는 아니지만 카메라 위치를 행동 복제에 사용한 것과 동일하게 변경할 것이다. carla.Transform() 함수 안에서의 두 가지 호출을 변경하는 작업이 포함된다(동일한 위치).

```
carla.Transform(carla.Location(x=1.6, z=1.7),
        carla.Rotation(pitch=-15))
```

- 차를 움직인 직후 RGB 카메라와 미가공 분할 이미지를 저장할 수 있다.

```
save_img(image_rgb, '_out/rgb/rgb_%08d.png' %
        image_rgb.frame)
save_img(image_semseg, '_out/seg_raw/seg_raw_%08d.png' %
        image_rgb.frame)
```

- `image_semseg.convert()` 뒤에 호출되는 행은 원시 이미지에서 컬러 버전으로 CityScapes 색깔에 따라 변환한다. 이후에는 시맨틱 분할로 이미지를 저장할 수 있게 되고 적절하게 색상이 지정된다.

```
save_img(image_semseg, '_out/seg/seg_%08d.png' %
        image_rgb.frame)
```

- 이제 거의 완료됐다. `save_img()` 함수를 작성하면 된다.

```
def save_img(image, path):
    array = np.frombuffer(image.raw_data, dtype=np.
dtype("uint8"))
    array = np.reshape(array, (image.height, image.width, 4))
    array = array[:, :, :3]
    img = cv2.resize(array, (160, 160),
      interpolation=cv2.INTER_NEAREST)
    cv2.imwrite(path, img)
```

위 코드의 앞부분 첫 번째 행은 Carla의 이미지를 버퍼에서 넘파이 배열로 변환하고 네 번째 채널(투명 채널)을 삭제해 처음 3개의 채널만을 선택한다. 그런 다음 `INTER_NEAREST` 알고리듬을 사용해 이미지 크기를 160×160으로 조정해 이미지 스무딩 현상이 이뤄지는 것을 방지한다.

마지막 행은 이미지를 저장한다.

TIP

> **nearest-neighbor 알고리듬을 사용해 분할 마스크 크기 조정**
>
> 가장 기본적인 보간법으로 알려진 nearest-neighbor 알고리듬(INTER_NEAREST)을 사용해 크기를 조정하는 이유가 궁금할 것이다. 그 이유는 색상을 보간하는 것이 아니라 보간 위치에 더 가까운 픽셀의 색상을 선택하는 것이 원시 시맨틱 분할에 중요하기 때문이다. 예를 들어, 4픽셀을 1픽셀로 축소한다고 가정해 보자. 픽셀 중 2개의 값은 7(도로)이고 다른 2개의 픽셀은 9(식물)이다. 출력이 7 또는 9인 것에는 만족할 수 있지만 8(보도)이 되는 것은 원했던 결과가 아니다.
>
> 그러나 RGB 및 컬러 분할의 경우 더 고급 보간을 사용할 수 있다.

지금까지 이미지를 수집하는 데 필요한 모든 것을 살펴봤다. 신경망 네트워크를 위해 160X160 해상도를 선택했으며 나중에 이 선택에 대해 논의할 것이다. 다른 해상도를 사용하길 원하는 경우 그에 따라 설정을 조정해야 한다.

최대 해상도로 저장할 수도 있지만 나중에 이를 변경하는 프로그램을 작성하거나 신경망을 학습할 때에 이 작업을 수행하는 것이 좋다. 왜냐하면 우리는 생성기를 사용할 것이고 그렇다면 모든 이미지와 에포크마다 JPEG 로드를 느리게 만드는 이 작업을 50,000번 이상 수행해야 하기 때문이다.

이제 데이터셋을 얻었으니 신경망을 만들 수 있다. 먼저 우리 모델의 기반인 DenseNet의 구조부터 살펴보자.

분류를 위한 DenseNet 이해

DenseNet은 유연하고, 메모리 효율적이며, 효과적이고, 상대적으로 단순하게 설계된 매력적인 신경망 구조다. DenseNet에 대해 좋아하는 것이 정말 많다.

DenseNet 구조는 ResNet에서 파생된 기술을 사용해 경사 소실 문제를 해결하는 매우 깊은 네트워크를 구축하도록 설계됐다. 우리의 구현상에서는 50개의 층 정도지만 네트워크를 더 깊게 구축할 수 있다. 실제로 케라스에는 ImageNet에서 학습된 세 가지 유형의 DenseNet이 있으며 각각 121, 169, 201개의 층을 가진다. DenseNet은 또한 기본적으로 활성화되지 않은 뉴런이 있을 때 죽은 뉴런dead neurons 문제를 해결한다. 다음 절에서는 DenseNet에 대해 개괄적으로 설명한다.

조감도에서 본 DenseNet

지금부터는 DenseNet을 분류기로 보고 중점적으로 다룰 예정인데 이것은 우리가 직접 구현할 것이 아니지만, DenseNet을 이해하기 시작하는 개념으로 유용하다. DenseNet의 개괄적인 구조는 그림 9.5의 다이어그램과 같다.

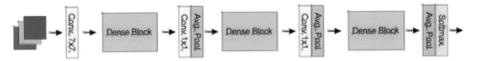

그림 9.5 분류기로서 3개의 밀집 블록을 갖는 DenseNet의 개괄적 구조

그림 9.5에는 3개의 밀집 블록^{dense block}만 표시돼 있지만 일반적으로 몇 개 더 있다.

다이어그램에서 볼 수 있듯이 다음의 사항들을 이해하는 것은 매우 간단하다.

- 입력은 RGB 이미지

- 7×7 컨볼루션을 통한 초기화

- 약간의 컨볼루션을 포함하는 **밀집 블록**^(추후 자세히 설명)

- 모든 **밀집 블록** 뒤 1×1 컨볼루션과 평균 풀링으로 인한 이미지 크기가 축소

- 마지막 **밀집 블록** 다음 평균 풀링

- 끝단에 **소프트맥스**가 있는 밀집^(완전히 연결된) 층

1×1 컨볼루션을 사용해 채널 수를 줄여 계산 속도를 높일 수 있다. DenseNet 논문에서는 1×1 컨볼루션과 평균 풀링 부분을 **전이 계층**^{transition layer}이라고 하며, 채널 수가 줄어든 결과 네트워크를 **DenseNet-C**라고 한다. 여기서 C는 압축^{Compression}을 의미하고 컨볼루션 층을 **압축 층**^{compression layer}이라고 한다.

분류기로서 이러한 개괄적인 구조는 특별히 눈에 띄지 않지만 짐작할 수 있듯이 혁신은 다음 절에서 집중적으로 다루는 밀집 블록에 있다.

밀집 블록 이해하기

밀집 블록은 이름에도 포함돼 있듯이 DenseNet의 주요 부분이다. 밀집 블록에는 컨볼루션이 포함돼 있으며 일반적으로 해상도, 달성하려는 정밀도, 성능 및 학습 시간에 따라 여러 가지가 활용될 수 있다. 이 밀집 블록은 우리가 이미 경험한 밀집 층과 관련이 없다는 점에 유의해야 한다.

밀집 블록은 신경망 네트워크의 깊이를 늘리고자 반복할 수 있는 블록이며 다음과 같은 목표를 달성할 수 있다.

- 경사 소실 문제를 해결해 더욱 깊은 신경망 네트워크를 만들 수 있다.

- 비교적 적은 수의 파라미터를 사용해 매우 효율적이다.

- 죽은 뉴런 문제를 해결한다. 즉 모든 컨볼루션이 최종 결과에 영향을 주고 기본적으로 쓸모없는 뉴런에 CPU와 메모리를 낭비하지 않게 된다.

이것들은 많은 딥러닝 구조에서 달성하고자 고군분투하는 큰 목표다. 이제 DenseNet이 다른 많은 구조가 할 수 없는 작업을 수행할 수 있는 방법을 살펴볼 것이다. 다음은 밀집 블록이다.

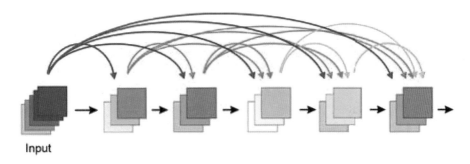

그림 9.6 5개의 컨볼루션과 입력이 있는 밀집 블록

이것은 정말 놀랍고, 약간의 설명이 필요하다. 7장의 **ResNet**에서 마이크로소프트에서 구축한 보행자 및 신호등 감지 신경망을 기억할 것이다. 이 신경망은 층을 건너뛰어 연결해 주는 스킵 커넥션skip connections을 통해 경사 소실 문제를 해결해 네트워크를 더 깊게 설계할 수 있었다. 이를 통해 ResNet의 일부 버전은 1,000개 이상의 층을 가질 수 있다!

DenseNet은 모든 밀집 블록 내부에서 각 컨볼루션 층이 연결되고 동일한 블록의 다른 컨볼루션 층이 연결되기 때문에 이 개념을 극도로 활용한다. 이것은 두 가지 매우 중요한 의미를 갖는다.

- 스킵 커넥션이 있으면 ResNet의 스킵 커넥션과 동일한 효과를 분명히 얻을 수 있으므로 더 깊게 네트워크를 쌓을 수 있다.

- 스킵 커넥션으로 인한 각 층의 피처를 다음 층에서 재사용할 수 있다는 점을 활용해 네트워크를 매우 효율적으로 만들 수 있고 다른 구조에 비해 파라미터 수를 크게 줄일 수 있다.

피처의 재사용은 스킵 커넥션 대신 채널에 초점을 맞춘 밀집 블록의 효과를 설명하는 다음 다이어그램을 통해 더 잘 이해할 수 있다.

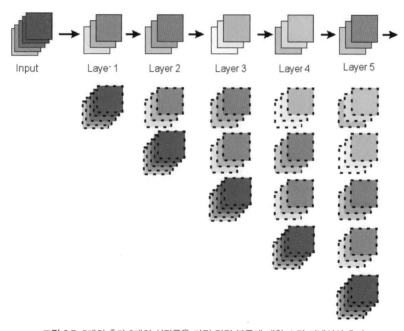

그림 9.7 5개의 층과 3개의 성장률을 가진 밀집 블록에 대한 스킵 커넥션의 효과

첫 번째 가로줄은 각 컨볼루션에 의해 추가된 새로운 피처를 보여 주고 다른 가로줄들은 이전 층에서 제공한 컨볼루션을 나타내며 스킵 커넥션으로 인해 가능한 피처 재사용을 확인할 수 있다.

각 층의 내용이 열인 다이어그램을 분석하면 다음을 확인할 수 있다.

- 입력층에는 5개의 채널이 있다.

- 〈Layer 1〉은 3개의 새 채널을 추가하고 입력을 재사용하므로 효과적으로 8개의 채널을 갖는다.

- 〈Layer 2〉는 3개의 새 채널을 추가하고 입력과 〈Layer 1〉을 재사용하므로 효과적으로 11개의 채널을 갖는다.

- 이러한 방법이 반복돼 〈Layer 5〉 또한 3개의 새 채널을 추가하고 입력과 〈Layer 1, 2, 3, 4〉를 재사용해 효과적으로 20개의 채널을 갖는다.

이것은 컨볼루션이 이전 층을 재사용할 수 있기 때문에 매우 강력하다. 일부 새로운 채널만 사용하기 때문에 네트워크가 작고 효율적이다. 또한 이러한 새로운 채널은 이전 층에 직접 접근할 수 있기 때문에 새로운 정보를 제공할 수 있다. 즉 동일한 정보를 중복해 전달한다거나 이전 층과의 연결이 끊어지는 상황이 발생하지 않는다. 각 층에 추가된 새 채널의 수를 **성장률**growth rate이라고 한다. 그림 9.7의 예에서는 **3**이었지만 실전에서는 12, 16 또는 그 이상이 될 것이다.

밀집 블록이 작동하려면 모든 컨볼루션이 같은 값으로 패딩돼야 한다. 이는 해상도를 변경하지 않은 상태로 유지하도록 해준다.

모든 밀집 블록 뒤에는 평균 풀링이 있는 전이 계층을 통과해 해상도가 감소한다. 스킵 커넥션은 동일한 컨볼루션의 해상도를 요구하기 때문에 동일한 밀집 블록 내에서만 스킵 커넥션을 가질 수 있다.

밀집 블록의 각 층은 다음 세 가지 구성 요소로 구성된다.

- 배치 정규화

- ReLU 활성화

- 컨볼루션

따라서 컨볼루션 블록은 다음과 같은 코드로 작성할 수 있다.

```
layer = BatchNormalization()(layer)
layer = ReLU()(layer)
layer = Conv2D(num_filters, kernel_size, padding="same",
  kernel_initializer='he_uniform')(layer)
```

이는 케라스 코드를 작성하는 것과는 다른 스타일이다. 케라스 코드는 모델 객체를 사용해 구조를 구축하는 대신 계층 간의 체인을 작성한다. 동일한 계층을 두 번 이상 사용할 수 있는 유연성이 필요하므로 스킵 커넥션에 사용할 수 있는 스타일이다.

DenseNet에서는 입력 채널 수를 줄여 성능을 향상시키려는 목적으로 각 밀집 블록의 시작 부분에 선택적으로 1×1 컨볼루션을 추가할 수 있다. 이 1×1 컨볼루션이 있을 때 그것을 **병목 계층**^{bottleneck layer}이라고 부르고(채널 수가 줄어들기 때문에) 네트워크를 **DenseNet-B**라고 한다. 네트워크에 병목 계층과 압축 계층이 모두 있는 경우 **DenseNet-BC**라고 한다. 이미 알고 있듯이 ReLU 활성화는 비선형성을 추가하므로 계층이 많으면 매우 복잡한 함수를 학습할 수 있는 네트워크가 생성될 수 있으며 이는 의미론적 분할에 확실히 필요하다.

드롭아웃 적용이 궁금하다면 DenseNet은 드롭아웃 없이도 잘 작동할 수 있다. 그 이유 중 하나는 이미 정규화 효과를 제공하는 정규화 계층이 있어서 드롭아웃과의 조합으로 특별한 효과를 보기 힘들기 때문이다. 또한 드롭아웃이 있으면 일반적으로 네트워크 크기를 늘려야 하는데 이는 DenseNet의 목표에 맞지 않는다. DenseNet 논문에서는 데이터 증강이 없을 때 컨볼루션 계층 이후에 드롭아웃을 사용하는 것에 대해 언급은 하였으며, 샘플이 많지 않을 경우에는 드롭아웃이 도움이 될 수 있다.

이제 DenseNet이 작동하는 방식을 충분히 이해했으므로 시맨틱 분할을 위한 신경망을 만드는 방법을 알아볼 것이다. 이는 시맨틱 분할 작업을 수행하고자 DenseNet을 다루는 방법에 대한 다음 절로 가는 길을 열어 줄 것이다.

⁝ CNN으로 이미지 분할

일반적인 시맨틱 분할 작업은 RGB 이미지를 입력으로 받고 원시 분할로 이미지를 출력해야 하지만 이 방법은 문제가 있을 수 있다. 우리는 분류기가 원-핫 인코딩된 레이블을 사용해 결과를 생성한다는 것을 이미 알고 있다. 시맨틱 분할에 대해서도 마찬가지로 동일한 작업을 수행할 수 있다. 원시 분할로 단일 이미지를 생성하는 대신 네트워크에서 일련의 원-핫 인코딩된 이미지를 생성하는 것이다. 우리의 경우 13개의 클래스가 필요하므로 네트워크는 레이블당 하나씩 13개의 RGB 이미지를 출력하며 다음의 특징이 있다.

- 하나의 이미지는 하나의 레이블만 설명한다.

- 레이블에 속한 픽셀은 빨간색 채널에서 1 값을 가지며 다른 모든 픽셀은 0으로 표시된다.

지정된 각 픽셀은 하나의 이미지에서만 1이 될 수 있으며 나머지 모든 이미지에서는 0이 된다. 이것은 어려운 작업이지만 반드시 특별한 구조가 필요한 것은 아니다. 그러나 계산 비용이 많이 들고 메모리에 모델을 맞추는 데 문제가 있을 수 있기 때문에 결과적으로 이러한 구조를 개선하려는 노력이 있었다.

이 문제를 해결하는 일반적인 방법은 계층과 채널을 추가할 때 풀링을 사용해 해상도를 줄이는 것이다. 이것은 분류에 효과가 있지만, 입력과 동일한 해상도의 이미지를 생성해야 하므로 해당 해상도로 돌아갈 방법이 필요하다. 이를 수행하는 한 가지 방법은 출력의 해상도를 높일 수 있는 컨볼루션의 반대 방향으로 진행되는 변환인 **디컨볼루션** deconvolution이라고도 하는 **전치 컨볼루션** transposed convolution을 사용하는 것이다.

일련의 컨볼루션과 일련의 디컨볼루션을 추가하면 결과 네트워크가 U자형이 된다. 왼쪽에서는 입력에서 시작해 해상도를 줄이면서 컨볼루션과 채널을 추가하고 오른쪽에서는 해상도를 원래대로 되돌린다. 이는 동일한 크기의 컨볼루션만 사용하는 것보다 더 효율적일 수 있지만, 결과적으로 분할되는 해상도 값은 원래 입력값보다 훨씬 낮다. 이 문제를 해결하고자 왼쪽에서 오른쪽으로 스킵 커넥션을 도입하면 네트워크에서 픽셀

수뿐만 아니라 실질적으로 마스크 수준에서 올바른 해상도를 복원할 수 있는 충분한 정보를 제공할 수 있다.

이제 이러한 아이디어를 DenseNet에 적용하는 방법을 살펴볼 것이다.

⁂ 시맨틱 분할을 위한 DenseNet 조정

DenseNet은 효율성과 정확성, 스킵 계층이 풍부해 시맨틱 분할에 매우 적합하다. 실제로 시맨틱 분할에 DenseNet을 사용하는 것은 데이터 집합이 제한되고 레이블이 부족할 때에도 효과적인 것으로 입증됐다.

시맨틱 분할을 위해 DenseNet을 사용하려면 U 네트워크의 오른쪽 부분을 구축할 수 있어야 한다. 즉 다음과 같은 것이 필요하다.

- 해상도를 높이는 방법: DenseNet의 전이 계층 호출
- U 네트워크의 왼쪽과 오른쪽을 결합하기 위해 스킵 계층을 구축해야 한다.

우리가 참조하는 네트워크는 FC-DenseNet으로 100계층 티라미수^{tiramisu}로도 알려져 있지만, 우리는 100개의 계층을 쌓지 않을 것이다.

실제로 그림 9.8과 유사한 구조를 설계하려고 한다.

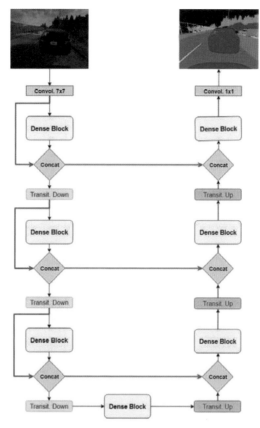

그림 9.8 FC-DenseNet 구조의 예

그림 9.8에서 연결 계층(concatenation layer)을 연결하는 수평 빨간색 화살표는 출력의 해상도를 향상시키는 데 사용되는 스킵 커넥션이며, 왼쪽의 해당 밀집 블록의 출력이 오른쪽의 해당 밀집 블록의 입력과 동일한 해상도를 갖는 경우에만 작동한다.

이제 FC-DenseNet을 구현하는 방법을 살펴볼 것이다.

⠿ FC-DenseNet 블록 코딩

DenseNet은 매우 유연하므로 여러 가지 방법으로 쉽게 구성할 수 있지만 컴퓨터의 하드웨어에 따라 GPU의 한계에 도달할 수 있다. 다음은 내 컴퓨터에서 사용한 값이다. 더 나은 정확도를 얻거나 메모리 사용량을 줄이거나 네트워크를 학습하는 데 필요한 시간을 줄이려고 얼마든지 변경해도 상관없다.

- **입출력 해상도**: 160X160

- **성장률**growth rate(밀집 층의 각 컨볼루션 계층에 의해 추가된 채널 수 블록): 12

- **밀집 블록의 수**: 11: 5 아래로, 1은 아래에서 위로 전환, 5는 위로

- **각 밀집 블록의 컨볼루션 블록 수**: 4

- **배치 크기**: 4

- **밀집 블록의 병목 계층**: No

- **압축 계수**: 0.6

- **드롭아웃**: Yes, 0.2

FC-DenseNet을 구축하는 데 사용할 수 있는 몇 가지 함수들을 정의하고 깃허브에서 전체 코드를 확인해 보자.

첫 번째 함수는 배치 정규화와 컨볼루션을 정의한다.

```
def dn_conv(layer, num_filters, kernel_size,
dropout=0.0):
    layer = BatchNormalization()(layer)
    layer = ReLU()(layer)
    layer = Conv2D(num_filters, kernel_size,
padding="same", kernel_initializer='he_uniform')(layer)
      if dropout > 0.0:
        layer = Dropout(dropout)(layer)
    return layer
```

특별한 것은 없다. ReLU 활성화 전에 배치 정규화가 이뤄졌고, 이어서 컨볼루션 계층과 선택적으로 드롭아웃이 행해졌다.

다음 함수는 이전 방법을 사용해 밀집 블록을 정의한다.

```
def dn_dense(layer, growth_rate, num_layers, add_
bottleneck_layer, dropout=0.0):
```

```
block_layers = []
for i in range(num_layers):
new_layer = dn_conv(layer, 4 * growth_rate, (1, 1),
dropout) if add_bottleneck_layer else layer
    new_layer = dn_conv(new_layer, growth_rate, (3, 3),
dropout)
    block_layers.append(new_layer)
    layer = Concatenate()([layer, new_layer])
  return layer, Concatenate()(block_layers)
```

컨볼루션 방법은 num_layers 3×3 컨볼루션 계층을 생성해 매번 growth_rate 채널을 추가한다. 또한 add_bottleneck_layer를 설정하면 각 3×3 컨볼루션 전에 1×1 컨볼루션을 추가해 입력의 채널 수를 4* growth_rate로 변환한다. 해당 코드에서는 병목 계층을 사용하지 않았지만 원한다면 사용할 수 있다.

위 함수는 2개의 출력을 반환하는데, 첫 번째 출력은 입력을 포함한 각 컨볼루션의 모든 출력의 연결한 계층이고, block_layers에서 파생된 두 번째 출력은 입력을 제외한 각 컨볼루션의 모든 출력의 연결한 계층이다.

2개의 출력이 필요한 이유는 다운 샘플링^{down-sampling}과 업 샘플링^{up-sampling} 경로가 약간 다르기 때문이다. 다운 샘플링 중에는 블록의 입력이 포함되지만 업 샘플링 중에는 포함되지 않는다. 이것은 단지 네트워크의 크기와 계산 시간을 합리적으로 유지하기 위한 것이다. 나의 실행 환경에서는 이러한 변경이 없다면 네트워크의 파라미터가 724K에서 12M으로 점프할 것이다.

다음 함수는 다운 샘플링 경로에서 해상도를 줄이는 데 사용되는 전이 계층에 대해서 정의한다.

```
def dn_transition_down(layer, compression_factor=1.0,
dropout=0.0):
  num_filters_compressed = int(layer.shape[-1] *
    compression_factor)
  layer = dn_conv(layer, num_filters_compressed, (1, 1),
dropout)

  return AveragePooling2D(2, 2, padding='same')(layer)
```

평균 풀링과 함께 1×1 컨볼루션을 생성한다. 압축 계수를 추가하도록 선택하면 채널 수가 줄어든다. 네트워크가 압축 없이 너무 커서 내 GPU의 RAM에 맞지 않기 때문에 압축 계수 `0.6`을 선택했다.

다음 방법은 업 샘플링 경로의 해상도를 높이는 데 사용되는 전이 계층이다.

```
def dn_transition_up(skip_connection, layer):
  num_filters = int(layer.shape[-1])
  layer = Conv2DTranspose(num_filters, kernel_size=3,
strides=2,
    padding='same', kernel_
initializer='he_uniform')(layer)

  return Concatenate()([layer, skip_connection])
```

디컨볼루션을 만들어 해상도를 높이고 스킵 커넥션을 추가한다. 이는 분할 마스크의 효과적인 해상도를 높이는 데 중요하다.

이제 빌딩 블록이 모두 생겼으니 전체 네트워크를 조립하는 것이 남았다.

모든 요소들 결합하기

먼저 해상도에 대한 주의 사항은 160×160을 선택했는데, 이는 단순히 노트북이 할 수 있는 최대 설정이기 때문이다. 다른 해상도를 시도할 수 있지만 일부 해상도는 불가능하다. 실제로 밀집 블록 수에 따라 16, 32 또는 64의 배수를 사용해야 할 수 있는데 이유는 간단하다. 예를 들어 160×160 해상도를 사용한다고 가정해 보자. 다운 샘플링 중에 해상도를 16배 낮추면(예: 각각 4개의 밀집 블록이 있고 그다음에 전이-다운transition-down 레이어가 옴) 중간 해상도는 정수(이 경우 10X10)가 된다.

네 번 샘플링하면 해상도가 16배 증가하므로 최종 해상도는 여전히 160×160이 된다. 그러나 170×170으로 시작하면 결국 10×10의 중간 해상도로 끝날 것이며, 업 샘플링하면 160×160의 최종 해상도가 생성되는데, 이는 문제가 될 수 있다. 다운 샘플링 중에 취한 스킵 계층과 이러한 출력을 연결해야 하지만 두 해상도가 다른 경우 레이어를 연결할 수 없으므로 케라스가 오류를 생성하기 때문이다. 비율과 관련해 정사각형일 필요는 없으며 이미지의 비율과 일치할 필요도 없다.

다음으로 해야 할 일은 신경망과 첫 번째 컨볼루션 계층에 대한 입력을 생성하는 것이다. 밀집 블록은 그 앞에 컨볼루션이 있다고 가정한다.

```
input = Input(input_shape)
layer = Conv2D(36, 7, padding='same')(input)
```

위의 코드에서는 최대 풀링 없이 7×7 컨볼루션을 사용했지만 자유롭게 실험해도 상관없다. 더 큰 이미지를 사용하고 최대 풀링 또는 평균 풀링을 사용해 학습하면 더 큰 네트워크를 만들 수 있을 것이다.

이제 다운 샘플링 경로를 생성할 수 있다.

```
skip_connections = []

for idx in range(groups):
  (layer, _) = dn_dense(layer, growth_rate, 4,
    add_bottleneck_layer, dropout)
  skip_connections.append(layer)
  layer = dn_transition_down(layer, transition_compression_
factor, dropout)
```

원하는 모든 그룹(내 구성에 5개)을 만들고 각 그룹에 대해 밀집 계층과 전이-다운transition-down 계층을 추가하고 스킵 커넥션도 추가한다.

다음 단계는 업 샘플링 경로를 생성하는 것이다.

```
skip_connections.reverse()
(layer, block_layers) = dn_dense(layer, growth_rate, 4,
  add_bottleneck_layer, dropout)

for idx in range(groups):
  layer = dn_transition_up(skip_connections[idx], block_layers)
  (layer, block_layers) = dn_dense(layer, growth_rate, 4,
    add_bottleneck_layer, dropout)
```

올라갈 때 스킵 커넥션이 반대 순서로 발생하기 때문에 스킵 커넥션을 반전시키고 전이-다운이 따르지 않는 밀집 층을 추가한다. 정보의 양이 적기 때문에 이를 병목 계층이라고 부른다. 그런 다음 다운 샘플링 경로에 해당하는 전이-업 계층과 밀집 층을 생성하기만 하면 된다.

이제 마지막 부분을 통해 출력을 생성해 보자.

```
layer = Conv2D(num_classes, kernel_size=1, padding='same',
    kernel_initializer='he_uniform')(layer)
output = Activation('softmax')(layer)

model = Model(input, output)
```

단순히 1×1 컨볼루션과 소프트맥스 활성화를 추가했다.

어려운 부분은 끝났지만, 네트워크로 입력을 공급하는 방법을 배워야 한다.

네트워크에 입력 공급하기

신경망에 입력을 공급하는 것은 그리 어렵지 않지만, 네트워크가 상당히 복잡하고 메모리에 모든 이미지를 로드하는 것이 불가능할 수 있기 때문에 생성기를 사용한다. 또한 간단한 데이터 증강을 통해 이미지의 절반을 보강할 것이다.

먼저 데이터셋 폴더의 하위 디렉터리에 모든 이미지가 있는 계층 구조를 정의해 보자.

- rgb: 이미지를 갖는 폴더

- seg: 분할된 컬러 이미지 갖는 폴더

- seg_raw: 원시 형식의 데이터를 갖는 폴더(빨간색 채널의 숫자 레이블)

이렇게 정의하면 rgb 폴더에 이미지가 주어지면 경로를 seg_raw로 변경해 해당 원시 분할 이미지를 얻을 수 있다.

다음은 데이터 증강에 사용할 수 있는 일반 생성기를 정의해 보자.

- 생성기는 ID 목록(이 경우 rgb 이미지의 경로)을 받는다.

- 생성기는 2개의 함수를 받는다. 하나는 ID가 주어지면 이미지를 생성할 수 있고 다른 하나는 ID가 주어지면 해당 레이블을 생성할 수 있다(seg_raw로 경로 변경).

- 우리는 또한 데이터 증강을 돕기 위해 에포크에 인덱스를 제공할 것이다.

다음은 일반적인 생성기 코드다.

```
def generator(ids, fn_image, fn_label, augment, batch_size):
    num_samples = len(ids)
    while 1: # Loop forever so the generator never terminates
        samples_ids = shuffle(ids) # New epoch

        for offset in range(0, num_samples, batch_size):
            batch_samples_ids = samples_ids[offset:offset +
batch_size]
            batch_samples = np.array([fn_image(x, augment,
offset + idx) for idx, x in enumerate(batch_samples_ids)])
            batch_labels = np.array([fn_label(x, augment,
offset + idx) for idx, x in enumerate(batch_samples_ids)])

            yield batch_samples, batch_labels
```

이는 이미 8장 '행동 복제'에서 살펴본 것과 유사하다. 모든 ID를 통해 배치에 대한 이미지와 레이블을 가져온다. 주요 차이점은 현재 ID 외에 다음과 같은 2개의 추가 파라미터를 함수에 전달한다는 것이다.

- 데이터 증강을 활성화할지 여부를 지정하는 플래그
- 에포크 안에서 함수의 위치를 알려 주는 현재 인덱스

이제 이미지를 반환하는 함수를 작성해 보자.

```
def extract_image(file_name, augment, idx):
  img = cv2.resize(cv2.imread(file_name), size_cv,
    interpolation=cv2.INTER_NEAREST)

  if augment and (idx % 2 == 0):
    img = cv2.flip(img, 1)

  return img
```

앞서 설명한 것처럼 이미지를 로드하고 nearest-neighbor 알고리듬을 사용해 크기를 조정한다. 이렇게 하면 이미지가 절반으로 뒤집힌다.

레이블을 추출하는 기능은 다음과 같다.

```
def extract_label(file_name, augment, idx):
  img = cv2.resize(cv2.imread(file_name.replace("rgb", "seg_
raw", 2)), size_cv, interpolation=cv2.INTER_NEAREST)

  if augment and (idx % 2 == 0):
    img = cv2.flip(img, 1)

  return convert_to_segmentation_label(img, num_classes)
```

예상대로 레이블을 가져오려면 경로를 rgb에서 seg_raw로 변경해야 한다. 분류기의 데이터를 증강할 때 레이블은 변경되지 않는다. 이 경우 마스크도 같은 방식으로 증강해야 하므로 rgb 이미지를 보강할 때 마스크도 보강해야 한다.

원시 형식이 적합하지 않기 때문에 올바른 레이블을 생성해야 한다. 일반적으로 분류기에서 원-핫 인코딩된 레이블을 제공한다(가능한 레이블 값이 10개이면 모든 레이블이 10개 요소로 구성된 벡터로 변환된다). 벡터 값들 중 하나의 요소만 1이고 나머지는 모두 0이다. 이러한 작업을 전체 이미지에서 픽셀 수준으로 동일하게 수행해야 한다.

- 레이블은 단일 이미지가 아니라 13개의 이미지다(13개의 가능한 레이블 값이 있으므로).

- 각 이미지는 하나의 레이블로 표현된다.

- 이미지의 픽셀은 해당 레이블이 분할 마스크에 있는 경우에만 1이고 다른 곳에서는 0이다.

- 픽셀 수준에서 원-핫 인코딩을 적용한다.

결과 코드는 다음과 같다.

```python
def convert_to_segmentation_label(image, num_classes):
  img_label = np.ndarray((image.shape[0], image.shape[1],
    num_classes), dtype=np.uint8)

  one_hot_encoding = []

  for i in range(num_classes):
    one_hot_encoding.append(to_categorical(i, num_classes))

  for i in range(image.shape[0]):
    for j in range(image.shape[1]):
      img_label[i, j] = one_hot_encoding[image[i, j, 2]]

  return img_label
```

시작 부분에서 13개의 채널이 있는 이미지를 만든 다음 계산 속도를 높이고자 원-핫 인코딩(13개 값 포함)을 미리 계산한다. 그런 다음 Carla가 원시 분할 값을 저장하는 빨간색 채널의 값을 기반으로 각 픽셀에 원-핫 인코딩을 단순히 적용한다.

이제 학습을 시작할 수 있다. 특히 드롭아웃을 사용하거나 이미지를 추가했다면 결정한 경우 시간이 오래 걸리므로 밤새 실행해야 할 수도 있다.

그림 9.9는 학습 시 볼 수 있는 그래프다.

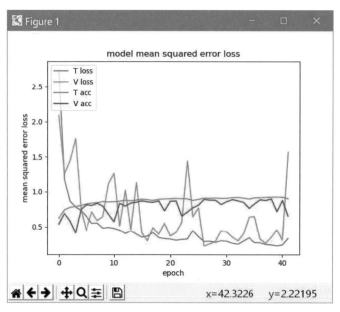

그림 9.9 FC-DenseNet 학습

검증 손실에 뾰족하게 지솟는 부분이 많이 발생하는 것은 좋지 않다. 이는 학습이 불안 정하고 때로는 손실이 상당히 증가한다는 것을 나타낸다. 모든 반복에서 손실이 줄어들 고 있다고 볼 수 있는 부드럽게 감소하는 곡선이 이상적이다. 더 큰 배치 크기를 갖는 것 이 도움이 될 수 있다.

전반적인 성능은 다음과 같이 그렇게 나쁘지 않다.

```
Min Loss: 0.19355240797595402
Min Validation Loss: 0.14731630682945251
Max Accuracy: 0.9389197
Max Validation Accuracy: 0.9090136885643005
```

검증 정확도는 90% 이상으로 좋다. 이제 테스트 데이터셋을 활용해 보자.

신경망 실행하기

네트워크에서 추론하는 것은 일반적인 프로세스와 다르지 않다. 단순히 출력값을 우리가 실제로 이해하고 사용할 수 있는 컬러 이미지로 변환하는 작업을 진행할 것이다.

결괏값 출력을 위해 레이블을 표시하는 데 사용할 13가지 색상을 가진 palette를 정의해 보자.

```
palette = [] # in rgb

palette.append([0, 0, 0]) # 0: None
palette.append([70, 70, 70]) # 1: Buildings
palette.append([190, 153, 153]) # 2: Fences
palette.append([192, 192, 192]) # 3: Other (?)
palette.append([220, 20, 60]) # 4: Pedestrians
palette.append([153,153, 153]) # 5: Poles
palette.append([0, 255, 0]) # 6: RoadLines ?
palette.append([128, 64, 128]) # 7: Roads
palette.append([244, 35,232]) # 8: Sidewalks
palette.append([107, 142, 35]) # 9: Vegetation
palette.append([0, 0, 142]) # 10: Vehicles
palette.append([102,102,156]) # 11: Walls
palette.append([220, 220, 0]) # 11: Traffic signs
```

이제 우리는 이 색상들을 사용해 2개의 이미지(원시 분할 및 색상 분할)를 도출하기만 하면 된다. 다음 함수의 수행하는 두 가지를 살펴보자.

```
def convert_from_segmentation_label(label):
    raw = np.zeros((label.shape[0], label.shape[1], 3),
dtype=np.uint8)
    color = np.zeros((label.shape[0], label.shape[1], 3),
dtype=np.uint8)

    for i in range(label.shape[0]):
        for j in range(label.shape[1]):
            color_label = int(np.argmax(label[i,j]))
            raw[i, j][2] = color_label
            # palette from rgb to bgr
            color[i, j][0] = palette[color_label][2]
```

```
        color[i, j][1] = palette[color_label][1]
        color[i, j][2] = palette[color_label][0]

    return (raw, color)
```

출력은 레이블당 하나씩 13개의 채널이 있는 이미지라는 것을 기억해야 한다. argmax 연산을 통해 채널에서 레이블을 얻는 것을 확인할 수 있다. 이 레이블은 원시 이미지(빨간색 채널에 저장됨)에 직접 사용되는 반면, 컬러 분할 이미지의 경우 레이블을 인덱스로 사용해 palette의 색상을 저장하고 파란색과 빨간색 채널을 교환한다(OpenCV에서는 BGR이기 때문).

이 이미지는 네트워크가 학습 중에 본 이미지와 매우 유사하다는 점을 염두에 두고 어떻게 동작하는지 살펴보자. 그림 9.10은 하나의 이미지에 대해 여러 가지 버전으로 분할한 결과다.

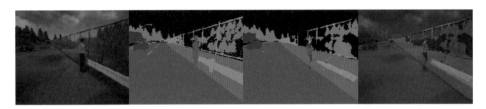

그림 9.10　왼쪽부터: RGB 이미지, Carla 수집 이미지, 컬러 분할 마스크 이미지, 분할 중첩 이미지

이미지에서 알 수 있듯이 완벽하지는 않지만 잘 작동한다. 도로는 제대로 감지되고 가드레일과 나무도 괜찮게 감지되지만 보행자가 잘 눈에 띄지 않는다. 확실히 우리는 이 것을 개선할 수 있다.

또 다른 문제가 있는 이미지를 살펴보자.

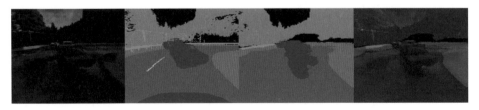

그림 9.11　왼쪽부터: RGB 이미지, Carla 수집 이미지, 컬러 분할 마스크 이미지, 분할 중첩 이미지

그림 9.11의 이미지는 도로가 어둡고 자동차도 어둡기 때문에 상당히 어려워 보인다. 그러나 네트워크는 도로와 자동차를 감지하는 데 적절하게 구분해 낸다(모양이 완벽하지는 않다). 차선을 감지하지는 못하지만 실제로 도로에서조차 보이지 않기 때문에 어쩔 수 없다.

다른 예를 보자.

그림 9.12 왼쪽부터: RGB 이미지, Carla 수집 이미지, 컬러 분할 마스크 이미지, 분할 중첩 이미지

여기에서도 결과는 나쁘지 않다. 도로와 나무가 매우 잘 감지되고 교통 표지판이 제대로 감지되지만 차선은 살짝 드러나지만 눈에 띄게 표시되지는 못한다.

실제로 차선을 감지할 수 있는지 확인하고자 조금 쉬운 이미지를 사용해보자.

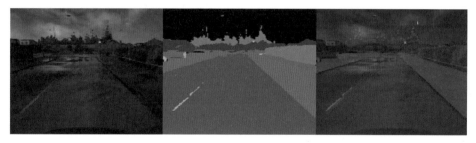

그림 9.13 왼쪽부터: RGB 이미지, Carla 수집 이미지, 컬러 분할 마스크 이미지, 분할 중첩 이미지

이 이미지에 대한 추가적인 실제 정보가 없다. 즉 학습 데이터셋과 동일한 배치에서 가져온 것이지만 조금 달라 보인다. 그림 9.13의 이미지에 대해서 네트워크는 매우 잘 작동했다. 도로, 차선, 인도, 식물이 모두 매우 잘 감지된다.

네트워크가 괜찮은 성능을 발휘하는 것을 봤지만 확실히 동일한 길과 다른 길뿐만 아니라 다른 종류의 날씨에서 더 많은 샘플을 추가해야 한다. 이것은 학습이 더 까다로워지는 것을 의미한다.

그림에도 약 1,000개의 이미지로 얻을 수 있는 이러한 결과들은 생각보다 좋다. 하지만 데이터셋에서 충분한 샘플을 얻을 수 없는 경우를 생각한다면? 작은 트릭을 배워 보자.

잘못된 시맨틱 분할 개선하기

때로는 일이 원하는 대로만 진행되지 않는다. 데이터셋에 대해 많은 샘플을 얻는 것이 너무 비싸거나 너무 많은 시간이 소요될 수 있다. 또는 일부 투자자에게 깊은 인상을 심어 줄 필요가 있거나 기술적 문제 또는 다른 유형의 문제로 인해 네트워크 상태가 좋지 않고 몇 분 동안 문제를 해결할 수 있는 시간이 없을 수도 있다. 그런 상황에서 무엇을 할 수 있을까?

그러한 상황에서 도움이 될 수 있는 작은 트릭이 있다. 그것은 잘못된 네트워크를 좋은 네트워크로 바꾸는 것은 아니지만 그래도 하지 않는 것보다는 나을 수 있다.

잘못된 네트워크의 예를 살펴보자.

그림 9.14 잘못 학습된 네트워크 예

그림 9.14는 약 80%의 검증 정확도를 가지며 약 500개의 이미지로 학습됐다. 성능이 꽤 좋지 않아 보인다. 네트워크가 무엇을 보고 있는지 결정하지 못하는 것처럼 보이는 점들로 가득 찬 영역 때문에 실제 이미지보다 더 나빠 보인다. 몇 가지 일부 후처리로 이 문제를 해결할 수 있을까? 우리는 할 수 있다. 1장에서 배웠던 OpenCV의 흐리기에 대한 여러 알고리듬이 있으며, 특히 중앙값 흐리기에는 매우 흥미로운 특성이 있다는 것

을 기억할 것이다. 발생하는 색상의 중앙값을 선택하므로 분석하는 몇 개의 픽셀에 이미 있는 색상만 방출해 약간의 노이즈를 줄이는 데 매우 효과적이다. 이것을 이전 이미지에 적용한 결과를 보자.

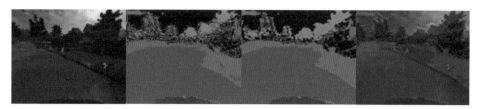

그림 9.15 잘못 학습된 네트워크, 왼쪽부터: RGB 이미지, 컬러 분할 이미지,
중앙 흐리기 방법으로 수정된 분할(3픽셀) 이미지, 분할 중첩 이미지

그림 9.15에서 확인할 수 있듯이 완벽하지는 않지만 이미지를 더욱 쓸모 있게 만든다. 이것은 단 한 줄의 코드로 가능하다.

```
median = cv2.medianBlur(color, 3)
```

해당 코드에서는 3개의 픽셀을 사용했지만 필요한 경우 더 사용할 수도 있다. 네트워크가 제대로 작동하지 않는 상황 자체가 발생하지 않기를 바라지만. 혹시 그런 상황이 발생하면 시도해 볼 만한 가치가 있을 것이다.

⠿ 요약

축하한다! 딥러닝 마지막 장을 마쳤다.

9장에서는 시맨틱 분할이 무엇을 의미하는지 논의하고 DenseNet이 왜 훌륭한 구조인지에 대해 광범위하게 설명했다. 시맨틱 분할을 구현하려고 컨볼루션 레이어 계층에 대해 자세히 다루기보단 이후 DenseNet과 적용해 사용하는 것에 효율적으로 집중했다. 특히 FC-DenseNet과 유사한 구조를 개발했다. Carla를 이용해 시맨틱 분할에 대한 실측 정보가 담긴 데이터셋을 수집했고, 그 데이터셋에서 신경망을 학습시켜 도로와 보행자, 보도와 같은 다른 물체를 탐지하는 과정을 확인했다. 마지막으로 잘못된 시맨틱 분할의 결과를 개선하기 위한 약간의 트릭도 논의했다.

9장은 상당히 난이도가 있었고, 딥러닝에 대한 이전의 장을 모두 잘 이해해야 따라올 수 있었다. 차 앞에 존재하는 것을 인식할 수 있도록 네트워크를 학습하는 방법에 대해 잘 알게 됐으니, 이제 차를 통제하고 조종할 수 있는 방법을 배울 차례다.

⋮ 질문

9장을 읽고 나면 다음 질문에 답할 수 있어.

1. DenseNet만의 차별화된 특징은 무엇인가?

2. DenseNet의 저자에게 영감을 준 관련 연구는 무엇인가?

3. FC-DenseNet이란 무엇인가?

4. FC-DenseNet이 U자형이라고 말하는 이유는 무엇인가?

5. 시맨틱 분할을 수행하는 데 DenseNet과 같은 구조가 필요한가?

6. 시맨틱 분할에서 성능이 떨어지는 신경망이 있는 경우 빠르게 성능을 개선할 수 있는 대안이 있는가?

7. FC-DenseNet 및 기타 U자형 구조에 사용되는 스킵 커넥션[skip connection]은 무엇인가?

⋮ 더 읽어 보기

- DenseNet 논문: https://arxiv.org/abs/1608.06993

- FC-DenseNet 논문: https://arxiv.org/abs/1611.09326

3부

매핑과 제어

여기서는 현실 세계에 있는 차를 제어하고 움직이기 위해 매핑에 관한 것과 우리 자신을 지도 위에 위치시키는 것을 배운다.

3부는 다음의 장으로 이뤄져 있다.

- 10장, 조향, 스로틀, 브레이크 제어
- 11장, 주변 환경 매핑하기

10

조향, 스로틀, 브레이크 제어

10장에서는 제어 시스템 분야의 기술을 사용해 조향, 스로틀, 브레이크를 제어하는 더 많은 방법에 대해 자세히 알아본다. 8장 '행동 복제'를 떠올리면 신경망과 카메라 이미지를 사용해 자동차를 조종하는 방법이 기억날 것이다. 이것은 사람이 차를 운전하는 방식을 가장 가깝게 모방하지만, 신경망의 높은 계산량 요구로 인해 자원을 많이 소모할수 있다.

차량을 제어하기 위한 더 전통적이고 덜 자원 집약적인 방법이 있다. 이들 중 가장 널리 사용되는 것은 PID^Proportional, Integral, Derivative 컨트롤러로, 시뮬레이션된 도시 주변에서 자동차를 운전하고자 CARLA에서 구현할 수 있다.

MPC^Model Predictive Controller라는 자율주행차에 널리 사용되는 또 다른 방법이 있다. MPC는 궤적을 시뮬레이션하고, 각 궤적의 비용을 계산하고, 최소 비용으로 궤적을 선택하는 데 중점을 둔다. 학습할 PID 대신 구현할 수 있는 몇 가지 예제 코드도 살펴볼 것이다.

10장에서는 다음과 같은 내용을 다룬다.

- 제어가 필요한 이유

- 컨트롤러 유형

- CARLA에서 PID 구현

- C++의 MPC 예

10장을 마치면 여러분은 컨트롤이 필요한 이유와 특정 응용 프로그램에 대한 컨트롤러를 선택하는 기술에 대해 알게 될 것이다. 또한 파이썬에서 PID 컨트롤러를 구현하는 방법과 C++로 작성된 MPC 컨트롤러 예제를 활용하는 방법도 알게 된다.

⫸ 기술 요구 사항

10장에서는 다음의 소프트웨어와 라이브러리가 필요하다.

- 파이썬 3.7(https://www.python.org/downloads/)

- CARLA 시뮬레이터 0.9.9(https://carla.readthedocs.io/en/latest/start_quickstart/#carla-installation)

- pip3 install numpy 명령으로 설치할 수 있는 넘파이 모듈

- GPU를 적극 권장

10장에서 사용한 코드는 다음 사이트에서 확인할 수 있다.

https://github.com/PacktPublishing/Hands-On-Vision-and-Behavior-for-Self-Driving-Cars/tree/master/Chapter10

10장의 실행 영상에 대한 코드는 다음 사이트에서 확인할 수 있다.

https://bit.ly/2T7WnKo

⠿ 제어가 필요한 이유

이번 절은 여러분이 자율주행차를 만들려고 하기 때문에 당연해 보일 것이다. 빠르게 살펴보자.

자율주행차를 만들 때 이루고자 하는 것은 무엇인가? 궁극적인 목표는 조향, 스로틀, 브레이크와 같은 액추에이터에 명령을 내림으로써 차량이 시작 위치에서 목적지까지 이동하도록 하는 것이다. 역사적으로 이러한 액추에이터에 대한 명령은 운전자가 스티어링 휠, 스로틀, 브레이크 페달을 통해 내렸다. 이제 당신은 주요 운전 작업을 담당하는 사람, 바로 운전자를 제외하고 컨트롤러를 사용할 것이다!

컨트롤러는 무엇인가?

컨트롤러는 단순히 특정 유형의 오차 신호를 가져와 작동 신호로 변환해 주어진 프로세스에 대해 원하는 설정값을 달성하는 알고리듬이다. 관련해 용어 중 일부를 다음과 같이 정의해 보자.

- **제어 변수**[CV, Control Variable] 또는 프로세스 변수는 제어하려는 변수다.

- **설정값**[setpoint]은 CV의 원하는 값이다.

- **오차**[error]는 CV의 현재 상태와 **설정값** 간의 차이다.

- **작동**[actuation]은 오차 감소에 영향을 주고자 프로세스에 보내는 신호다.

- **프로세스**[process]는 제어되는 시스템이다.

- 플랜트[plant] 또는 전달 함수[transfer function]라고도 하는 **프로세스**를 볼 수 있다.

예를 들어, 자율주행차량을 주행 중인 차선의 범위 내에서 유지하려고 한다고 가정해 보자. 차선의 중심은 **설정점**이 된다. 먼저 **오차** 또는 차선 중앙에서 얼마나 멀리 떨어져 있는지 알아야 한다. 이를 **교차로 오차**[CTE, Cross-Track Error]라고 부를 것이다. 그런 다음 차량[프로세스라고도 함]을 차선 중앙으로 안전하게 되돌려 차량의 CTE를 최소화하는 데 필요한 작동 명령을 결정해야 한다. 궁극적으로 컨트롤러를 해당 변수의 **설정값**과 관련해 주어진 CV에 대해 차량의 **오차**를 최소화하려고 지속적으로 시도하는 기능으로 생각하면 된다.

이를 달성하기 위해 사용 가능한 컨트롤러 유형을 살펴보자.

ꓱ 컨트롤러의 종류

제어 시스템에서 발명되고 구현된 수많은 컨트롤러가 있다. 다음은 다양한 컨트롤러 유형의 샘플이다.

- PID 컨트롤러와 해당 오프셋
- 최적의 제어
- 강력한 제어
- 상태-공간 제이
- 벡터 제어
- MPC
- 선형-2차 제어

컨트롤러는 다음 예와 같이 사용되는 시스템 유형에 따라 분류할 수도 있다.

- 선형 대 비선형
- 아날로그(연속) 대 디지털(이산)
- **단일 입력, 단일 출력**^{SISO, Single Input, Single Output} 대 **다중 입력, 다중 출력**^{MIMO, Multiple Input, Multiple Output}

지금까지 자율주행차에서 가장 일반적이고 널리 사용되는 컨트롤러는 PID와 MPC다. PID 컨트롤러는 SISO 시스템에서 사용되는 반면 MPC는 MIMO 시스템에서 사용된다.

이것은 자율주행차에 어떤 유형의 컨트롤러를 선택할지 고려할 때 유용하다. 예를 들어 크루즈 컨트롤을 구현해 차량의 속도만 제어하려는 경우 PID와 같은 SISO 컨트롤러를 선택하는 것이 좋다. 반대로 단일 컨트롤러에서 스티어링 각도 및 속도와 같은 여러 출력을 제어하려는 경우 MPC와 같은 MIMO 컨트롤러를 구현하는 것이 좋다.

다음 절에서는 학습할 코드를 이해하기 위한 준비로 PID의 기초에 대해 소개한다.

PID

PID 컨트롤러는 제어 시스템의 가장 보편적인 형태이며 100년 이상의 연구 및 구현 돼 왔다. 미묘하게 수정 및 조정해 특정 응용 프로그램에 알맞게 적용할 수 있다. 해당 섹션에서는 기본 사항을 배우고 자율주행차의 측면 및 종단 제어를 위한 간단한 컨트롤러를 구현하는 데 중점을 둘 것이다. PID는 SISO 컨트롤러이므로 세로 및 가로 PID 컨트롤러가 모두 필요하다. 다음 그림은 일반적인 PID 블록 다이어그램을 보여 준다.

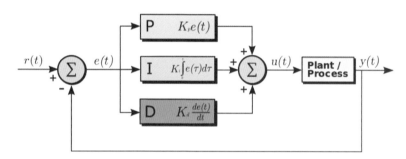

그림 10.1 PID 블록 다이어그램.

그림 10.1을 사용해 가정의 온도를 제어하는 간단한 예를 살펴보자. 집에 원하는 온도를 설정할 수 있는 온도 조절 장치가 있다고 가정했을 때 당신이 선택한 온도를 **설정점** 또는 $r(t)$이라 하고, 집의 실제 온도는 **CV** 또는 $y(t)$이라 하자. 이제 온도 조절기의 역할은 가정의 히터/쿨러를 사용해 가정의 온도(CV)를 **설정값**으로 만드는 것이다. CV 또는 $y(t)$는 원하는 온도와 현재 온도 사이의 **오차** $e(t) = r(t) - y(t)$를 결정하기 위해 빼기 블록으로 피드백된다. 그런 다음 **오차**는 P, I, D 블록으로 전달되며, 각각에 **게인**gain 값(일반적으로 K로 표시됨)이 곱해지고, 이 값은 차례로 합산돼 히터/쿨러에 대한 제어 입력을 생성한

다. 히터/쿨러에는 특정 전력 용량이 있고 집에는 특정 양의 공기가 있다. 히터/쿨러 용량과 집의 부피의 조합은 새로운 **설정값**이 선택될 때 집이 얼마나 빨리 가열되거나 냉각되는지를 결정하게 된다. 이것은 집의 **프로세스**, 플랜트[plant] 또는 전달 함수[transfer function] 으로 알려져 있는데, 이 프로세스는 시스템의 CV가 계단 응답[step response]이라고도 하는 **설정값** 변경에 응답하는 방법을 나타낸다.

다음 그래프는 시스템에 대한 예시적인 계단 응답을 보여 준다. 시간 *t=0*에서 **설정값**[점선으로 표시]은 0에서 0.95까지 단계적으로 증가한다. 시스템의 응답은 그림 10.2에서 확인하자.

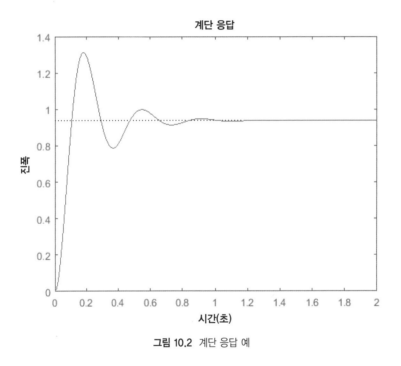

그림 10.2 계단 응답 예

그림 10.2에서 시스템과 컨트롤러가 결합돼 설정값을 초과하는 응답을 생성하고 응답이 결국 설정값에 정착할 때까지 주변에서 진동함을 확인할 수 있다.

이 책과 더 관련이 있는 제어 시스템의 또 다른 예는 자율주행차의 크루즈 컨트롤 시스템이다. 이 경우 자동차의 현재 속도는 CV, 원하는 속도는 설정값, 자동차와 모터의 물리적 역학 관계의 프로세스다.

크루즈 컨트롤러와 조향 컨트롤러를 구현하는 방법은 나중에 다시 설명할 것이다.

지금은 PID의 비례, 적분, 미분 제어 항이 무엇을 의미하는지 이해하는 데 초점을 맞추자.

페달 밟기

운전할 때 스로틀 페달을 얼마나 밟아야 할지 결정하는 방법에 대해 생각해 본 적이 있는가?

페달을 밟는 정도를 결정하는 요인은 무엇인가?

- 속도가 원하는 속도보다 빠른가?
- 목표 속도에 얼마나 빨리 접근하는가와 관련이 있는가?
- 속도를 지속적으로 점검해 속도 저하가 발생하지 않았는지 확인하고 있는가?

다음 몇 절을 진행하면서 위에서 언급했던 것에 대해 생각해 보는 것을 추천한다.

PID 제어 용어에 대해 논의하기 전에 **게인**이 무엇인지 정의해야 한다. **게인**은 **프로세스**에 대한 전체 제어 입력에서 제어 항에 다소 가중치를 부여하는 데 사용되는 스케일 팩터$^{scale factor}$다.

비례의 의미 이해하기

크루즈 컨트롤 예에서 자동차의 속도를 설정값 속도에 맞춰야 한다. 설정값 속도와 자동차의 현재 속도 간의 차이를 **오차**^{error}라고 하는데, 자동차의 속도가 설정값보다 낮으면 오차가 양수이고 설정값보다 높으면 오차가 음수다.

$$error_{speed} = setpoint_{speed} - current_{speed}$$

비례 제어 항은 단순히 오차를 취하고 비례 **게인**으로 알려진 스케일 팩터를 곱한다.

$$K_P * error_{speed}$$

이것이 의미하는 바는 **오차**가 클수록 프로세스에 대한 제어 입력이 크며 크루즈 컨트롤의 경우 스로틀 입력이 커진다는 것이다.

실제 수치로 확인해 보자. 먼저 스로틀을 0에서 100%로 정의하고 다음으로 테슬라^{Tesla} 모델 X^(Model X)와 같은 자동차의 가속도를 37m/s2로 설정해 보자. 그러면 스로틀의 100%는 37m/s2의 가속을 제공하게 된다.

설정값 속도가 100km/h이고 0km/h에서 시작하면 현재 오차류는 100km/h이다. 그런 다음 100km/h의 오차로 최대 가속을 위해 비례 게인을 1로 설정할 수 있다.

$$Throttle = K_P * error_{speed} = 1 * 100 = 100\%$$

속도 오차가 감소함에 따라 오차가 0인 지점에서 스로틀 입력이 0에 도달할 때까지 스로틀도 감소하게 된다.

여기서 잠깐! 제로 스로틀은 동력을 쓰지 않고 저절로 움직이는 것을 의미한다. 마찰, 공기 저항 등이 없다면 그럴 수 있지만 불가능하다. 이는 목표 속도에 도달하지 못하고 목표 속도 바로 아래에서 진동해 정상 상태^{steady-state} 바이어스를 보일 수 있다.

그림 10.3 비례 컨트롤러의 정상 상태 바이어스

목표 속도를 어떻게 유지할까? 걱정하지 말자. 속도를 높이는 데 도움을 줄 수 있는 강력한 적분기^{integrator}가 있다.

적분항의 이해

강력한 적분기를 소개한다. PID의 적분항은 시스템의 모든 정상 상태 바이어스를 해결한다. 시스템의 모든 과거 오차를 통합해 이를 수행한다. 실제로 이것은 각 단계에서 본 모든 오차를 더해 나간다는 의미다.

$$total\_error_{speed} = total\_error_{speed} + current\_error_{speed}$$

전체 오차를 가져와 비례 항에서 했던 것처럼 게인 K로 스케일링한다. 그런 다음 결과를 다음과 같이 시스템에 대한 제어 입력으로 사용한다.

$$K_I \cdot total\_error_{speed} \cdot dt$$

크루즈 컨트롤 예에서 모델 X의 속도는 설정값 속도에 잠시 도달한 다음 비례 입력이 0이 되고 공기 저항으로 인해 속도가 느려지면서 빠르게 다시 아래로 떨어졌다. 즉 시간이 지남에 따라 모든 오차를 더해 나가면 오차가 항상 양수이고 계속 증가한다는 것을 알 수 있다.

따라서 시간이 지날수록 totalerror_speed 적분항이 커진다. 즉 K를 적절하게 선택하면 순간 오차가 0인 경우에도 명령된 스로틀이 0보다 커지게 된다. 총 스로틀 입력을 얻고자 모든 제어 항을 합산했던 것을 기억해라. 지금까지 우리는 다음을 제공하는 P 항 및 I 항을 갖고 있다.

$$Throttle = K_P \cdot error_{speed} + K_I \cdot total\_error_{speed}$$

이제 설정값 아래에서 바이어스되는 대신 설정값을 중심으로 진동하고 있다. 그러나 속도 설정값의 지속적인 오버슈팅 및 언더슈팅을 방지하려면 어떻게 해야 할까?

미분항이 도와줄 것이다.

미분항

설정점에 도달할 때 스로틀을 오버슈팅하지 않고 조정하는 것이 마지막으로 해결해야 할 문제다. 미분항은 설정점에 얼마나 빨리 도달하느냐에 따라 스로틀을 조정해 이를 돕는다. 오차의 관점에서 이것은 다음과 같이 오차의 변화율을 의미한다.

$$K_p * (current\_error_{speed} - previous\_error_{speed})/(time_{current} - time_{previous})$$

위의 공식이 단순화될 때 다음과 같은 식을 얻는다는 변화를 나타낸다).

$$K_p * error_{speed} * d/dt$$

오차가 감소하고 있는 경우(설정점에 가까워지고 있는 경우) 파생 항은 음수가 된다. 즉 이제 스로틀이 모든 P, I, D 제어 항의 합으로 주어지므로 미분항이 목표는 총 스로틀을 줄이는 것이 된다. 다음 방정식이 이를 보여 준다.

$$Throttle = K_p * error_{speed} + K_I * total_{error\,speed} * dt + K_D * error_{speed})d/dt$$

이제 PID의 각 부분이 실제로 무엇을 의미하는지 알게 됐다. K_P, K_I, K_D 게인을 조정해 원하는 대로 차의 속도와 가속을 작동시키는 트릭들이 있지만, 그것은 이 책의 범위를 벗어난다. 10장 끝부분에는 이러한 트릭들에 대해 더 많은 것을 배울 수 있는 훌륭한 참고 문헌들이 있다.

다음으로 오늘날 자율주행차에서 매우 인기 있는 보다 현대적인 형태의 컨트롤러인 MPC에 대해 알아볼 것이다.

NOTE

> **여기서 잠깐!**
> 음수 스로틀은 무엇을 의미할까?

MPC

MPC는 MIMO 시스템에 사용되는 현대적이고 매우 다재다능한 컨트롤러다. 이것은 스로틀, 브레이크, 조향 토크와 같은 여러 입력이 있기 때문에 자율주행 자동차에 적합하다. 또한 차선과 자동차의 속도에 대한 측면 위치와 같은 여러 출력이 있다. 앞서 학습한 바와 같이 PID는 차량을 제어하고자 2개의 별도 컨트롤러(횡방향 및 종방향)가 필요하지만, MPC를 사용하면 이 모든 것을 하나의 컨트롤러에서 수행할 수 있다.

MPC는 컴퓨팅 속도의 증가로 인해 실시간 주행 작업을 수행하는 데 필요한 온라인 최적화가 가능해짐에 따라 최근 몇 년 동안 인기를 얻고 있다.

MPC의 기능을 알아보기 전에 먼저 자동차를 운전할 때 마법과 같은 두뇌가 하는 일에 대해 생각해 보자.

1. 목적지를 선택한다.

2. 경로(경유지)를 계획한다.

3. 교통법규, 차량의 역동성 및 성능(루디크러스 모드, 출발), 시간 제약(인생이 걸린 면접에 늦었어), 주변 교통 상황 등을 고려하여 경로를 실행한다.

MPC는 마치 사람처럼 작동한다

만약 여러분이 운전을 어떻게 하는지 생각해 본다면 여러분은 계속해서 주변의 자동차 상태, 목적지까지의 시간, 차선에서의 위치, 앞차와의 거리, 교통 표지판과 신호, 속도, 스로틀 위치, 조향 토크, 브레이크 위치 등 그 이상을 지속적으로 주시하고 있는 것이다. 이와 동시에 현재 교통 상황을 기준으로 실행할 수 있는 다양한 기술을 지속적으로 시뮬레이션할 것이다. 예를 들어, 내 왼쪽 차선에 차량이 있어서 그곳에 갈 수 없고, 내 앞 차선이 매우 느리며, 내 오른쪽 차선에 차가 없지만 한 대가 빠르게 접근하고 있고, 면접에 늦지 않게 가야 하는 상황이 있을 수 있다.

그런 경우 다음과 같은 비용 고려 사항을 바탕으로 행동했을 시 비용을 지속적으로 저울질하면서 평가할 것이다.

- 인터뷰에 지각한 비용: 높음!

- 법을 어기는 비용: 높음!

- 사고 발생 비용: 헤아릴 수 없이 높음!

- 루디크러스 모드Ludicrous Mode 사용 비용: 중간!

- 자동차 손상 비용: 헤아릴 수 없이 높음!

그런 다음 가능한 모든 행동의 비용을 신속하게 추정할 것이다.

- 왼쪽 차선을 통과하면 옆 차와 충돌해 사고가 발생하거나 차량이 손상돼 면접을 보지 못한다.

  비용: 천문학적!

- 이 나무늘보처럼 움직이는 차선 뒤로 계속 달려서 늦는다.

  비용: 높음!

- 오른쪽 차선을 통과하려면 다가오는 차량이 나를 치지 않도록 루디크러스 모드 가속을 한다.

  비용: 중간!

각 고려 사항에 할당한 비용을 기반으로 시뮬레이션된 행동의 비용이 가장 낮은 앞의 행동 중 마지막 행동을 선택할 것이다.

안전벨트를 맨 다음 5초 동안 루디크러스 모드 버튼을 누르고 깜박이를 켤 것이다. 이후 운전대를 잡은 다음 페달을 밟으면서 스티어링 휠을 돌려 차선을 변경하고, 이전에 접근하던 차가 뒤에서 잊혀져 가는 것을 지켜볼 것이다.

이후에는 면접 시간에 안전하게 도착할 때까지 전체 과정을 다시 시작하고 반복할 것이다.

MPC 파이프라인

MPC는 사람이 하는 역동적인 운전 작업에 유사한 접근 방식을 갖고 있다. MPC는 단순히 운전 작업을 수학과 물리학으로 공식화하는데, 이러한 단계는 사람의 운전 절차와 유사하다.

다음과 같은 제약 조건을 설정한다.

1. 다음 단계의 상태를 추정하기 위한 차량의 동적 모델

- 최소 회전 반지름

- 최대 조향 각도

- 최대 스로틀

- 최대 브레이크

- 최대 가로 방향 저크^{jerk}(가속도의 파생 모델)

- 최대 종방향 가속도

2. 다음을 포함한 비용 함수 설정

- 원하는 상태에 있지 않은 비용

- 액추에이터 사용 비용

- 순차 작동 비용

- 조향과 함께 스로틀을 사용하는 비용

- 차선을 바꾸는 비용

- 충돌 비용

3. 다음 N 시간 단계에 대한 수학적 비용 및 제약 조건을 따르는 가능한 궤적 및 관련 제어 입력을 시뮬레이션

4. 최적화 알고리듬을 사용해 가장 저렴한 비용으로 시뮬레이션된 궤적을 선택

5. 현재 단계에 대한 제어 입력을 실행

6. 새로운 단계에서 시스템의 상태를 측정

7. 3~6단계를 반복

이러한 각 단계에는 훨씬 더 자세한 내용이 있으며 10장의 끝부분에 있는 참고 문헌을 참조하면 더 자세히 알아볼 수 있다. 여기에서는 생각해 볼 수 있는 몇 가지 간단한 지침만을 보자.

샘플 시간, TS:

- MPC 파이프라인의 3~7단계를 반복하는 이산 시간 스텝이다.

- 일반적으로 TS는 개방 루프 상승 시간에 최소 10개의 시간 스텝이 있도록 선택된다.

예측 범위(prediction horizon), N:

- 이것은 자동차 상태 및 제어 입력을 시뮬레이션할 미래의 시간 스텝 수다.

- 일반적으로 자동차의 개방 루프 응답을 처리하는 데 20개의 시간 스텝이 사용된다.

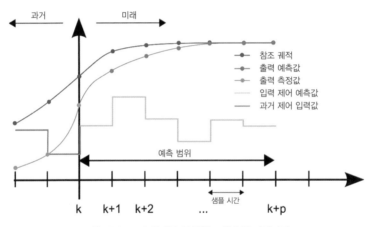

그림 10.4 MPC 문제를 구성하는 개념 및 파라미터

다음은 이전 그래프에 표시된 각 파라미터들에 대한 간략한 설명이다.

- **참조 궤적**reference trajectory은 제어 변수의 원하는 궤적이다(예, 차선에서 차량의 측면 위치).

- **출력 예측값**predicted output은 예측 제어 입력이 적용된 후 제어 변수 상태의 예측 값이다. 이는 시스템의 동적 모델, 제약 조건 및 이전에 측정된 출력에 의해 구해진다.

- **출력 측정값**measured output은 제어 변수의 측정된 과거 상태다.

- **입력 제어 예측값**predicted control input은 예측된 출력을 달성하기 위해 수행해야 하는 제어 작동에 대한 시스템의 예측이다.

- **과거 제어 입력**past control input 은 현재 상태로 이어지는 과거에 수행된 실제 제어 작동이다.

MPC는 MIMO가 단일 모듈에 적합하도록 함으로써 아키텍처를 단순화할 수 있는 강력하지만 리소스 집약적인 제어 알고리듬이다.

한 번에 모든 것을 이해하기 힘들지만 여기까지 왔다면 충분히 잘 따라오고 있다. 다음 절에서는 PID를 사용해 CARLA에서 자율주행차를 제어할 수 있는 실제 코드에 대해 알아볼 것이다!

CARLA에서 PID 적용하기

10장에서 정말 재미있고 실제적인 부분까지 온 것을 축하한다. 지금까지 PID와 MPC에 대해 많은 것을 배웠다. 이제 그 지식을 활용해야 할 때다.

이 절에서는 10장의 깃허브에서 사용할 수 있는 관련된 모든 코드를 살펴볼 것이다.

https://github.com/PacktPublishing/Hands-On-Vision-and- Behavior-for-Self-Driving-Cars

파이썬에서 PID의 방정식과 개념을 적용한 다음 CARLA와 상호작용하는 것을 배우게 될 것이다.

먼저 CARLA를 설치해야 한다.

CARLA 설치하기

CARLA 프로젝트에는 리눅스 및 윈도우 퀵 스타트Windows Quick Start 가이드가 있다.

https://carla.readthedocs.io/en/latest/start_quickstart/

리눅스의 경우 CARLA 파일은 다음 위치에 있다.

```
/opt/carla-simulator/
```

이 폴더 안에는 /bin/ 폴더가 있고 그 안에 있는 시뮬레이터 스크립트는 다음 명령으로 실행 가능하다.

```
$ /opt/carla-simulator/bin/CarlaUE4.sh -opengl
```

-opengl 태그는 Vulkan 대신 OpenGL을 사용해 시뮬레이터를 실행한다. 시스템 설정 및 GPU에 따라 -opengl을 삭제할 수도 있다. 그림 10.5와 같은 시뮬레이터 환경 창을 볼 수 있을 것이다.

그림 10.5 CARLA 시뮬레이터 환경 열기

10장에서는 주로 다음 대상에 있는 예제 폴더에서 작업할 것이다.

- 리눅스: /opt/carla-simulator/PythonAPI/examples

- 윈도우: WindowsNoEditor\PythonAPI\examples

이 폴더에는 CARLA API의 기본 사항을 배울 수 있는 모든 예제 CARLA 스크립트가 포함돼 있다. 또한 이 폴더에는 10장의 나머지 부분에서 사용할 스크립트의 기초가 되는 automatic_control.py라는 스크립트가 있다.

시뮬레이터를 설치하고 성공적으로 실행했으므로 PID 컨트롤러가 포함된 Packt-Town04-PID.py 스크립트를 복사해 보자.

Packt-Town04-PID.py 스크립트 파일 복사하기

10장에서 필요한 저장소를 Chapter10 밑에, 다음 사이트(https://github.com/PacktPublishing/Hands-On-Vision-and-Behavior-for-Self-Driving-Cars)에서 찾을 수 있다.

전체 저장소를 여러분의 로컬 시스템에 복제하고, 그런 다음 앞에서 설명한 예제 폴더에 Packt-Town04-PID.py 스크립트를 연결해야 한다. 리눅스에서 다음 명령을 사용할 수 있다.

```
$ ln -s /full/path/to/Packt-Town04-PID.py /opt/carlasimulator/
PythonAPI/examples/
```

이제 스크립트가 준비됐고 이를 CARLA 내의 올바른 위치에 연결했다. 다음으로 코드와 그 역할을 살펴보자.

Packt-Town04-PID.py 제어 스크립트 살펴보기

Packt-Town04-PID.py 코드는 automatic_control.py 예제 스크립트를 기반으로 하며 /opt/carla-simulator/PythonAPI/carla/agents 하위 폴더에 있는 관련 코드 조각(다음의 스크립트)에서 함께 구성된다.

- behavior_agent.py

- local_planner.py

- controller.py

- agent.py

이것은 처음부터 모든 것을 작성하지 않고도 CARLA 시뮬레이터와 상호 작용하고 API를 배우는 매우 좋은 방법이다.

CARLA 모듈 찾기

이제 Packt-Town04-PID.py를 살펴보면 가장 먼저 알 수 있는 것은 다음과 같은 코드 블록이다.

```
try:
    sys.path.append(glob.glob('../carla/dist/carla-*%d.%d-%s.
egg' % (
        sys.version_info.major,
        sys.version_info.minor,
        'win-amd64' if os.name == 'nt' else 'linux-x86_64'))
[0])
except IndexError:
    pass
```

이 블록은 /opt/carla-simulator/PythonAPI/carla/dist/ 폴더에 있는 CARLA 코드가 포함된 에그egg 파일을 로드한다.

관심 클래스

그 후에 코드가 다음의 클래스들로 구성돼 있음을 알 수 있다.

- World: 지도와 모든 액터_(예: 차량, 보행자, 센서)를 포함해 차량이 움직이는 가상 세계

- KeyboardControl: 사용자가 누른 키에 반응하며 조향, 제동, 가속을 위한 이진 켜기/끄기 키를 누른 시간에 따라 더 넓은 범위의 값으로 변환하는 몇 가지 논리(차량을 훨씬 쉽게 제어할 수 있음)

- HUD: 속도, 조향, 스로틀을 포함해 시뮬레이션과 관련된 모든 정보를 렌더링하고 몇 초 동안 사용자에게 일부 정보를 표시할 수 있는 알림을 관리하는 클래스

- FadingText: HUD 클래스에서 몇 초 후에 사라지는 알림을 표시하는 데 사용하는 클래스

- HelpText: CARLA에서 사용하는 게임 라이브러리인 pygame을 사용해 일부 텍스트를 표시하는 클래스

- CollisionSensor: 충돌을 감지할 수 있는 센서

- LaneInvasionSensor: 이것은 차선을 넘었다는 것을 감지할 수 있는 센서

- GnssSensor: OpenDRIVE 지도 내에서 GNSS 위치를 제공하는 GPS/GNSS 센서

- CameraManager: 카메라를 관리하고 출력하는 클래스

- Agent: 게임에서 에이전트를 정의하기 위한 베이스 클래스

- AgentState: 에이전트의 가능한 상태를 나타내는 클래스

- BehaviorAgent: 가능한 최단 경로를 계산해 목적지에 도달하고자 세계를 탐색하는 에이전트를 구현하는 클래스

- LocalPlanner: 즉석에서 웨이포인트를 생성해 따를 궤적을 구현하고 적절한 게인을 사용해 VehiclePIDController 클래스를 호출하는 클래스(10장에서 마법이 일어나는 클래스)

- VehiclePIDController: 측면 및 종단 컨트롤러를 호출하는 클래스

- PIDLongitudinalController: 크루즈 컨트롤에 대해 학습한 PID 수식을 갖고 있는 클래스

- PIDLateralController: LocalPlanner 클래스에 의해 생성된 웨이포인트를 따라 차량을 유지하고자 조향 제어를 위한 PID 수식을 갖고 있는 클래스

또한 몇 가지 다른 주목할 만한 메서드들이 있다.

- main(): 주로 OS에서 수신한 인수를 파싱하는 데 사용됨

- game_loop(): 대부분 pygame, CARLA 클라이언트 및 모든 관련 객체를 초기화함. 또한 초당 60회 키를 분석해 가장 최신의 이미지를 화면에 보여 주는 게임 루프를 구현함

세계 설정하기

game_loop() 메서드 내에서 세계 지도를 설정할 위치를 찾을 수 있다. 현재 Town04로 설정돼 있다.

```
selected_world = client.load_world("Town04")
```

자동차 꾸미기

자동차 모델과 색상을 선택하려는 자동차 애호가라면 World() 클래스 내에서 다음 코드를 사용해 선택할 수 있다.

```
blueprint=self.world.get_blueprint_library().filter('vehicle.
lincoln.mkz2017')[0]
        blueprint.set_attribute('role_name', 'hero')
        if blueprint.has_attribute('color'):
            color = '236,102,17'
            blueprint.set_attribute('color', color)
```

스폰 지점

다음으로 변경할 수 있는 것은 지도에서 차량의 스폰^{spawn} 지점이다. spawn_points[0]에 대해 다른 인덱스를 선택해 이를 수행할 수 있다.

```
spawn_point = spawn_points[0] if spawn_points else carla.
Transform()
```

이제 사용자 정의를 통해 클래스의 레이아웃과 클래스가 수행하는 작업을 이해했으므로 이제 10장의 코드 핵심인 PID 컨트롤러에 대해 알아보자.

PIDLongitudinalController

이 클래스는 크루즈 컨트롤 및 스로틀과 브레이크를 작동시키는 역할을 한다. 이전의 장에서 음수 스로틀이 무엇인지 물었을 때를 기억하는가? 답은 브레이크다. 따라서 컨트롤러가 음수 스로틀 입력을 계산할 때마다 제어 값으로 브레이크를 작동한다.

게인

이 게인 클래스는 CARLA 팀이 조정한 PID 게인으로 초기화된다.

```
self._k_p = K_P
self._k_d = K_D
self._k_i = K_I
```

값은 다음의 LocalPlanner 클래스에서 다시 설정된다.

```
self.args_long_hw_dict = {
    'K_P': 0.37,
    'K_D': 0.024,
    'K_I': 0.032,
    'dt': 1.0 / self.FPS}
self.args_long_city_dict = {
    'K_P': 0.15,
    'K_D': 0.05,
    'K_I': 0.07,
    'dt': 1.0 / self.FPS}
```

게인 스케줄링

고속도로 주행과 시내 주행에 따라 다른 게인이 있음에 주의하라. 게인은 자동차의 현재 속도를 기반으로 `LocalPlanner`에서 예약된다.

```
if target_speed > 50:
        args_lat = self.args_lat_hw_dict
        args_long = self.args_long_hw_dict
    else:
        args_lat = self.args_lat_city_dict
        args_long = self.args_long_city_dict
```

PID 수식

이제 여러분이 기다리던 PID 구현 수식이다. `_pid_control()` 메서드는 PID 컨트롤러의 핵심과 컨트롤러 유형 절에서 배운 계산이 포함돼 있다.

1. 먼저 속도 오차를 계산한다.

   ```
   error = target_speed ? current_speed
   ```

2. 다음으로 현재 오차를 오차 버퍼에 추가한다(나중에 적분 및 미분항을 계산하는 데 사용함).

   ```
   self._error_buffer.append(error)
   ```

3. 그런 다음 오차 버퍼에 2개 이상의 값이 있으면 적분 및 미분항을 계산한다.

   ```
   if len(self._error_buffer) >= 2:
   ```

4. 다음으로 현재 오차 값에서 이전 오차 값을 빼서 미분항을 계산하고 이를 **샘플링 시간**으로 나눈다.

   ```
           _de = (self._error_buffer[-1] - self._error_
   buffer[-2]) / self._dt
   ```

5. 다음으로 우리가 본 모든 오차를 합산하고 **샘플링 시간**을 곱해 적분항을 계산한다.

```
_ie = sum(self._error_buffer) * self._dt
```

버퍼가 충분하지 않은 경우 적분 및 미분 항을 0으로 설정하면 된다.

```
else:
    _de = 0.0
    _ie = 0.0
```

6. 마지막으로 모든 게인 가중 PID 항을 합하고 ±1.0으로 잘린 값을 반환해 제어 입력을 계산한다. 이에 대한 수식은 다음과 같다.

$$Throttle\ or\ Brake = K_p * error_{speed} + K_I * total\_error_{speed} * dt + K_D * error_{speed} * d/dt$$

값이 양수이면 스로틀이 명령되고, 그렇지 않으면 브레이크가 명령된다.

```
        return np.clip((self._k_p * error) + (self._k_d *
_de) + (self._k_i * _ie), -1.0, 1.0)
```

PID에 대한 기본 수식을 알았으므로 이제 측면 PID 컨트롤러에서 이를 구현하는 방법에 대해 살펴보자.

PIDLateralController

이 클래스는 조향 각도를 작동을 담당하는 조향 제어 클래스다.

게인

이 클래스는 CARLA 팀에서 조정한 PID 게인으로 초기화된다.

```
self._k_p = K_P
self._k_d = K_D
self._k_i = K_I
```

다음 코드에서는 LocalPlanner 클래스에 다시 설정된 값을 볼 수 있다.

```
self.args_lat_hw_dict = {
    'K_P': 0.75,
    'K_D': 0.02,
    'K_I': 0.4,
    'dt': 1.0 / self.FPS}
self.args_lat_city_dict = {
    'K_P': 0.58,
    'K_D': 0.02,
    'K_I': 0.5,
    'dt': 1.0 / self.FPS}
```

게인 스케줄링

종방향 제어에서와 마찬가지로 고속도로 주행과 시내 주행에 따라 다른 게인이 있음을 주의하라. 게인은 자동차의 현재 속도를 기반으로 LocalPlanner에서 예약된다.

```
if target_speed > 50:
        args_lat = self.args_lat_hw_dict
        args_long = self.args_long_hw_dict
    else:
        args_lat = self.args_lat_city_dict
        args_long = self.args_long_city_dict
```

PID 수식

측면 제어에 대한 수식은 약간 다르지만 기본 원리는 동일하다. 다시 말하지만 수학은 _pid_control() 메서드에 있다. 메서드를 살펴보자.

1. 먼저 전역 좌표에서 차량 벡터의 시작점을 찾는다.

```
v_begin = vehicle_transform.location
```

2. 다음으로 차량의 요[yaw] 각도를 사용해 전역 좌표에서 차량 벡터의 끝을 찾는다.

```
            v_end = v_begin + carla.Location(x=math.cos(math.
    radians(vehicle_transform.rotation.yaw)),
                                     y=math.sin(math.
    radians(vehicle_transform.rotation.yaw)))
```

3. 다음으로 차량이 글로벌 좌표에서 가리키는 방향인 차량 벡터를 생성한다.

```
            v_vec = np.array([v_end.x - v_begin.x, v_end.y -
    v_begin.y, 0.0])
```

4. 다음으로 차량의 위치에서 다음 웨이포인트까지의 벡터를 계산한다.

```
            w_vec = np.array([waypoint.transform.location.x -
                        v_begin.x, waypoint.transform.
    location.y -
                        v_begin.y, 0.0])
```

5. 다음으로 차량 벡터와 차량 위치에서 웨이포인트까지 가리키는 벡터 사이의 각도
   를 찾는다(본질적으로 조향 오차와 같다).

```
            _dot = math.acos(np.clip(np.dot(w_vec, v_vec) /
                              (np.linalg.norm(w_vec) *
    np.linalg.norm(v_vec)), -1.0, 1.0))
```

6. 다음으로 웨이포인트의 어느 쪽에 있는지 결정하고자 두 벡터의 외적을 찾는다.

```
            _cross = np.cross(v_vec, w_vec)
```

7. 다음으로 외적이 음수이면 앵글 _dot 값을 음수로 조정한다.

```
            if _cross[2] < 0:
                _dot *= -1.0
```

8. 다음으로 현재 조정 오차를 오차 버퍼에 추가한다.

```
            self._e_buffer.append(_dot)
```

9. 다음으로 오차 버퍼에 2개 이상의 값이 있으면 적분 및 미분항을 계산한다.

```
if len(self._e_buffer) >= 2:
```

10. 다음으로 현재 오차 값에서 이전 오차 값을 빼고 **샘플링 시간**으로 나눠 미분항을 계산한다.

```
_de = (self._e_buffer[-1] - self._e_buffer[-
2]) / self._dt
```

11. 다음으로, 우리가 본 모든 오차를 합하고 샘플링 시간을 곱해 적분항을 계산한다.

```
_ie = sum(self._e_buffer) * self._dt
```

버퍼가 충분하지 않은 경우 적분 및 미분 항을 0으로 설정하면 된다.

```
else:
    _de = 0.0
    _ie = 0.0
```

12. 마지막으로 모든 게인 가중 PID 항을 합하고 ±1.0으로 잘린 값을 반환해 제어 입력을 계산한다. 아직 조향에 대해 본 적은 없지만 속도에서와 동일하게 작동한다.

$$Steering_{angle} = K_p \cdot error_{speed} + K_I \cdot total\_error_{speed} \cdot dt + K_D \cdot error_{speed} \cdot \frac{d}{dt}$$

음의 조향 각도는 단순히 좌회전을 의미하고 양수는 우회전을 의미한다.

```
return np.clip((self._k_p * _dot) + (self._k_d *
_de) + (self._k_i * _ie), -1.0, 1.0)
```

이제 파이썬에서 PID 제어를 구현하는 방법을 배웠으므로 작동하는지 확인할 차례다.

스크립트 실행하기

먼저 다음 코드를 실행해 CARLA 시뮬레이터를 시작했는지 확인해야 한다.

```
$ /opt/carla-simulator/bin/CarlaUE4.sh -opengl
```

그런 다음 새 터미널 창에서 Packt-Town04-PID.py 스크립트를 실행하고 마법이 펼쳐지는 것을 볼 수 있다. 스크립트를 실행하는 명령은 다음과 같다.

```
$ python3 /opt/carla-simulator/PythonAPI/examples/Packt-
Town04-PID.py
```

그림 10.6의 스크린샷과 같은 새 창 팝업이 표시돼야 한다.

그림 10.6 Packt-Town04-PID.py 실행 창

축하한다! 새로 배운 지식을 활용해 자동차를 조종하고 가속했다. 다음 절에서는 C++를 사용해 MPC 컨트롤러를 적용하는 방법을 배울 것이다.

⟫ C++의 예제 MPC

MPC의 전체 구현은 10장의 범위를 벗어나지만 다음 사이트(https://github.com/Krishtof-Korda/ CarND MPC-Project Submission/blob master/src/MPC.pp)에서 C++로 작성된 이 예제 구현을 검토해 볼 수는 있다.

다음 예제는 측면 및 종단 제어 모두에 PID 컨트롤러 대신 사용할 수 있는 MPC 모듈의 구현에 대해 소개한다. MPC는 다중 출력을 제어할 수 있는 MIMO 시스템임을 상기 하자.

다음 예제는 MPC 컨트롤러를 구축하는 데 필요한 모든 기본 구성 요소와 코드다.

1. 먼저 다음 코드를 사용해 예측 범위$^{prediction\ horizon}$ 웨이포인트에 다항식을 맞춘다.

```
Main.cpp --> polyfit()
```

다음 코드를 사용해 교차 추적 오차를 계산한다.

```
Main.cpp --> polyeval()
double cte = polyeval(coeffs, px) - py;
```

다음 코드를 사용해 방향 오차를 계산한다.

```
double epsi = psi - atan(coeffs[1] + 2*coeffs[2]*px +
3*coeffs[3]*px*px) ;
```

2. 이제 MPC.cpp를 사용해 옵티마이저에 전달할 수 있도록 벡터를 구조화한다. 옵티 마이저는 모든 상태 및 액추에이터 변수를 단일 벡터로 가져온다. 따라서 여기에 서 벡터에 있는 각 변수의 시작 인덱스를 설정하게 된다.

```
size_t x_start = 0;
size_t y_start = x_start + N;
size_t psi_start = y_start + N;
size_t v_start = psi_start + N;
size_t cte_start = v_start + N;
size_t epsi_start = cte_start + N;
size_t delta_start = epsi_start + N;
size_t a_start = delta_start + N - 1;
```

3. 다음으로 비용에 대해 조정 가능한 모든 가중치를 할당한다.

```
const double w_cte = 1;
const double w_epsi = 100;
const double w_v = 1;
const double w_delta = 10000;
const double w_a = 7;
const double w_delta_smooth = 1000;
const double w_a_smooth = 1;
const double w_throttle_steer = 10;
```

4. 그런 다음 해당 가중치를 기반으로 비용 함수를 설정한다.

이를 위해서는 기준 상태와 비교해 상대적인 상태인 경우 비용을 추가해야 한다. 다시 말해, 다음과 같이 원하는 경로, 방향 또는 속도에는 있지 않은 비용을 추가할 수 있다.

```
for (int t = 0; t < N; t++) {
    fg[0] += w_cte * CppAD::pow(vars[cte_start + t], 2);
    fg[0] += w_epsi * CppAD::pow(vars[epsi_start + t],
2);
    fg[0] += w_v * CppAD::pow(vars[v_start + t] - ref_v,
2);
    }
```

그러면 액추에이터 사용에 대한 비용을 추가해야 한다. 이렇게 하면 필요하지 않은 경우 작동을 최소화할 수 있다. 차량이 즉각 반응하지 않고, 비용이 충분히 저렴할 때만 작동을 명령한다고 생각하면 될 것이다.

```
for (int t = 0; t < N - 1; t++) {
    fg[0] += w_delta * CppAD::pow(vars[delta_start + t],
2);
    fg[0] += w_a * CppAD::pow(vars[a_start + t], 2);
    }
```

5. 다음으로 액추에이터를 순차적으로 사용하기 위한 비용을 추가해야 한다. 이렇게 하면 새로운 운전자가 스로틀과 브레이크 사이를 서툴게 점프하는 경우와 같이 액추에이터의 진동 사용을 최소화할 수 있다.

```
for (int t = 0; t < N - 2; t++) {
    fg[0] += w_delta_smooth * CppAD::pow(vars[delta_start
+ t + 1] - vars[delta_
start + t], 2);
    fg[0] += w_a_smooth * CppAD::pow(vars[a_start + t
+ 1] -
vars[a_start + t], 2);
    }
```

6. 다음으로 높은 조향각에서 스로틀을 사용하는 비용을 추가하는 것이 좋다. 회전 중간에 스로틀을 부수고 통제 불능 상태로 회전하는 원하지 않는 상황을 방지할 수 있다.

```
for (int t = 0; t < N - 1; t++) {
    fg[0] += w_throttle_steer * CppAD::pow(vars[delta_
start + t] /
vars[a_start + t], 2);

    }
```

7. 이제 초기 제약 조건을 설정한다.

```
fg[1 + x_start] = vars[x_start];
fg[1 + y_start] = vars[y_start];
fg[1 + psi_start] = vars[psi_start];
fg[1 + v_start] = vars[v_start];
fg[1 + cte_start] = vars[cte_start];
fg[1 + epsi_start] = vars[epsi_start];
```

8. 이제 이 작업을 완료했으므로 상태 변수와 **예측 범위** 웨이포인트를 기반으로 차량 모델 제약 조건을 설정할 수 있다.

   이를 위해 시간 t+1에서 상태에 대한 변수를 생성한다(현재 시간 스텝).

```
for (int t = 1; t < N; t++) {
    AD<double> x1 = vars[x_start + t];
    AD<double> y1 = vars[y_start + t];
    AD<double> psi1 = vars[psi_start + t];
    AD<double> v1 = vars[v_start + t];
    AD<double> cte1 = vars[cte_start + t];
    AD<double> epsi1 = vars[epsi_start + t];
```

9. 그런 다음 시간 t에서 상태에 대한 변수를 생성한다(이전 시간 스텝).

```
        AD<double> x0 = vars[x_start + t - 1];
        AD<double> y0 = vars[y_start + t - 1];
        AD<double> psi0 = vars[psi_start + t - 1];
        AD<double> v0 = vars[v_start + t - 1];
        AD<double> cte0 = vars[cte_start + t - 1];
        AD<double> epsi0 = vars[epsi_start + t - 1];
```

10. 이제 시간 t에서의 작동만 고려하도록 해야 한다. 따라서 여기서는 시간 t에서의 조향(delta0)과 가속도(a0)만 고려한다.

```
        AD<double> delta0 = vars[delta_start + t - 1];
        AD<double> a0 = vars[a_start + t - 1];
```

11. 다음으로 따라가려는 웨이포인트 차선의 제약 조건이 필요하다. 이것은 웨이포인트에 맞는 다항식을 생성해 수행하는데, 이 값은 계수의 수에 따라 달라진다. 예를 들어, 2차 다항식은 다음과 같은 세 가지 계수를 갖는다.

```
AD<double> f0 = 0.0;
for (int i=0; i<coeffs.size(); i++){
f0 += coeffs[i] * CppAD::pow(x0, i);
}
```

동일한 계수를 사용해 원하는 자동차 방향에 대한 제약 조건을 설정할 수 있다.

```
        AD<double> psides0 = 0.0;
        for (int i=1; i<coeffs.size(); i++){
psides0 += i * coeffs[i] * pow(x0, i-1);
        }
        psides0 = CppAD::atan(psides0);
```

12. 마지막으로 차량 모델에 대한 제약 조건을 생성해야 한다. 이 경우 자전거 모델로 알려진 단순화된 차량 모델을 사용할 수 있다.

```
        fg[1 + x_start + t] = x1 - (x0 + v0 *
CppAD::cos(psi0) * dt);
        fg[1 + y_start + t] = y1 - (y0 + v0 *
CppAD::sin(psi0) * dt);
```

```
        fg[1 + psi_start + t] = psi1 - (psi0 + v0 * delta0
* dt / Lf);
        fg[1 + v_start + t] = v1 - (v0 + a0 * dt);
        fg[1 + cte_start + t] = cte1 - ((f0 - y0) + (v0 *
CppAD::sin(epsi0) * dt));
        fg[1 + epsi_start + t] = epsi1 - ((psi0 - psides0)
+ v0 * delta0 / Lf * dt);

    }
```

훌륭하다! 이제 C++에서 MPC를 코딩하는 방법에 대해 최소한의 예제로 다뤄 봤다. 이 기본 예제를 사용해 제어 응용 프로그램에 필요한 어떠한 언어로 변경할 수 있다. 여러분의 제어 지식에 새로운 무기가 생긴 것이다.

⠿ 요약

축하한다! 이제 자율주행차용 횡방향 및 종방향 컨트롤러를 갖게 됐다! 여러분은 10장에서 배우고 적용한 것에 대해 자부심을 가져도 된다.

가장 보편적인 두 가지 컨트롤러, PID와 MPC에 대해 배웠다. PID가 SISO 시스템에 적합하고 매우 효율적이지만 여러 출력을 제어하려면 다수의 컨트롤러가 필요하다는 것을 배웠다. 또한 MPC는 각 시간 스텝에서 지속적으로 최적화할 수 있는 충분한 리소스를 보유한 MIMO 시스템에 적합하다는 사실을 알게 됐다.

이를 통해 수식 및 모델의 세부 사항을 헤쳐나갔고 CARLA 및 파이썬으로 구현된 여러분만의 PID 컨트롤러를 들어 봤다. 11장에서는 지도를 제작하고 자율주행차를 로컬라이제이션하는 방법을 배울 것이다.

▶ 질문

10장을 읽고 나면 다음 질문에 답할 수 있다.

1. 컴퓨팅 리소스가 적은 차량에 가장 적합한 컨트롤러 유형은 무엇인가?
2. PID 제어기의 적분항은 무엇을 수정하는가?
3. PID 제어기의 미분항은 무엇을 수정하는가?
4. MPC에서 비용과 제약의 차이점은 무엇인가?

▶ 더 읽어 보기

- Control theory: https://en.wikipedia.org/wiki/Control_theory#Main_control_strategies
- Self-Tuning PID Controller for Autonomous Car Tracking in Urban Traffic: http://oa.upm.es/30015/1/INVE_MEM_2013_165545.pdf
- The Twiddle algorithm for tuning PID controllers: https://martin-thoma.com/twiddle/
- Lateral Tracking Control for the Intelligent Vehicle Based on Adaptive PID Neural Network: https://www.ncbi.nlm.nih.gov/pmc/articles/PMC5492364/
- MPC-Based Approach to Active Steering for Autonomous Vehicle Systems: https://borrelli.me.berkeley.edu/pdfpub/pub-6.pdf
- Kinematic and Dynamic Vehicle Models for Autonomous Driving Control Design: https://borrelli.me.berkeley.edu/pdfpub/IV_KinematicMPC_jason.pdf

11

주변 환경 매핑하기

자율주행 자동차가 세상을 탐색하는 데 필요한 몇 가지 기본적인 사항이 있다.

첫째, 환경에 대한 지도가 있어야 한다. 이 지도는 좋아하는 식당을 찾아갈 때 휴대전화에서 사용하는 지도와 매우 유사하다.

둘째, 실제 세계에서 해당 지도의 위치를 로컬라이제이션하는 방법이 필요하다. 휴대전화에서 이것은 GPS에 의해 로컬라이제이션된 파란색 점이라고 생각하면 된다.

11장에서는 자율주행 자동차가 환경을 통해 지도를 작성하고 위치를 파악해 세계 어디에 있는지 알 수 있는 다양한 방법에 대해 설명한다. 자율주행차를 만드는 이유는 바로 어디론가 떠나는 것이기 때문에 이것이 왜 중요한지는 어느 정도 짐작할 것이다.

여러분은 마젤란이라고 불릴 만한 자율주행차를 만드는 데 도움이 되는 다음의 내용들에 대해서 배울 것이다.

- 지도 작성과 로컬라이제이션이 필요한 이유

- 매핑 및 로컬라이제이션 유형

- 오픈소스 지도 작성 도구

- 아우스터 라이다와 구글 카르토그래퍼^{Cartographer}가 포함된 동시 위치 추정 및 지도 작성^{SLAM, Simultaneous Localization and Mapping}

⁝⁞ 기술 요구 사항

11장에서는 다음의 소프트웨어가 필요하다.

- 리눅스

- ROS Melodic: http://wiki.ros.org/melodic/Installation/Ubuntu

- 파이썬 3.7: https://www.python.org/downloads/release/python-370/

- C++

- 구글 카르토그래퍼 ROS: https://github.com/cartographer-project/cartographer_ros

- ouster_example_cartographer: https://github.com/Krishtof-Korda/ouster_example_cartographer

11장에서 사용한 코드는 다음 사이트에서 확인할 수 있다.

https://github.com/PacktPublishing/Hands-On-Vision-and-Behavior-for-Self-Driving-Cars

11장의 실행 영상에 대한 코드는 다음 사이트에서 확인할 수 있다.

https://bit.ly/2IVkJVZ

⠿ 지도 작성과 로컬라이제이션이 필요한 이유

11장에서는 지도 작성과 로컬라이제이션의 중요성과 이들의 조합에 대해서 배울 것이다. 지도 작성과 로컬라이제이션은 현대 사회에서 주변에서 흔히 볼 수 있지만, 인간의 두뇌가 활용되지 않는 자율주행차에서는 더욱 중요하다.

지도 작성

잠시 시간을 내어 휴대전화가 없는 세상(나는 밀레니엄 세대다), 종이 지도가 없는 세상, 그리스의 천문학자 아나크시만드로스^{Anaximandros}가 없는 세상을 상상해 봐라!

여러분은 한 번도 가본 적이 없는 도시를 집에서부터 출발해 얼마나 잘 이동할 수 있다고 생각하는가? 나는 여러분이 충분히 해낼 수 있다고 확신하지만, 여러분은 아마도 몇 킬로미터마다 멈추고 도착을 위해 지역 주민들에게 길을 물어볼 것이다. 지도가 왜 우리의 삶을 더 쉽게 만들고 길을 잃는 것에 대한 두려움 없이 새로운 장소로 모험을 떠날 가능성을 열어 주는지 알 수 있다.

지금 여러분은 구글이나 애플 같은 기업들이 여러분이 생각할 수 있는 모든 거리, 골목길, 샛길 들을 열심히 만들어 놓은 엄청난 작업을 활용하기만 하면 되니 정말 행운이다.

로컬라이제이션

이제 여러분이 여기로 순간이동했다고 상상해 보자.

그림 11.1 러시아의 몽키 페이스(Monkey Face). 출처: http://bit.ly/6547672-17351141

여러분은 해당 지역의 지도를 받았고 수역으로 가는 가장 가까운 곳으로 가는 길을 찾아야 한다.

가장 먼저 해야 할 일은 지도에서 자신이 어디에 있는지 파악하는 것이다. 주변의 랜드마크를 찾고자 주위를 둘러본 다음 지도에서 해당 랜드마크를 찾을 수 있을 것이다. 몽키 페이스^{Monkey Face}, 여러분은 지금 몽키 페이스 한가운데 있다. 축하한다. 여러분은 단지 지도에서 자신의 위치를 인지한 것만으로 목표를 이룬 것이다.

이제 지도와 로컬라이제이션이 세계와 환경을 탐색하는 데 필요한 이유를 알 수 있을 것이다.

하지만 지도가 생성된 이후로 세상이 바뀌었다면?

분명 여러분은 운전하면서 휴대폰에서 들리는 친절한 내비게이션의 목소리를 따라가고 있는 도중에 도로 공사로 인해 30분 정도 우회해야 하는 상황이 있었을 것이다. 도로 공사가 있다는 걸 왜 몰랐을까?

여러분의 소중한 내비게이션 목소리는 아무리 최신이라 할지라도 항상 세상에 대한 실시간 정보를 놓치지 않을 수 없다. 오리가 길을 건너간다고 내비게이션이 절대 여러분에게 알려 주지 않는다. 다음 절에서는 다양한 유형의 지도 작성과 로컬라이제이션을 통해 오리를 구하는 다양한 방법에 대해 알아볼 것이다.

지도 작성 및 로컬라이제이션 유형

로컬라이제이션 및 지도 작성 분야는 놀라운 연구들에 의해 발전하고 있으며 지속적으로 성장하고 있다. GPU와 컴퓨터 처리 속도의 발전으로 인해 매우 흥미로운 알고리듬이 개발되고 있다.

서둘러서 오리를 구하는 방법을 배워 보도록 하자. 이전의 절에서 여러분의 친절한 내비게이션 음성은 여러분 앞에서 길을 건너는 오리를 보지 못한다는 것을 기억할 것이다. 세상은 끊임없이 변화하고 변하기 때문에 지도는 결코 완전히 정확할 수 없다. 그렇기 때문에 그러므로 여러분은 미리 만들어진 지도를 이용해 로컬라이제이션할 뿐만 아니라 실시간으로 지도를 만들어 지도에 새로운 장애물이 언제 나타나는지 보고 그 주변을 탐색할 수 있는 방법을 갖고 있어야 한다. 오리를 위한 동시 위치 추정 및 지도 작성 SLAM을 소개한다.

지도작성 및 로컬라이제이션에는 독립적인 방법이 있지만, 11장에서는 SLAM에 대해 중점을 둘 것이다. 하지만 궁금하다면, 다음의 독립적인 로컬라이제이션 및 지도 작성에 가장 일반적으로 사용되는 알고리듬에 대한 간략한 분석을 참고하자.

- 파티클 필터Particle filter
- 마르코프 로컬라이제이션Markov localization
- 그리드 로컬라이제이션Grid localization
- range-bearing 로컬라이제이션을 위한 확장된 칼만 필터Kalman filter
- 추측 항법을 위한 칼만 필터)

NOTE

로컬라이제이션에 대한 자세한 내용은 여기에서 확인할 수 있다.

https://www.cs.cmu.edu/~motionplanning/lecture/Chap8-Kalman-Mapping_howie.pdf

http://robots.stanford.edu/papers/thrun.pf-in-robotics-uai02.pdf

https://www.ri.cmu.edu/pub_files/pub1/fox_dieter_1999_3/fox_dieter_1999_3.pdf

지도 작성의 몇 가지 예시 유형은 다음과 같다.

- 점유 그리드occupancy grid

- 특징 기반(랜드마크)

- 토폴로지topology(그래프 기반)

- 시각적 학습 및 반복

NOTE

지도 작성에 대한 자세한 자세한 내용은 여기에서 확인할 수 있다.

https://www.cs.cmu.edu/~motionplanning/lecture/Chap8-Kalman-Mapping_howie.pdf

https://www.ri.cmu.edu/pub_files/pub1/thrun_ sebastian_1996_8/thrun_sebastian_1996_8.pdf

이러한 알고리듬과 구현에 대한 훌륭한 정보가 많이 있지만 이 책에서는 가장 널리 사용되는 로컬라이제이션 및 지도 작성 형식인 SLAM에 중점을 둘 것이다.

동시 위치 추정 및 지도 작성

잠시 상상의 나래를 펼칠 시간이다.

어느 날 밤 갑자기 잠에서 깨어났는데 빛도, 달도, 반딧불이도 전혀 없었다고 상상해 보자. 그저 칠흑 같은 어둠뿐이다! 하지만 두려워하지 말아라. SLAM의 마법을 사용해 침대에서 이동해 맛있는 야식을 먹게 될 것이다!

먼저, 침대 가장자리가 느껴질 때까지 왼손을 더듬거려 보자. 여러분은 방금 침대에서 자신의 위치를 파악하고 침대의 왼쪽 가장자리를 마음속의 지도에 매핑했다. 여러분이 잠자는 동안 뒤척여서 침대에서 수직으로 뒤집지 않는 상황이라면 여러분은 침대의 왼쪽일 것이다.

다음으로 침대 가장자리 위로 다리를 흔들고 바닥이 느껴질 때까지 천천히 몸을 낮춰 보자. 여러분은 이제 바닥의 일부를 매핑했다. 이제 조심스럽게 일어서서 두 팔을 앞으로 내밀어 보자. 그리고 리사주Lissajous 곡선을 그리면서 팔을 흔들고 동시에, 댄서처럼 조심스럽게 바닥을 가로질러 발을 쓸어 넘겨 넘어지지 않을 것이다.

앞으로 나아갈 때마다 여러분이 향하고 있는 방향과 얼마나 걸음을 내디뎠는지 주의 깊게 추적해야 한다(오도메트리odometry). 항상 방에 대한 마음속 지도를 만들고 손과 발을 거리 센서로 사용해 방 안의 위치를 추정해야 한다(로컬라이제이션). 장애물을 찾을 때마다 마음속 지도에 저장하고 조심스럽게 주변을 탐색해야 한다. 여러분은 이제 SLAMing이다!

SLAM은 일반적으로 라이다 센서와 같은 일종의 거리 측정 센서를 사용한다.

그림 11.2 OS1-128 디지털 라이다 센서, 아우스터 제공

방을 탐색할 때 팔과 다리가 거리 측정기 역할을 했다. 라이다 센서는 환경을 비추고 물체에 반사되는 레이저 광을 사용한다. 빛이 떠나고 돌아오는 시간과 빛의 속도를 이용해 물체까지의 거리를 추정한다. OS1-128과 같은 라이다 센서는 매우 정확한 거리 정보를 통해 풍부하고 밀도가 높은 포인트 클라우드를 생성한다.

그림 11.3 도시 환경의 라이다 포인트 클라우드, 아우스터 제공

이 거리 정보는 SLAM 알고리듬이 세계를 로컬라이제이션하고 지도 작성하는 데 사용하는 것이다.

관성 측정 장치^{IMU, Inertial Measurement Unit}도 차량의 자세를 추정하고 연속적인 측정 사이의 이동 거리를 추정하는 데 필요하다. 아우스터 라이다 센서가 지도 생성에 널리 사용되는 한 가지 이유는 IMU가 내장돼 있어 단일 장치로 지도 작성을 시작할 수 있기 때문이다. 11장의 뒷부분에서 아우스터 라이다 센서와 구글 카르토그래퍼로 지도 작성하는 방법을 배울 것이다.

SLAM은 사전 정보 없이 즉석에서 지도를 작성하고 작성되는 동안 지도에서 동시에 로컬라이제이션하는 개념이다. 이것이 매우 어렵고 약간의 닭이나 계란 문제라고 상상할 수 있다. 로컬라이제이션하려면 로컬라이제이션할 지도(계란)가 필요하지만 동시에 지도를 즉석에서 작성하려면 로컬라이제이션(닭)과 지도에서 현재 위치를 알아야 한다. 이것은 마치 시간 여행 영화의 문제와 같다. 처음에 자신을 구하기 위해 시간을 되돌릴 수 있을 만큼 오래 살아남는 것과 비슷하다. 머리가 좀 아플 수 있다.

좋은 소식은 이 분야가 30년 이상 연구돼 로봇 공학 및 자율주행차용 알고리듬의 형태로 아름답게 존재한다는 것이다. 이제 이에 대해 자세히 살펴보자.

SLAM의 종류

다음은 로봇 공학, 드론 매핑, 자율주행 산업 전반에 걸쳐 사용되는 일부 최신 알고리듬의 간략한 목록이다. 이러한 각 알고리듬에는 서로 다른 응용 프로그램이 있다. 예를 들어 RGB-D SLAM은 카메라 기반 SLAM에 사용되는 반면 LIO SAM은 라이다 센서에만 사용된다. 키네틱 융합은 실내에서 복잡한 물체를 매핑하는 데 사용되는 또 다른 흥미로운 SLAM의 형태다. 보다 자세한 내용은 다음 KITTI 웹사이트에서 찾을 수 있다.

http://www.cvlibs.net/datasets/kitti/eval_odometry.php

- **LIO SAM**: https://arxiv.org/pdf/2007.00258.pdf
- **LOAM**: https://ri.cmu.edu/pub_files/2014/7/Ji_LidarMapping_RSS2014_v8.pdf
- **RGB-D SLAM**: https://felixendres.github.io/rgbdslam_v2/
- **Kinetic fusion**: https://www.microsoft.com/en-us/research/ wp-content/uploads/2016/02/ismar2011.pdf

다음으로 SLAM 알고리듬에서 오차를 줄이는 매우 중요한 방법에 대해 소개할 것이다.

SLAM의 루프 폐쇄

지도 작성 및 로컬라이제이션과 관련해 고려해야 할 한 가지는 완벽한 것은 없다는 점이다. 완벽하게 정확한 센서는 존재할 수 없다. 모든 센서는 일부 분포가 측정값의 평균과 분산을 포함하는 확률론적 센서다. 이는 교정 프로세스 동안 공장에서 경험적으로 결정된 다음 데이터시트^{datasheet}에 제공된다. 왜 이러한 사실을 신경써야 하는지 물을 수 있다.

좋은 질문이다. 센서에 항상 오차가 있다는 것은 이러한 센서를 사용해 더 오래 탐색할수록 지도와 지도 내의 위치 추정치가 실제 값과 멀어짐을 의미한다.

SLAM 알고리듬은 거의 보편적으로 이러한 현상(drift 라고 함)을 방지하기 위한 트릭을 갖고 있다.

루프 폐쇄는 다음과 같이 작동한다. 아부다비 여행 중 알다르^Aldar 건물을 지나갔다고 가정해 보자.

그림 11.4 UAE 아부다비 알다르 본사 건물

이 웅장한 원형 건물을 최초로 지도에 등록하고 이후, 리 베이루트^Li Beirut에서 점심을 먹고 다시 차를 몰고 알다르 건물을 두 번째로 지날 것이다. 이제 통과할 때 거리를 측정하고 이를 지도에 처음 등록했을 때의 상대적인 위치와 비교한다. 여러분은 생각했던 위치와 다르다는 것을 인지할 것이다. 알고리듬은 이 정보를 가져와서 전체 지도를 반복적으로 수정해 사용자가 실제로 있는 위치를 나타낸다.

SLAM은 이러한 작업을 지속적으로 수행한다. 다음 몇 절에서 오픈소스 SLAM으로 플레이할 때 이러한 작업이 실제로 작동하는 것을 볼 수 있다. 그 전에 지도 작성의 즐거움을 위해 사용할 수 있는 몇 가지 오픈소스 매핑 도구를 빠르게 소개한다.

오픈소스 지도 작성 도구

SLAM은 구현하고 이해하기가 상당히 복잡하지만 다행스럽게도 자율주행차에 사용할 수 있는 오픈소스 솔루션이 많이 있다. 웹사이트 Awesome Open Source(https://awesomeopensource.com/projects/slam)에는 사용할 수 있는 SLAM 알고리듬이 있다.

다음은 여러분을 위한 선별된 도구들이다.

- **Cartographer by Google**(https://github.com/cartographer-project/cartographer)
- **LIO-SAM by TixiaoShan**(https://github.com/TixiaoShan/LIO-SAM)
- **LeGO-LOAM by RobustFieldAutonomy**(https://github.com/ RobustFieldAutonomyLab/LeGO-LOAM)

카르토그래퍼는 지금까지 가장 인기 있는 도구다. 다음 절에서 제공하는 모든 것은 여러분이 직접 사용하고 경험할 수 있다.

아우스터 라이다와 구글 카르토그래퍼가 있는 SLAM

드디어 여러분이 기다리고 기다리던 순간이다. 카르토그래퍼와 아우스터 라이다 센서를 사용해 실습해 보자.

이 실습 예제에서는 SLAM을 수행하는 데 필요한 **IMU**가 내장돼 있기 때문에 아우스터 라이다를 선택했다. 즉 관성 데이터를 위해 다른 센서를 구입할 필요가 없다.

이 예제에서는 아우스터 센서에서 수집된 데이터의 오프라인 처리를 볼 것이며 이는 월 셀비(Wil Selby)의 작업으로부터 조정된 것이다. 더 멋진 프로젝트와 아이디어가 궁금하면 월 셀비의 홈페이지(https://www.wilselby.com/)를 참고하자.

셀비는 ROS에서 DIY 무인 자동차의 SLAM을 온라인(실시간)으로 수행하는 관련 프로젝트도 있다.

https://github.com/wilselby/diy_driverless_car_ROS

아우스터 센서

다음의 OS1 사용자 가이드에서 아우스터 데이터 형식 및 센서 사용에 대해 자세히 알아볼 수 있다.

> https://github.com/PacktPublishing/Hands-On-Vision-and-Behavior-for-Self-Driving-Cars/blob/master/Chapter11/OS1-User-Guide-v1.14.0-beta.12.pdf

걱정하지 말자. 11장에서는 직접 센서를 구입해 실험할 필요가 없다. 여러분이 사용할 수 있도록 OS1-128에서 수집한 일부 샘플 데이터를 제공했다. 나중에 데이터를 다운로드하는 방법도 알 수 있다.

repo

다음 링크의 ouster_example_cartographer 하위 모듈에서 11장의 코드를 찾을 수 있다.

> https://github.com/PacktPublishing/Hands-On-Vision-and- Behavior-for-Self-Driving-Cars/tree/master/Chapter11

하위 모듈에 코드가 최신 버전인지 확인하려면 Chapter11 폴더 내에서 다음 명령을 실행하면 된다.

```
$ git submodule update --remote ouster_example_cartographer
```

cartographer_ros 시작하기

코드를 살펴보기 전에 다음의 링크에서 알고리듬에 관해 읽어 보고 카르토그래퍼의 기본 사항을 숙지하는 것이 좋다.

> https://google-cartographer-ros.readthedocs.io/en/latest/algo_ walkthrough.html

센서를 사용해 작동하는 데 필요한 카르토그래퍼 구성 파일에 대한 간략한 개요부터 시작할 것이다.

Cartographer_ros 구성

카르토그래퍼는 센서, 로봇, 변환 등에 대해 이해하는 데 다음 구성 파일이 필요하다. 파일은 ouster_example_ cartographer/cartographer_ros/ 폴더에서 찾을 수 있다.

- configuration_files/demo_3d.rviz

- configuration_files/cart_3d.lua

- urdf/os_sensor.urdf

- launch/offline_cart_3d.launch

- configuration_files/assets_writer_cart_3d.lua

- configuration_files/transform.lua

여기서 참조하는 파일은 아우스터 센서에서 수집된 bag 파일에서 오프라인 SLAM을 수행하기 위한 것이다.

이제 각 파일을 살펴보고 ROS 내에서 SLAM이 작동하는 데 어떤 도움이 되는지 설명할 것이다.

demo_3d.rviz

이 파일은 rviz GUI 창의 구성을 설정한다. cartographer_ros 소스 파일에 제공된 다음 예제 파일을 기반으로 한다.

https://github.com/cartographer-project/cartographer_ros/blob/master/
cartographer_ros/configuration_files/demo_3d.rviz

참조 프레임을 지정한다. 다양한 참조 프레임에 대한 세부 정보는 다음 링크에서 확인할 수 있다.

https://www.ros.org/reps/rep-0105.html

다음 코드 스니펫[snippet]은 프로젝트에 사용 중인 센서를 기반으로 프레임 이름을 추가하는 곳이다.

```
Frames:
  All Enabled: true
  base_link:
    Value: true
  map:
    Value: true
  odom:
    Value: true
  os:
    Value: true
  os_imu:
    Value: true
```

다음은 이전 코드의 각 프레임에 대한 정의다.

- base_link는 로봇의 좌표 프레임이다.

- map은 세계의 고정 좌표 프레임이다.

- odom은 IMU의 주행 거리, 휠 인코더, 시각적 오도메트리 등을 기반으로 계산되는 세계 고정 프레임이다. 이것은 시간이 지남에 따라 오차가 발생할 수 있지만 급격하게 튀는 이상 값 없이 지속적으로 부드러운 위치 정보를 유지하는 데 유용할 수 있다. 카르토그래퍼는 이 프레임을 사용해 루프 폐쇄된 로컬 SLAM 결과를 게시한다.

- os는 프로젝트에 대해 선택한 아우스터 센서 또는 기타 라이다 센서의 좌표 프레임이다. 이것은 라이다 범위 판독값을 base_link 프레임으로 변환하는 데 사용된다.

- os_imu는 아우스터 센서에 있는 IMU 또는 다른 IMU 프로젝트의 좌표 프레임이다. 이것은 SLAM 동안 포토그래퍼가 추적할 프레임이다. 또한 base_link 프레임으로 다시 변환된다.

다음과 같이 프레임의 계층 tf 변환 트리를 정의해 프레임 간에 변환도 가능하다.

```
Tree:
  map:
    odom:
      base_link:
        os:
          {}
        os_imu:
          {}
```

os 및 os_imu 프레임이 모두 base_link^(차량 프레임)와 관련돼 있음을 알 수 있다. 즉 os^(라이다 프레임)에서 os_imu^(IMU 프레임)로 직접 변환할 수 없다. 대신 둘 다 base_link 프레임으로 변환 가능하다. 또한 tf 트리를 통해 map 프레임까지 변환할 수 있다. 이것이 카르토그래퍼가 라이다 범위 측정 및 IMU 포즈 측정을 사용해 지도를 작성할 때 수행하는 작업이다.

다음으로 RobotModel은 이전에 정의된 tf 변환 트리에 따라 링크^(센서, 팔 또는 추적하려는 로봇의 좌표 프레임이 있는 모든 것을 의미함)를 올바른 포즈로 표시하도록 구성된다.

다음 코드 스니펫은 이전에 Frames 섹션에서 정의한 링크 이름을 어디에 둘 것인지 보여준다.

```
Class: rviz/RobotModel
    Collision Enabled: false
    Enabled: true
    Links:
      All Links Enabled: true
      Expand Joint Details: false
      Expand Link Details: false
      Expand Tree: false
      Link Tree Style: Links in Alphabetic Order
      base_link:
```

```
      Alpha: 1
      Show Axes: false
      Show Trail: false
    os:
      Alpha: 1
      Show Axes: false
      Show Trail: false
      Value: true
    os_imu:
      Alpha: 1
      Show Axes: false
      Show Trail: false
      Value: true
```

여기에 base_link, os lidar, os_imu 링크가 추가된 것을 볼 수 있다.

다음으로, rviz/PointCloud2는 PointCloud2 라이다 포인트 데이터의 Topic에 매핑되며, 아우스터 라이다 센서 bag 파일의 경우 /os_cloud_node/points Topic에 저장된다. 다른 레이저 센서를 사용하는 경우 해당 레이저의 항목 이름을 Topic: 필드에 입력한다.

```
Name: PointCloud2
Position Transformer: XYZ
Queue Size: 200
Selectable: true
Size (Pixels): 3
Size (m): 0.029999999329447746
Style: Flat Squares
Topic: /os_cloud_node/points
```

라이다의 Topic이 PointCloud2 타입으로 매핑된 것을 확인할 수 있다.

이것으로 rviz의 라이다 및 IMU 센서에 대한 특정 구성을 마무리했다. 다음으로, 로봇 고유의 레이아웃과 일치하도록 cart_3d.lua 파일을 수정하는 방법에 대해서 알아볼 것이다.

cart_3d.lua

이 파일은 로봇 SLAM 튜닝 파라미터의 구성을 설정한다. .lua 파일은 bag 파일이 아닌 로봇 전용이어야 한다. 해당 파일은 cartographer_ros 소스 파일에 제공된 예제 기반이다.

https://github.com/cartographer-project/cartographer_ros/blob/master/cartographer_ros/configuration_files/backpack_3d.lua

특정 응용 프로그램에 따라 .lua 파일의 파라미터를 조정하는 것이 좋다. 이러한 튜닝에 대한 가이드는 다음 링크에서 확인할 수 있다.

https://google-cartographer-ros.readthedocs.io/en/latest/algo_walkthrough.html

여기부터는 자율주행차에 대해 구성할 수 있는 몇 가지 옵션에 대해 간단하게 설명할 것이다.

```
options = {
  map_builder = MAP_BUILDER,
  trajectory_builder = TRAJECTORY_BUILDER,
  map_frame = "map",
  tracking_frame = "os_imu",
  published_frame = "base_link",
  odom_frame = "base_link",
  provide_odom_frame = false,
  publish_frame_projected_to_2d = false,
  use_odometry = false,
  use_nav_sat = false,
  use_landmarks = false,
  num_laser_scans = 0,
  num_multi_echo_laser_scans = 0,
  SLAM with an Ouster lidar and Google Cartographer 325
  num_subdivisions_per_laser_scan = 1,
  num_point_clouds = 1,
  lookup_transform_timeout_sec = 0.2,
  submap_publish_period_sec = 0.3,
  pose_publish_period_sec = 5e-3,
  trajectory_publish_period_sec = 30e-3,
```

```
    rangefinder_sampling_ratio = 1.,
    odometry_sampling_ratio = 1.,
    fixed_frame_pose_sampling_ratio = 1.,
    imu_sampling_ratio = 1.,
    landmarks_sampling_ratio = 1.,
}
```

위의 옵션은 오프라인 SLAM을 구성한다. 해당 코드는 다음의 아우스터 웹사이트에서 bag 파일로 제공한다.

https://data.ouster.io/downloads/os1_townhomes_cartographer.zip

https://data.ouster.io/downloads/os1_townhomes_cartographer.zip

자율주행차에서 온라인(실시간) SLAM을 수행하는 경우 강조 표시된 항목을 수정해야 한다.

- odom_frame = "base_link": 카르토그래퍼가 루프 폐쇄 연속 포즈를 위해 odom 프레임을 설정해야 한다.

- provide_odom_frame = false: 카르토그래퍼가 odom_frame이 게시됐음을 알 수 있도록 이 값을 true로 설정해야 한다.

- num_sensor_scape = 0: 이 값은 1로 설정돼야 한다. 그래야 라이다 센서의 스캔 데이터가 bag 파일의 포인트 클라우드가 아니라 센서에서 바로 사용된다.

- num_point_sys = 1: bag 파일을 사용하지 않고 대신 실시간 라이다 스캔을 사용하는 경우 0으로 설정해야 한다.

다음으로 센서 urd 파일이 어떻게 구성돼 있는지 알아보자.

os_sensor.urdf

이 파일은 자율주행차의 물리적 변환을 구성하는 데 사용된다. 차량에 탑재하는 각 센서는 링크가 된다. 링크는 체인의 링크처럼 단단한 몸체라고 생각하면 된다. 각 링크는 서로에 대해 상대적으로 이동할 수 있으며 각각 고유한 좌표 프레임이 있다.

이 파일에서는 아우스터 센서를 로봇으로 설정했다는 것을 확인할 수 있다. `<robot name="os sensor">`

센서의 라이다 좌표 프레임인 `<link name="os_imu">`와 IMU 좌표 프레임인 `<link name="os_imu">`를 나타내는 링크를 추가했다.

다음 코드는 각 프레임에서 base_link 프레임으로 변환을 제공하는 방법이다.

```xml
<joint name="sensor_link_joint" type="fixed">
  <parent link="base_link" />
  <child link="os_sensor" />
  <origin xyz="0 0 0" rpy="0 0 0" />
</joint>

<joint name="imu_link_joint" type="fixed">
  <parent link="os_sensor" />
  <child link="os_imu" />
  <origin xyz="0.006253 -0.011775 0.007645" rpy="0 0 0" />
</joint>

<joint name="os1_link_joint" type="fixed">
  <parent link="os_sensor" />
  <child link="os_lidar" />
  <origin xyz="0.0 0.0 0.03618" rpy="0 0 3.14159" />
</joint>
```

os_sensor는 base_link 좌표 프레임의 중앙에 배치되고 os_imu 및 os_lidar는 os_sensor
를 기준으로 각각의 변환 및 회전이 제공되는 것을 볼 수 있다. 이러한 변환 및 회전은
섹션 8의 아우스터 센서 사용 가이드에서 제공된다.

https://github.com/Krishtof-Korda/ouster_example_cartographer/blob/
master/OS1-User-Guide-v1.14.0-beta.12.pdf

다음으로, 이전의 모든 구성 파일을 호출하고 SLAM 프로세스를 시작하도록 하게 해주
는 시작 파일의 구성에 대해 알아보자.

offline_cart_3d.launch

이 파일은 앞에서 설명한 모든 구성 파일을 호출하는 데 사용된다.

또한 points2와 imu topic을 아우스터 os_cloud_node의 bag 파일에 다시 매핑한다. 다른 유형의 라이다 센서를 사용하는 경우 해당 센서의 topic 이름을 사용하면 된다.

```
<remap from="points2" to="/os_cloud_node/points" />
<remap from="imu" to="/os_cloud_node/imu" />
```

다음으로, asset_writer_cart_3d.lua 파일을 사용해 지도 데이터를 저장하는 방법을 배워 보자.

assets_writer_cart_3d.lua

이 파일은 .ply 형식으로 출력될 완전히 집계된 포인트 클라우드를 생성하기 위한 옵션을 구성하는 데 사용된다.

포인트를 다운 샘플링하고 중심점만 취하는 데 사용할 VOXEL_SIZE 값을 설정할 수 있다. 다운 샘플링이 없으면 엄청난 처리 주기가 필요하기 때문에 이 값은 중요하다.

VOXEL_SIZE = 5e−2

또한 라이다 센서에서 지정된 범위 내에 있는 포인트만 유지하는 min_max_range_filter를 설정한다. 이 값은 일반적으로 라이다 센서의 데이터시트에 있는 사양을 기반으로 한다. 아우스터 OS1 데이터시트는 아우스터 웹사이트(https://ouster.com/)에서 확인할 수 있다.

다음 코드 조각은 범위 필터 옵션을 구성할 수 있는 위치를 보여 준다.

```
tracking_frame = "os_imu",
pipeline = {
  {
    action = "min_max_range_filter",
    min_range = 1.,
```

```
    max_range = 60.,
  },
```

마지막으로 **transform.lua** 파일을 사용해 2D 프로젝션을 수행하는 방법에 대해 소개한다.

transform.lua 파일

이 파일은 변환을 수행하기 위한 기본 파일이며 이전 파일에서 2D 지도 엑스레이^{x-ray} 및 확률 그리드 이미지를 생성하는 데 사용된다.

좋다. 이제 각 구성 파일의 기능을 이해했으므로 이제 해당 파일의 작동 상태를 확인할 차례다. 다음 절에서는 사전 구축된 도커^{Docker} 이미지를 사용해 SLAM을 실행하는 과정에 대해 안내할 것이다.

도커 이미지

다운로드할 도커 이미지는 이미 생성돼 있다. 이로 인해 필요한 모든 패키지가 설치됐는지 확인하고 모든 것이 작동하는 데 필요한 시간을 최소화할 수 있다.

리눅스 운영체제의 경우 install-docker를 실행하기만 하면 된다. 다음과 같이 ouster_example_cartographer 하위 모듈에서 sh 코드를 사용하자.

```
$ ./install-docker.sh
```

다른 운영체제(윈도우 10 또는 macOS)를 사용하는 경우 해당 웹사이트에서 도커를 직접 다운로드해 설치할 수 있다.

https://docs.docker.com/get-docker/

다음 명령을 사용해 도커가 올바르게 설치됐는지 확인할 수 있다.

```
$ docker -version
```

훌륭하다! 일이 순조롭게 진행됐다면 컨테이너에서 도커 이미지를 실행할 준비가 됐을 것이다. 코드와 도커 이미지가 작동하기 위해 엔비디아 그래픽 카드가 있는 리눅스 시스템을 사용하는 것을 권장한다. run-docker.sh 스크립트는 그래픽 프로세서에 대한 올바른 옵션으로 도커를 시작하는 데 도움을 준다. SLAM을 효율적으로 처리하려면 엔비디아 GPU를 사용하는 것이 좋다. 다른 GPU를 사용할 수는 있지만 지원 수준이 낮다.

다음 절에서는 도커를 엔비디아 GPU와 연결하기 위한 몇 가지 문제 해결 단계를 살펴볼 것이다.

도커 엔비디아 문제 해결

리눅스 시스템의 엔비디아 설정에 따라 도커 컨테이너에 연결하기 전에 다음 명령을 수행해야 하는 경우도 있다.

```
# 'sudo dockerd --addruntime== nvidia=/usr/bin/nvidia-container-runtime'을
실행하기 전에 도커를 중지
$ sudo systemctl stop docker

# 권한 문제가 있는 경우 docker.sock 모드 변경
$ sudo chmod 666 /var/run/docker.sock

# 도커가 nvidia GPU를 사용할 수 있도록 nvidia 런타임 추가
# 실행-도커.sh와는 별도의 셸에서 실행해야 함
$ sudo dockerd --add-runtime=nvidia=/usr/bin/nvidia-containerruntime
```

이제 도커를 실행하고 다음 명령을 사용해 GPU에 연결해 보자.

```
$ ./run-docker.sh
```

이 스크립트는 도커 허브에서 최신 도커 이미지를 가져와서 엔비디아 런타임 환경(사용 가능한 경우) 또는 CPU에서 이미지를 실행한다.

이 파일에는 2D 또는 3D 모드에서 카르토그래퍼를 실행하기 위한 유용한 명령이 많이 있다. 여기에서 3D 모드에 대해 배울 것이다.

다음 절에서는 아우스터에서 다운로드할 데이터에 대해 SLAM을 수행하는 단계를 소개한다.

샘플 데이터 가져오기

SLAMing이 될 샘플 데이터는 아우스터 웹사이트에서 이용 가능하다. 다음 명령으로 다운로드할 수 있다.

```
$ mkdir /root/bags
$ cd /root/bags
$ curl -O https://data.ouster.io/downloads/os1_townhomes_
cartographer.zip
$ unzip /root/bags/os1_townhomes_cartographer.zip -d /root/
bags/
```

워크스페이스 소싱

ROS로 설정되도록 catkin 워크스페이스를 소싱하는 작업이 필요하다.

```
$ source /root/catkin_ws/devel/setup.bash
```

rosbag 검증

내장된 카르토그래퍼의 bag 검증 도구를 사용해 rosbag을 검증하는 것이 좋다. 이렇게 하면 bag 파일에 연속 데이터가 있고 결과가 생성되는 것이 보장된다.

```
$ rosrun cartographer_ros cartographer_rosbag_validate -bag_
filename /root/bags/os1_townhomes_cartographer.bag
```

시작 준비

bag 파일에서 오프라인 SLAM을 실행하려면 먼저 런치패드[lunchpad]로 이동해야 한다.

```
$ cd /root/catkin_ws/src/ouster_example_cartographer/
cartographer_ros/launch
```

bag 파일에서 오프라인 시작

이제 오프라인 SLAM을 시작할 준비가 됐다. 시작하면 나중에 다음과 같은 asset을 작성하는 데 사용할 .pbstream 파일이 생성된다.

- .ply, 포인트 클라우드 파일

- 매핑된 공간의 2D 엑스레이 이미지

- 개방 영역 대 점유 영역의 2D 확률 그리드 이미지

다음 명령은 bag 파일에서 오프라인 SLAM 프로세스를 시작한다.

```
$ roslaunch offline_cart_3d.launch bag_filenames:=/root/bags/
os1_townhomes_cartographer.bag
```

그림 11.5와 같은 rviz 창이 열려야 한다.

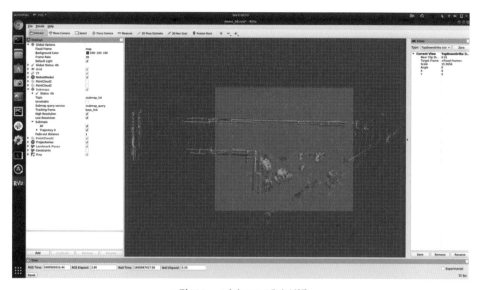

그림 11.5 rviz(카르토그래퍼 실행)

이제 카르토그래퍼가 SLAM을 수행하는 것을 확인할 수 있다.

먼저 작은 로컬 서브 지도를 만든다. 그런 다음 서브 지도를 글로벌 지도와 일치하도록 스캔한다. 글로벌 지도와 일치할 만큼 충분한 데이터를 수집하면 몇 초마다 포인트 클라우드의 스냅이 발생한다.

이 과정이 완료되면 /root/bags 폴더에 os1_townhomes_cartographer.bag.pbstream이라는 파일이 생긴다. 이 파일을 사용해 asset을 작성한다.

asset 작성하기

SLAM에서 최종 결과물을 얻을 준비가 됐는가? 이전에 전혀 본 적이 없는 임의의 거리의 지도가 기다리고 있다.

다음 명령을 실행해 결과물을 받아 보자.

```
$ roslaunch assets_writer_cart_3d.launch bag_filenames:=/root/
bags/os1_townhomes_cartographer.bag pose_graph_filename:=/
root/bags/os1_townhomes_cartographer.bag.pbstream
```

시간이 좀 걸릴 것이다. 한 시간 정도 쉬는 것을 추천한다.

다시 온 것을 환영한다. 결과를 확인해 보자!

첫 번째 결과 확인하기

짜잔! 여러분의 엑스레이 2D 지도!

```
$ xdg-open os1_townhomes_cartographer.bag_xray_xy_all.png
```

결과는 그림 11.6과 같다.

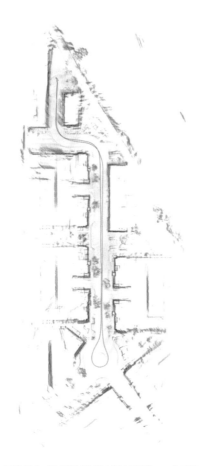

그림 11.6 2D 도시 중심부 엑스레이(x-ray) 지도

두 번째 결과 확인하기

수리수리마하수리! 여러분의 확률 그리드 2D 지도!

```
$ xdg-open os1_townhomes_cartographer.bag_probability_grid.png
```

결과는 그림 11.7과 같다.

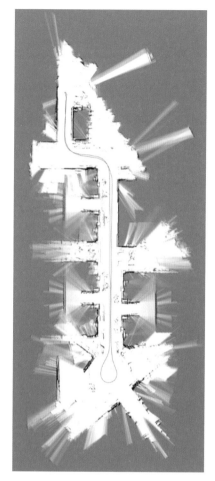

그림 11.7 2D 확률 그리드 지도

마지막 결과 확인하기

/root/bags 폴더에서 os1_townhomes_ cartographer.bag_points.ply라는 파일을 찾을 수 있을 것이다. 이 결과를 확인하려면 조금의 노력이 더 필요하다.

.ply 파일을 열 수 있는 도구라면 어떤 것을 사용해도 상관없다. CloudCompare는 이를 위한 **무료 오픈소스 소프트웨어**^{FOSS, Free Open Source Software} 도구이며 다음 링크에서 다운로드할 수 있다.

https://www.danielgm.net/cc/

CloudCompare를 사용해 .ply 파일을 XYZ, XYZRGB, CGO, ASC, CATIA ASC, PLY, LAS, PTS 또는 PCD와 같은 다른 형식으로 저장할 수 있다.

unitycoder에는 변환을 사용할 수 있도록 하는 좋은 가이드가 있다. 다음의 링크에서 이용할 수 있다.

https://github.com/unitycoder/UnityPointCloudViewer/wiki/Converting-Points-Clouds-with-CloudCompare

결과는 그림 11.8과 같다.

그림 11.8 CloudCompare에서 본 포인트 클라우드 3D 지도

그림 11.8과 그림 11.9를 통해 CloudCompare 뷰어에서 포인트 클라우드 3D 지도가 어떻게 보이는지 확인할 수 있다.

그림 11.9 CloudCompare에서 본 포인트 클라우드 3D 지도, 톱뷰(top view)

여러분 스스로 첫 번째 지도를 만든 것을 축하한다! 이것은 여러분의 여정의 시작일 뿐이며 여러분이 새로 습득한 기술로 어떤 성과를 낼지 흥미진진하다. 마지막으로 배웠던 것들에 대해서 요약할 것이다.

요약

여러분은 11장과 이 책에서 먼 길을 왔다. 휴대전화와 파란색 GPS 점만 갖고 시작해, 러시아로 여행을 갔고 멍키 페이스에서 수역을 찾았다. 또한 어두운 집에서 SLAM을 활용해 야식을 먹었다. 지도 작성과 로컬라이제이션의 차이점과 각각의 다양한 유형을 배웠다. 몇 가지 오픈소스 도구를 선택해 사용하는 법도 배웠다.

또한 오픈소스 카르토그래퍼에 아우스터 OS1-128 라이다 센서 데이터에 내장 IMU를 결합해 적용하는 방법과 CloudCompare를 사용해 지도를 생성하는 방법도 배웠다. 이제 지도를 만드는 방법을 알게 됐고 자신의 공간을 지도로 만들고 그 안에서 로컬라이제이션할 수 있다. 여러분의 창의력과 노하우로 무엇을 만들지 기대된다.

나는 여러분이 이 책을 통해 배우는 것을 즐겼기를 바라고 여러분의 미래를 건설하는 데 영감을 받기를 진심으로 바란다.

질문

11장을 읽고 나면 다음 질문에 답할 수 있다.

1. 지도 작성과 로컬라이제이션의 차이점은 무엇인가?

2. 카르토그래퍼는 일반적으로 어떤 프레임을 추적 프레임으로 사용하는가?

3. SLAM이 필요한 이유는 무엇인가?

4. min_max_range_filter를 어느 파일에 설정하는가?

더 읽어 보기

- W. Hess, D. Kohler, H. Rapp, and D. Andor, Real-Time Loop Closure in 2D LIDAR SLAM: https://opensource.googleblog.com/2016/10/introducing-cartographer.html(https://research.google/ pubs/pub45466/), in Robotics and Automation(ICRA), 2016 IEEE International Conference on. IEEE, 2016. pp. 1271-1278.

- 336 Mapping Our Environments

- Cartographer: https://github.com/cartographer-project/cartographer_ros

- More on Cartographer: https://google-cartographer-ros.readthedocs.io/en/latest/compilation.html

- Localization types: https://www.cpp.edu/~ftang/courses/CS521/notes/Localization.pdf

- RGB-D SLAM: https://felixendres.github.io/rgbdslam_v2/

- Probabilistic algorithms in robotics: http://robots.stanford.edu/papers/thrun.probrob.pdf

| 평가 |

⫸ 1장

1. 그렇다. 하지만 경우에 따라 사용자 지정 빌드가 필요할 수 있다.

2. 보통 `bilateralFilter()`다.

3. HOG 검출기다.

4. `VideoCapture()` 사용.

5. 개구부가 클수록 센서가 사용할 수 있는 빛의 양은 증가하지만 필드 깊이는 감소한다.

6. 필요한 셔터 속도 및 조리개 설정에 필요한 조명이 충분하지 않은 경우 더 높은 ISO가 필요하다.

7. 그렇다. 서브픽셀 정밀도는 눈에 띄게 보정을 개선한다.

⫸ 2장

1. **UART**의 경우: **싱글 엔드**: 와이어 두 줄(데이터 및 접지). 비동기식이고 장치가 자체 시간을 유지하고 보레이트$^{baud\ rate}$에 미리 동의하기 때문에 클록 라인은 필요하지 않다. **디퍼렌셜**: 와이어 2줄(데이터 하이와 데이터 로) 디퍼렌셜 전압은 전압 대 접지 대신 측정된다.

   I2C: 마스터 및 슬레이브 장치가 있는 버스 아키텍처를 사용하는 **직렬 클록**^{SCL}과 **직렬 데이터**^{SDA}의 두 가지 와이어.

SPI: 3 + 1n 와이어. 여기서 n은 슬레이브 장치의 수다. **신호 클록**^{SCLK}, **MOSI**^{Master Out Slave in}, **MISO**^{Master in Slave Out}의 세 가지 기본 와이어와 각 슬레이브 장치에 대해 하나의 **슬레이브 선택**^{SS} 와이어가 있다.

CAN: CAN-HI와 CAN-LO의 차동 쌍 역할을 하는 CAN-HI와 CAN-LO가 있는 버스 아키텍처를 사용한다.

2. 노이즈가 두 신호 모두에 유사한 영향을 미치는 디퍼렌셜 페어를 사용해 노이즈를 줄일 수 있다. 와이어가 서로 엉켜 유도 전류를 차단한다.

3. 직렬 전송은 모든 비트를 한 와이어를 통해 연속적으로 전송한다.

    병렬 전송은 각 비트를 자신의 와이어로 동시에 전송한다. 따라서 8비트 워드의 경우 병렬 전송 속도가 8배 빨라진다.

4. I2C, SPI, CAN, 이더넷.

5. I2C와 SPI.

6. UART.

⋙ 3장

1. HLS, HSV, LAB, YcbCr.

2. 차로를 조감도^{bird-eye view}해 이미지에서도 평행하게 만든다.

3. 히스토그램을 사용한다.

4. 미닫이 창.

5. polyfit()을 사용한 다음 계수를 사용해 선을 그린다.

6. Scharr()는 잘 작동한다.

7. **지수 가중 이동 평균**^{exponentially weighted moving average}이 간단하고 효과적이다.

4장

1. 신경망의 뉴런이다.

2. Adam.

3. 커널을 일부 픽셀에 적용해 결과적으로 새로운 픽셀을 얻는 작업이다.

4. 하나 이상의 컨볼루션 레이어를 가진 신경망이다.

5. 이것은 한 층의 모든 뉴런과 이전 층의 모든 뉴런을 연결하는 층이다.

6. 고밀도 계층과 함께 출력을 사용할 수 있도록 컨볼루션 계층의 2D 출력을 선형화한다.

7. 텐서플로.

8. LeNet.

5장

1. 해야 할 일은... 그러나 이상적으로는 모형을 선택하는 데 바이어스를 피하고자 한 번만 사용할 수 있다.

2. 데이터셋의 크기를 늘리고 네트워크의 일반화를 개선하려고 초기 데이터셋에서 더 많은 데이터를 생성하는 프로세스다.

3. 정확히는 아니다. 케라스는 원본 영상을 데이터 확대에서 나온 영상으로 대체한다.

4. 일반적으로, 밀도가 높은 층은 파라미터가 가장 많은 층이다. 특히 마지막 컨볼루션 레이어 이후의 첫 번째 레이어가 일반적으로 가장 크다.

5. 학습 손실의 선이 에포크의 수에 따라 감소되는 반면, 유효성 검사 손실이 증가한다.

6. 항상 그렇지는 않다. 먼저 네트워크를 오버피팅한 다음(교육 데이터셋을 제대로 학습) 일반화를 개선하고 오버피팅을 제거하는 전략을 사용할 수 있다.

⫶ 6장

1. 비선형 활성화의 수를 늘리고 네트워크가 더 복잡한 기능을 학습할 수 있도록 한다.

2. 꼭 그렇지는 않다. 실제로 잘 조작된 심층 네트워크는 더 빠르고 정밀할 수 있다.

3. 교육 정확도는 증가하지만 검증 정확도는 감소된 경우.

4. 조기 정지.

5. 배치 정규화를 통해서다.

6. 데이터 확대를 사용한다.

7. 몇 개의 채널에만 의존하지 않는 법을 학습하기 때문이다.

8. 아마 학습이 더 느릴 것이다.

9. 아마 학습이 더 느릴 것이다.

⫶ 7장

1. SSD는 한 이미지에서 여러 개체를 찾을 수 있는 신경망이며, SSD의 출력에는 탐지된 개체의 위치가 포함된다. 실시간으로 작동할 수 있다.

2. Inception은 구글이 만든 영향력 있고 정확한 신경망이다.

3. 동결된 층은 학습할 수 없다.

4. 아니, 그럴 일은 없다. 신호등만 감지할 수 있을 뿐 대상의 색은 감지할 수 없다.

5. 전이 학습은 과제에 대해 학습된 신경망^{neural network}을 가져다가 새로운 관련 과제를 해결하려고 적응하는 과정이다.

6. 드롭아웃 추가, 데이터셋의 크기 증가, 다양한 데이터 확대, 배치 정규화 추가가 있다.

7. ImageNet의 다양한 이미지를 고려할 때 컨볼루션 레이어의 커널 크기를 선택하기가 어려워서 여러 크기의 커널을 병렬로 사용했다.

∷ 8장

1. 정답은 DAVE-2이지만 DriveNet이라고도 한다.

2. 분류 작업에서 이미지는 일부 사전 정의된 범주에 따라 분류되는 반면 회귀 작업에서 연속 예측(예: -1과 1 사이의 조향 각도)을 생성한다.

3. `yield` 키워드를 사용할 수 있다.

4. 신경망이 어디에 주의를 집중하는지 이해하는 데 도움이 되는 시각화 도구다.

5. 사이드 카메라는 자동차의 중앙에서 멀리 떨어진 위치에서 효과적으로 보정되므로 신경망에서 잘못된 위치를 수정하는 방법을 이해할 수 있도록 3개의 비디오 스트림이 필요하다.

6. 성능상의 이유로, 그리고 모든 코드가 오직 클라이언트에서만 실행 중인지 확인이 필요하다.

∷ 9장

1. 각 계층이 입력을 포함해 이전 계층의 모든 출력에 연결되는 밀집 블록.

2. ResNet.

3. 시맨틱 세그멘테이션을 수행하기 위한 DenseNet의 적응이다.

4. 왼쪽 하향 샘플링과 오른쪽 상향 샘플링으로 U와 같이 시각화할 수 있기 때문이다.

5. 아니다. 일련의 컨볼루션만 쌓으면 된다. 하지만 높은 해상도 때문에 좋은 결과를 얻는 것은 어려울 것이고, 대부분의 경우 메모리를 많이 사용하고 상당히 느릴 것이다.

6. 미디언 블러^{Blur}를 사용해 제대로 교육되지 않은 네트워크의 세그멘테이션 마스크에 발생할 수 있는 소금 및 후추 노이즈를 제거할 수 있다.

7. 이 채널은 고해상도 채널을 전파하고 네트워크가 우수한 실제 해상도를 달성하도록 돕는 데 사용된다.

⠿ 10장

1. PID, 간단한 대수 방정식만 풀리고 있기 때문이다. MPC는 다변량 최적화를 실시간으로 해결해야 하며, 이를 위해서는 매우 높은 수준의 처리 능력을 요구해 운전에 충분한 지연 시간을 보장해야 한다는 점을 기억하라.

2. PID의 적분항은 시스템의 누적된 오류에 기초한 제어 입력을 적용해 시스템의 모든 정상 상태 바이어스를 교정한다.

3. PID의 파생항은 오류의 변화율에 기초해 제어 입력을 조정함으로써 설정점 초과를 교정한다.

4. 비용은 그 값이 최소화되는 궤적에 값을 할당하는 데 사용된다. 예를 들면, 충돌 비용, 순차 작동 비용, 액추에이터 사용 비용, 목적지에 있지 않은 비용이 해당된다.

   구속 조건은 회전 반지름, 최대 횡방향 및 종방향 가속도, 차량 동력학, 최대 조향각과 같은 시스템의 물리적 한계다.

1. 지도 제작은 환경 내의 항법 공간에 대한 정보를 저장하는 반면, 위치 파악은 환경 내에서 로봇이 어디에 있는지 확인하려고 한다.

2. odom_frame.

3. 지도에는 환경에 대한 최신 정보가 없기 때문에 SLAM이 필요하다. 따라서 이동하면서 항법 공간 맵을 지속적으로 만들어야 한다. SLAM은 또한 고가의 정밀도 IMU 장비가 없는 환경을 매핑하는 방법을 제공한다.

4. assets_writer_cart_3d.lua.

| 찾아보기 |

ㄱ

가공되지 않은 시맨틱 분할 336

가중치 203

개방형 시스템 간 상호 접속 모델 102

검증 데이터셋 187

검증 손실 312

검증 정확도 239

게인 387

게인 스케줄링 388, 390

경계 검출 124

경계 인식 116, 128

경계화 116

계층 기반 프레임워크 102

관성 측정 장치 408

관심 영역 037

관심 클래스 384

국제표준화기구 059

그리드 로컬라이제이션 405

극솟값 202

근사치 기법 115

깊이 증가시키기 222

ㄴ

넘파이 033, 117

네트워크에 입력 공급하기 354

노이즈 044

노이즈 감쇄 112

노이즈 제거 115

뉴런 151

ㄷ

다운 샘플링 351

다이내믹 레인지 058

다항식 맞춤 기법 116

단일 종단 075

단일 종단 신호 085

더 큰 모델 219

데이터 길이 100

데이터 비트 080

데이터셋 분할하기 188

데이터셋 생성 337

데이터 수집하기 337

데이터시트 409

데이터 오프셋 109

데이터 증강 191, 280, 330, 331

데이터 증강을 통해 데이터셋 개선 236

도착지의 포트 정보 104

도착지 포트 109

도커 엔비디아 문제 해결 422

도커 이미지 421

도함수 128

돌출맵 292, 312, 313, 314, 315, 316, 318, 326, 327, 330, 331

동시 위치 추정 406

드롭아웃 239

디지털 075
디컨볼루션 347
딥러닝 149

ㄹ

라이다 256
라이더 센서 065
레이더 센서 065
렌즈 왜곡 062
렌즈 플레어 061
로컬라이제이션 403
롤링 평균 141, 142
루디크러스 모드 377
리 베이루트 410
리사주 407
릴리스 042

ㅁ

마르코프 로컬라이제이션 405
마이크로컨트롤러 092
마진 값 136
맥스 풀링 층 194
맥스 풀링 층 조정하기 199
메시지 프레임 099
명암비 058
모델 194
모든 요소들 결합하기 352
몽키 페이스 404
무결성 097
무료 오픈소스 소프트웨어 428
무작위 초기화 204
미분 함수 202
미분항 375
밀집 블록 이해 342

밀집 층 194, 223
밀집 층 조정하기 200

ㅂ

바이어스 152
반이중 방식 092
밝기 056
방진 방수 063
배럴 왜곡 067
배열 035
배치 정규화 230
버스 구조 083
범용 비동기 수신 및 전송 방식 079
베타값 047
병렬 075
병목 계층 346
병합 040
보간법 127
보행자 감지 034, 050
부분 히스토그램 141
분류기 190
분류기 이해하기 190
분류를 위한 DenseNet 341
블러 044
비디오 스트림 140
비디오 필터링 116
비례의 의미 373
비용 함수 202
비트 078
빛의 산란 061

ㅅ

사용자 데이터그램 프로토콜 073, 104
사진 측량법 066

상위 층 224
색상 공간 116
색상 구분 117
샘플 데이터 가져오기 423
서브픽셀 정밀도 070
서포트 벡터 머신 052
성장률 350
세계 설정하기 386
속도 개선하기 221
손실 함수 202
송신 가능 080
송신 준비 080
수렴 202
수신 077
수정체 061, 063
순방향 신경망 150
순전파 203
숫자 체계 082
스니핑 111
스케일 팩터 373
스크립트 실행하기 393
스톱 비트 080
스폰 지점 386
스피드 드림스 185
슬라이딩 윈도우 051
슬라이딩 윈도우 알고리듬 116, 135, 142
슬레이브 선택 093
시맨틱 분할 335, 348
시맨틱 분할 소개 334
시맨틱 세그멘테이션 255
시야 054
시작 비트 099
시퀀스 번호 109
시프트 레지스터 093
신경망 150

신경망 구축 337
신경망 모델 164
신경망 실행하기 359
신경망 학습 337
신경망 학습 방법 202
신경망 학습하기 202
실제 데이터셋 생성하기 190

ㅇ

아나크시만드로스 403
아날로그 075
아두이노 083
아우스터 라이다와 구글 카르토그래퍼가 있는 SLAM
    411
아우스터 센서 412
아키텍처 167
알다르 410
알파값 047
액추에이터 사용 395
액터 321, 384
액티베이션을 시각화하기 207
액티베이션 함수 151, 152
어안 062
언더피팅 205, 206
업 샘플링 351
에포크 1 207
역전파 203
예측 범위 380
오버피팅 205, 220, 282, 288
오버피팅과 언더피팅 205
오버피팅시키는 모델 219
오실로스코프 074
오차 373
오픈드레인 090
오픈소스 지도 411

올바른 배치 크기 선택 234
와이어샤크 111
원격 전송 요청 100
원근 수정 116, 124
원 핫 인코딩 162
웨이포인트 338
웹캠 071
웹캠 043
윌 셸비 411
유도 전류 085, 111
응답 번호 109
응답 비트 100
이더넷 079, 111
인쇄회로기판 087
인식률 136
인증 092
일반화 187
임계치 076
임곗값 결합 131
임곗값 보간법 130
임곗값 처리 142
입력 제어 예측값 380
입력/피처 183

전이중화 083
전이 학습 250, 251, 268, 277, 281, 282, 288
전자기장 085
전자 제어 장치 096
전치 컨볼루션 347
점유 그리드 406
접지 084
제너레이터 292, 327, 328, 331
제어 369
제어 영역 네트워크 073, 096
조기 종료 235
조리개 056, 063
조향 제어 클래스 389
주기적 덧붙임 검사 097, 100
주변 환경 매핑하기 401
중첩 풀링 272
지도 작성 403, 406
지도 작성 및 로컬라이제이션 유형 405
지수적 이동 평균 가중법 141
직렬 075
직렬 데이터 073
직렬 주변 기기 인터페이스 092
집적회로 간 연결 087

ㅈ

자동차 꾸미기 386
잘못된 시맨틱 분할 개선하기 362
재학습 213
저역 통과 필터 044
적분항 374
전달 함수 152
전송 077
전송 속도 080
전송 제어 프로토콜 073, 107
전이중 방식 094

ㅊ

차동 075
차동 신호 085
차로 인식 115
참조 궤적 380
체크섬 100
초당 프레임 수 060
초음파(소나) 센서 065
초점 거리 056
최소 유효 비트 081
추론 212

추측 항법을 위한 칼만 필터 405
출력/레이블 183
출력 예측값 380
출력 측정값 380
출발지의 포트 정보 104
출발지 포트 109

ㅋ

카메라 보정 034
카메라 특성 034
캐패시턴스 092
커브 인식 142
커스텀 데이터셋 186
컨볼루션 155
컨볼루션 신경망 154, 194
컨볼루션 층 194, 221
컨볼루션 층 조정하기 196
컨트롤러 367, 369
컴퓨터 비전 070
케라스 260, 275, 296, 313
케라스의 콜백 235
케라스 코드 346
코드 스니펫 414
크로마 123
크로스토크 078
클록 080

ㅌ

테스트 데이터셋 187
텐서플로 158
토폴로지 406
튜플 038

ㅍ

파라미터 153
파생(예: 밝기 감소, 회전) 191
파티클 필터 405
패리티 080
페이로드 080
평균 제곱 오차 312
표준 편차 045
풀업 저항 091, 092
프레임 041
프레임의 끝 100
프로토콜 078
플로 컨트롤 080
피사계 심도 057
피처 150
피팅 기법 138
픽셀 062

ㅎ

하이퍼파라미터 187
학습 데이터셋 187
학습률 203
합성 데이터셋 185
해상도 055
핸드셰이크 107
행동 복제 291, 293
홍채 063
회귀를 위한 신경망 292
회기 수행용 신경망 310
회로 이론 074
회색조 이미지 035
효율적인 신경망 225
휘도 129
휘도(Luma, Y) 123

히스토그램 116

A

acknowledgment number 109

ACK 구분자 100

active-pixel 062

AlexNet 271, 272

Arduino 083

argmax() 134

ASCII 074

asset 425

a*(색도, 초록에서 빨강) 123

B

barrel distortion 067

baud rate 080

bias 152

bilateralFilter() 046, 071

bit 078

blur 044

b*(색도, 파랑에서 노랑) 123

C

calibrateCamera() 069, 071

CAN 079, 096

CAN, Controller Area Network 073

capacitance 092

Carla 186, 249, 251, 252, 254, 255, 265, 266, 288,
292, 293, 295, 298, 301, 306, 312, 320, 323,
325

CARLA 117

CARLA 모듈 384

CARLA 설치 381

CARLA에서 PID 적용 381

D

cart_3d.lua 417

cartographer_ros 412

checksum 100

CIFAR-10 173

CIFAR-10 CNN 204

classifier 190

clock 080

CMOS 센서 062

CNN, Convolutional Neural Network 269

CNN으로 이미지 분할 347

COCO 258, 259, 288

color section 117

convergence 202

convertScaleAbs() 047, 071

convolutional neural network 194

cornerSubPix() 070, 071

cost function 202

CRC, Cyclic Redundancy Check 097, 100

crosstalk 078

CTS, Clear To Send 080

CULane 117

cvtColor() 039, 128

C++의 예제 MPC 394

data bit 080

data offset 109

DAVE-2 291, 294, 309, 313, 330

delimiter 100

demo_3d.rviz 413

dense layer 194

DenseNet 337, 342

DenseNet 조정 348

derivative 128

destination port 104, 109

detectMultiScale() 051, 071

differential 075

DLC, Data Length Code 100

DVS 256, 257

E

ECU, Electronic Control Unit 096

edge detection 128

Edge detection 124

EOF, End of Frame 100

exponentially weighted moving average 141

F

FC-DenseNet 349

findChessboardCorners() 068, 071

fish-eye 062

flip() 043, 071

flow control 080

FoV, Field of View 054

FPS, Frames Per Second 060

G

game_loop() 386

GaussianBlur() 045, 071

generalization 187

getPerspectiveTransform() 125, 142

GoogLeNet 275

gradient 259

grayscale image 035

H

handshake 107

hconcat() 040, 070

HLS 121

HOG 071

HOG, Histogram of Oriented Gradient 050

HSV 122

I

I2C 079, 087

IFS, Inter Frame Space 101

ImageNet 269, 270, 271, 272, 288

imread() 039, 070

imshow() 039, 070

imwrite() 040

Inception 250, 272, 273, 276, 277, 278, 279, 280,
283, 288

Inception-ResNet 276

Inception v2 275

Inception v3 276

intensity 129

Inter-Integrated Circuit 087

INTER_LANCZOS4 127

INTER_LINEAR 127

IP, Ingress Protection 063

ISO, International Organization for Standardization
059

K

KITTI 117

L

LAB 123

LeNet 164

local minimum 202

loss function 202

LSB, Least Significant Bit 081

L*(밝기(반사율), 검정에서 흰색) 123

M

manual_control.py 337, 338

Matplotlib 117, 133

MaxPooling 166

MaxPooling layer 194

measured output 380

medianBlur() 045, 071

MIMO 시스템 376

MISO, Master Input Slave Output 093

MOSI, Master Output Slave Input 093

MPC 376

MPC, Model Predictive Controller 367

MPC 파이프라인 378

N

nonzero() 136

NumPy 033

O

occupancy grid 406

offline_cart_3d.launch 420

open-drain 090

OpenDRIVE 385

OSI, Open Systems Interconnection 102

OSI 계층 102

os_sensor.urdf 418

P

Packt-Town04-PID.py 스크립트 383

Packt-Town04-PID.py 제어 스크립트 383

parallel 075

parity 080

PCB 092

PCB, Printed Circuit Board 087

perspectiveTransform() 139

PID 371

PIDLateralController 389

PIDLongitudinalController 387

PID, Proportional, Integral, Derivative 367

PID 수식 388, 390

PID 컨트롤러 371

polyfit() 138, 142

predicted control input 380

predicted output 380

pull-up resistor 091

putText() 050, 071

PySerial 083

R

range-bearing 로컬라이제이션을 위한 확장된 칼만
    필터 405

rectangle() 049, 071

reference trajectory 380

release 042

ReLU 272

ReLU, Rectified Linear Unit 152

ReLU 액티베이션. 165

repo 412

ResNet50 259

RGB 035

RGB 이미지 038

ROI, Region Of Interest 037

RTR, Remote Transmission Request 100

RTS, Ready To Send 080

rviz GUI 413

RX 088

RX, Receiver 077

S

Scharr 128

Scharr() 142

SCL 090

SDA 090

semantic segmentation 335

sequence number 107, 109

serial 075

sigmaColor 046

sigmaSpace 046

SLAM의 루프 폐쇄 409

SLAM의 종류 409

sniffing 111

SOF, Start of Frame 099

source port 104, 109

Speed Dreams 117

SPI 079

SPI, Serial Peripheral Interface 092

SSD 251, 257, 259, 260, 262, 264, 267, 288

SSD, Single Shot MultiBox Detector 249

SS, Slave Select 093

stop bit 080

sub-pixel precision 070

SVM, Support Vector Machine 052

synchronous_mode.py 337

synchronous_mode.py 수정하기 339

SYN, SYNchronization 107

T

TCP 107

TCP, Transmission Control Protocol 073

threshold 076

TX 088

TX, Transmitter 077

U

UART 079

UART, Universal Asynchronous Receive and
        Transmit 079

UDP 104

UDP, User Datagram Protocol 073

UDP 헤더 104

undistort() 071

V

vansishing gradient 259

vconcat() 040, 070

VideoCapture() 041, 070

VideoWriter 042

VideoWriter() 070

W

warpPerspective() 127

webcam 043

Wireshark 111

write() 042

Y

YCbCr 123

Z

zoo 텐서플로 감지 모델 258, 259

번호	기호

2진수 074

2차 다항식 142

5개의 채널 345

16진수 074

⟨Layer 1⟩ 345

자율주행차량의 비전과 행동

발 행 | 2023년 4월 28일

옮긴이 | 김 은 도 · 신 지 호 · 박 희 웅 · 이 승 열 · 박 세 진
지은이 | 루카 벤투리 · 크리쉬토프 코르다

펴낸이 | 권 성 준
편집장 | 황 영 주
편 집 | 김 진 아
　　　　임 지 원
디자인 | 윤 서 빈

에이콘출판주식회사
서울특별시 양천구 국회대로 287 (목동)
전화 02-2653-7600, 팩스 02-2653-0433
www.acornpub.co.kr / editor@acornpub.co.kr

한국어판 ⓒ 에이콘출판주식회사, 2023, Printed in Korea.
ISBN 979-11-6175-751-3
http://www.acornpub.co.kr/book/self-driving-cars

책값은 뒤표지에 있습니다.